KB253159

고용 없는 성장과
응원석 경제

고용 없는 성장과 응원석 경제

| 초판 1쇄 인쇄일 | 2012년 11월 19일 |
| 초판 1쇄 발행일 | 2012년 11월 20일 |

지은이	박웅서
펴낸이	정구형
출판이사	김성달
편집이사	박지연
책임편집	장정옥
본문편집/디자인	이하나 정유진 이원숙
마케팅	정찬용
영업관리	한미애 권준기 천수정 심소영
인쇄처	미래 프린팅
펴낸곳	북치는 마을

등록일 2006 11 02 제2007-12호
서울시 강동구 성내동 447-11 현영빌딩 2층
Tel 442-4623 Fax 442-4625
www.kookhak.co.kr
kookhak2001@hanmail.net

| ISBN | 978-89-93047-43-1 *03320 |
| 가격 | 18,000원 |

고용 없는 성장과 응원석 경제

- 고용 증진을 위한 현실적 정책 제안 -

박웅서 著

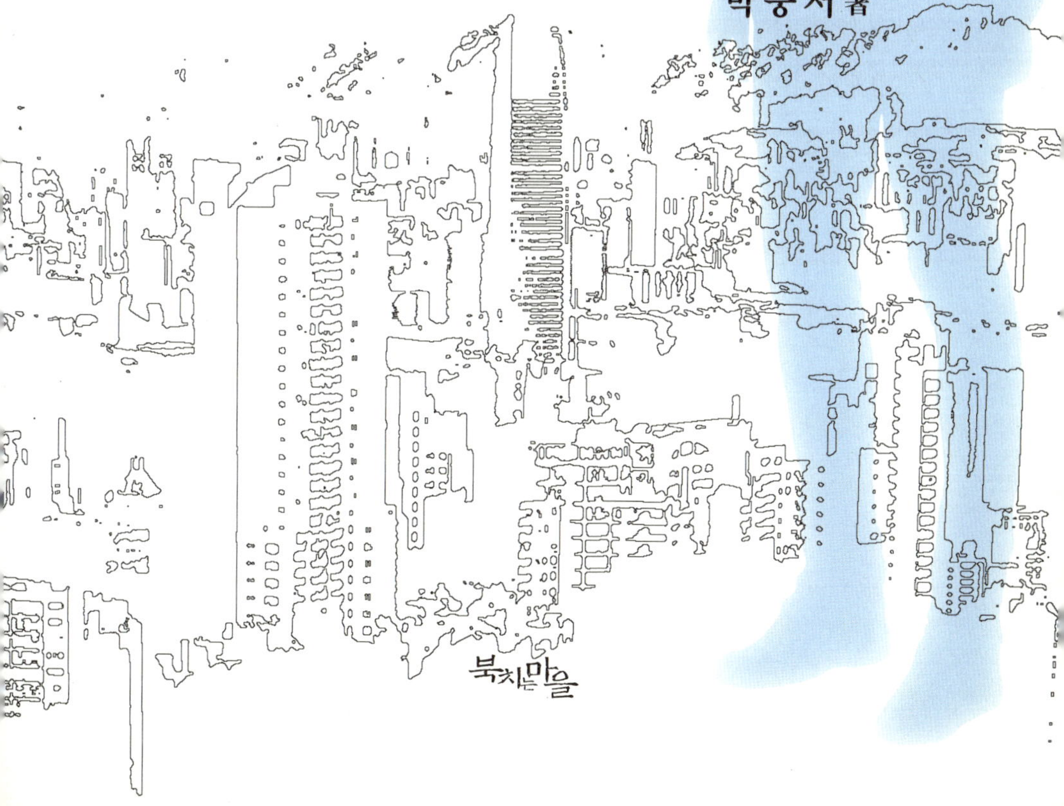

북치는마을

고용 없는 성장에 대한 상식에 맞는
보통사람의 당당한 편견

이홍구(前 국무총리 · 서울국제포럼 이사장)

우리 사회의 고용 없는 성장이 보통 심각한 문제가 아니다. 경제학자들 역시 그런 현상에 모두 공감하지만 그에 관한 속 시원한 해답을 내놓지 못하고 있는 것도 사실이다. 그런데 삼성경제연구소 사장을 역임한 박웅서 박사가 이에 관한 책을 썼다. 대학에서 강의를 하다가 경제연구소 소장과 대기업 대표로 실물 경영까지 직접 경험한 저자가, 고용 없는 성장에 대한 정직한 진단과 적절한 해결책을 엮은 것이 바로 『고용 없는 성장과 응원석 경제』이다.

경제학자가 아닌 본인 같은 사람이 보기에도 그 제목부터가 심상치 않아 손길이 가도록 만드는 이 책에서 박웅서 박사는, 고용 부족 문제를 21세기 모든 국가의 핵심 과제로 보고 여기에 초점을 맞추어 대책을 만들면 해결책은 반드시 있다고 강조하고 있다.

이 책의 서술 형식이 무척 흥미롭다. 보통 경제 하면 어마어마한 사회적 기구와 제도들과 개념들로 그 구조를 설명하려고 한다. 그래서 경제학자들이 시장, 각종 규제법, 수출, 수입, 국제수지, 교역 조건, 성장, 분배 등과 같은 크고 압도적인 것만 골라 분석해서, 일반인들에게 경제라고 하면 어쩐지 골치 아프고 어려운 것으로 인식되어 있다. 그런데 박웅서 박사는 이 책에서 '인간 집단의 물질적 생활, 즉 먹고사는 일이 이 사회 전체로 총합해서 나타나는 현상을 경제'라고 정의하며 인간 생활을 떠나서는 경제 자체가 존재할 수 없다고 주장하고 있다.

즉, 인간들이 그동안 만들어 놓은 어마어마한 대형의 사회적 기구와 제도, 개념 때문에 경제를 말할 때 개인의 생활이 망각되었다. 그 결과 인간 생활과 경제 정책 간의 괴리가 너무 심각해 정부에서 만드는 경제 정책들이 비인간적이고 추상적이 될 수밖에 없었다. 그런데도 개인들에게 미치는 정책의 영향에 대해서는 정책 이론의 토대를 만든 경제학자도, 그것을 수립한 정책가도, 그것을 실천한 기업의 경영자들도, 대단히 무감각하다는 것이다. 박웅서 박사는 그 무감각에 대한 분노가 이 책을 집필하게 된 동기라고 밝히고 있다.

박웅서 박사는 이 책에서 경제학이라는 답답한 넥타이를 풀어 버리고 상식에 근거한 이야기를 상식을 가진 독자들에게 하고 있다. 그래서 고용 문제의 답을 경제 이론의 좁은 틀이 아니라 정치, 사회, 문화, 역사 발전 과정에서 모색하고 있다. 방법론이나 실증, 통계적 증명이 아니라 독자의 건전한 공감에 호소하고 있다.

이 책은 또한 재미있다. 가령, 박웅서 박사는 우리 사회에 만연하고 있는 분노 현상을 나름대로 진단하면서 분노의 핵심을 먹고사는 문제, 즉 고용의 문제로 명쾌하게 정리하는데 여간 입담이 아니다.

그 뿐만 아니라 인류역사상 인간은 한 번도 스스로 자신의 고용을 결정하는 권한을 가져 보지 못하고 강제 고용이나 강제 실업의 고통을 반복하며 살아왔다는 사실을 밝히며 이것을 인류문명의 발원에 중요한 역할을 한 잉여라는 경제 현상의 내재적 잔인성으로 끌어내어 역사를 읽는 탁월한 재미까지 주고 있다.

그 결과 일반 지식인은 물론이고 경제 비전문가인 독자들도 어렵지 않게 읽을 수 있는 경제 교양서로도 손색이 없다.

박웅서 박사는 고용이라는 목표를 위해서는 정부의 간섭주의도 수용하고, 시장의 자발적 조정 능력도 이용하자는 것이다. 이념의 탈을 벗어 버리고, 실용주의적 실천력과 행동으로 인간이 먹고사는 문제를 해결하는 데 무슨 철학과 체면이 필요하냐고 일갈하고 있다. 통쾌하고도 백 번 옳은 말이다. 이 책을 통해 고용 없는 성장을 살아가는 이 시대의 많은 사람들이 상식에 맞는 보통사람의 당당한 편견을 가지게 되기를 기대하며 아울러 책의 출간을 진심으로 축하한다.

경제학자들은 대부분 참 정직하다. 그래서 인생의 대부분을, 이론적 가설을 세워 놓고 이를 검증하고, 검증하기 위한 모델을 만들어 놓고 그 건전성을 테스트하는 데 바친다. 그 테스트 결과가 비슷하면 좋은 모델이라 주장하고, 현실과 괴리가 크면 나쁜 모델이라 평가한다. 즉 현실을 이미 알고 시작하기 때문에, 처음부터 가설의 검증이 필요 없는 경우가 대부분이다. 그러다 보니 방법론과 인식 방법에 거의 모든 시간을 바친다. 그래서 그런지 경제학자들은 고집이 없다. 항상 이것이 아니면 저것 식으로 도망갈 구멍을 만들어 놓고 있다. 그래서 손이 둘이 달렸다고 한다. 그러다 보니 하고픈 말을 강하게 주장하는 경우가 거의 없다.

그래서 필자는 일반적으로 글을 쓸 나이를 훨씬 넘어 조용히 있어야 할 나이에 이 글을 쓰기로 했다. 그동안 하고 싶은 말이 참 많았지만 너무 오래 참았다. 이제는 방법론과 실증이라는 허위에 매달리지 말고 해야 할 말을 좀 해야겠다. 경제학이라는 정신적 옥쇄를 벗어버리고, 상식에 근거한 이야기를 상식을 가진 독자들에게 좀 고해 바쳐야겠다.

이 책에서 필자는 우리를 분노하게 만드는 이 사회의 많은 문제점들과 심지어 분노를 관리하는 우리의 자세와 그 실패도 점검해 보았다. 그러나 분노의 핵심은 역시 사람의 문제, 즉 먹고 사는 문제로 즉 고용의 문제로 귀결되는 것임을 보았다. 그런, 인류 역사상 인간은 한 번도 스스로의 고용을 결정하는 권한을 가져보지 못하고, 강제 고용이나, 강제 실업의 고통을 반복하며 살아왔다. 이것은 인류 문명의 발원에 그토록 중요한 역할을 한 잉여라는 경제 현상의 내재적 잔인성 때문에 피할 수 없는 숙명처럼 인간을 지배해 왔다.

필자는 우리가 고용 부족 문제를 21세기 모든 국가의 핵심 과제로 보고, 여기에 초점을 맞추어 대책을 만들면, 해결책은 반드시 존재한다고 본다. 그러나 모든 고용 대책은 자유시장의 유지 발전을 기초로 이루어져야 하고, 국내에서 고용이 일어나야 하고, 어떤 대책이든 기존의 이념적 경직성에서 자유로워야 한다. 이런 전제 하에 필자는 비교역재 산업, 즉 우리 대책의 고용 증대 효과가 외국 제품의 수입 대체로 상쇄되지 않아도 되는 산업에서, 시장 자체를 간섭하지 말고 시장의 최대 동력인 이익의 소재를 관리하여, 다시 말해 어떤 특정 산업에서 이익이 잘 나게 하여, 투자를 그곳에 집중시켜 고용을 증대하자는 안을 제시한다.

물론 고용 문제만 해결한다고 우리가 선진화하는 것은 아니고, 우리의 통치 시스템이 선진화하지 못하면 이익관리주의적 시장의 이용도 큰 결과를 내지 못한다. 건전한 보수와 진정 가난한 자들의 친구가 되는 진보가 서로 경쟁하면, 우리는 태평양 시대의 주역이 될 가능성도 크다.

이 책을 만드는 데 많은 분들의 물리적, 정신적 도움이 있었다. 민초들을 위한 일이라면 말을 가리지 않고 거침없이 주장을 펴시던 고 함석헌 선생님의 영향이 제일 컸고, 미국에서 박사과정 뿐 아니라 필자의 일생에 끝없이 관심을 가지고 도와주신 마트 펄만 교수님의 현실 중시론이 이 책을 쓰는 여정의 등불이 되었다. 이 원고를 읽고 조언을 해 주신 이홍구 전 총리님, 안병직 시대정신 이사장님, 이상우 전 한림대학교 총장님, 송병락 전 서울대학교 부총장님, 정규재 한국경제신문 논설 실장님, 그리고 필자의 글쓰기를 집요하게 독촉해 주신 장석훈 동문, 그리고 도서출판 북치는 마을의 김성달 이사님께 감사의 말씀을 드린다.

차례 ·

서언

어떤 이가 당신에게 "내년에도 봄은 확실히 옵니다"라고 하면 당신은 아마 "물론이지요"라고 하거나, 아니면 "그걸 당신은 어찌 압니까"라고 되물을 수 있다. 여기서 당신은 대단히 중요한 인식론적(Epistemology) 질문을 한 것이다. 그 대답은 여러가지가 있을 수 있기 때문에 대답의 내용 자체가 중요한 것이 아니다. 중요한 것은 그 대답의 차이에 따라 불과 400년 전만 해도 당신의 목숨이 왔다 갔다 할 수 있었다는 점이다.

교회는 모든 진리와 지식의 원천은 절대적인 신(기독교적인 신)이라고 주장한다. 그래서 교회가 모든 지식과 진실을 결정하고 이에 따르지 않는 자는 종교 재판(Inquisition)에 따라 목숨을 잃는 경우가 허다했다. 여기에 대항해서 장인과 시민들로 구성된 신 자산가 그룹(성 안에 살았다는 소위 부르주아 그룹)은 나름대로 성공적인 국제 무역을 통해 웬만한 왕권에 도전할 수 있는 재력과 무력을 키웠다. 교회의 독선적 지식 독점주의에 대항하여, 지식의 기초는 경험과 과학이라고 주장하며, 때마침 바람처럼 일어난 종교 전쟁에서 프로테스탄트 진영에 협력하여, 교회와 무관하게 생각할 수 있는 자유와 진리 탐구의 권리를 획득하게 되었다.

이 진리 탐구의 자유는 사실 듣기보다 훨씬 더 강력한 문화사적 영향력을 발휘했다. 이는 우선 교회 밖에도 진실이 존재할 수 있고, 그 진실을 추구하는 것은 모든 이의 권리요 의무이며, 동시에 그 과정에서 인간은 틀릴 수 있다는, 즉 오류를 범하는 것이 범죄가 아니라는 새로운 진리가 드러났다. 진실을 모르니까 이를 추구하는 것이고, 진실을 알면 따로 추구할 필요가 없으니, 진실을 추구한다는 것은 바로 오류를 범하는 것과 같다. 그게 바로 우리 못난 인간의 양보할 수 없는 권리다. 진실은 잘 안 보이지만, 우리 주변에 가득 차 있다. 보이는 것이 다 나름대로 하나의 진실이지만 이는 그 가득한 진리의 한 단면에 불과할 뿐이다. 그래서 수많은 철학자가 진실을 아는 방법에 대하여 그리도 많은 논쟁을 한 것이다.

플라톤은 '지식'은 진리와 신앙의 교집단(군집 이론의 Intersection)에 존재한다고 했고 이는 교회의 입장을 참 잘 표현해 준다. 반면에 근대 과학적 경험론자들은 지식을 진리와 경험의 교집단에서 찾으려 한다. 그렇게 일어난 인식론적 논쟁은 그 후 헤겔의 형식적 합리주의 논리와 그 반대인 쇼펜하우어와 실존론적 후예들의 비형식적·비합리적 직관주의를 거쳐 오늘의 흑묘백묘론으로 중국을 빈곤으로부터 해방시킨 실용주의(시작은 미국이지만) 등으로 발전하였다. 그러나 이는 우리의 관심거리가 아니다.

어느 의사에게 한 환자가 진료를 받으러 왔다. 진찰을 마친 의사는 심각한 표정을 짓고, "수술을 하셔야 하겠는데요"라고 했다. "그 수술이 위험한 겁니까?"라고 물었더니, "네, 아주 위험한 수술이라서 그 성공 확률이 6분의 1입니다."라고 했다. 환자가 "그럼 수술을 안 받겠습니다."라고 했더니 의사 왈, "염려 마십시오. 제가 지금까지 5명에게 이 수술을 하였는데, 모두 죽었으니 환자께서는 반드시 성공하여 살아날 것입니다."라고 했단다. 경험은 확률과 통계에 지배를 받고, 확률과 통계는 대수(大數)의 실험이 전제되어야 한다. 그러나 한 나라의 매크로경제는 한 개밖에 없으니, 경제의 치료에 관한 한 경험적 과학의 효험에는 심각한 한계가 있다.

반면에 어느 시골 대학교에 젊은 조교수가 박사 학위를 받자마자 부임하였다. 우선 짐을 풀고, 동네 맥줏집에 나가서 카운터에 앉았다. 바로 옆에 이 동네 토박이 찰리가 "당신 여기 처음 왔어?" 하며 악수를 청했다. 그렇다고 하니까 그럼 직업이 뭐냐고 묻는다. 새로 부임한 대학교 교수라고 했더니, 뭘 가르치느냐고 묻는다. 연역적 추리론(Inductive Reasoning)을 가르친다 했더니 그게 뭐냐는 거다. 그래서 잠시 생각한 후 예를 들어 설명하기로 했다. 교수가, "야 찰리, 너 집에 개 기르냐?" "그래, 개 기른다." "그럼 너 개를 좋아하는구나?" "그걸 질문이라고 하나?" "좋아, 그럼 너 애들도 좋아하겠구나?" "물론이지." "음 그러면 너희 집에 애들 있지?" "그래, 아들딸 2명 있다." "걔들 엄마도 있고?" "엄마 없이 애를 어떻게 낳냐?" "그렇지. 그럼 너 그 애 엄마하고 결혼했구나?" "아 이 친구야. 그게 질문이 되냐? 우리 20년 같이 잘 살았다." 그랬더니, 교수가 말하기를 "음, 그러면 너는 호모가 아니고 양성주의자구나(Heterosexual)?" 찰리가 듣기에 그럴 듯했다. 단순히 네 집에 개 있냐로 시작해서, 자기가 호모가 아니라는 것을 증명해 주었다. 그래서 찰리는 돌아앉아 옆에 있던 그 동네 피터에게 질문을 던졌다. "야, 피터, 너 연역적 추리론이 뭔지 알아?" 했더니 피터 왈, "몰라. 왜?", 찰리는 "그럼 내가 예를 들어 설명해 줄게." 하더니, "너 집에 개 있냐?"라고 물었다. 피터 왈, "아니, 나 집에 개 안 키워" 했더니 찰리가 소리를 지르며 "아 이 호모야!"라고 했단다. 인간의 '안다는 것'이 얼마나 허망한 것인가를 잘 보여 준다. 그것 때문에 서로 전쟁하고 죽이기까지 했다고 하니.

말 한 번 잘못했다가 목숨까지 날려 버릴 수 있는 중대한 인식론적 혼란을 시시한 농담으로 덮어버리고 넘어가려는 필자의 시도를 용서하시라. 솔직히 필자는 한국어와 영어로 책을 15권이나 썼지만 남들이 내 주장을 믿어줄지에 대하여 별 고민을 안 했다. 즉 내가 그 주장하는 바를 어떻게 알게 되었는지를 설명할 필요를 못 느꼈다. 인식론을 무시한 것이다. 왜냐하면 수학적 공식과 통계적 수치로 책을 메우다 보니, 남들은 질려서 읽지도 않았고 나는 그 책을 썼다는 것으로 만족해야 했다. 그러나 이 책은 다르다. 통계나 논리보다, 나의 신념과 논리적 추리를 내 주장을 기초로 하여 쓰기 때문이다. 따라서 여러분이 나의 주장을 받아 주고 공감해 주신다면 이 책은 쓸 가치도 있고, 읽을 가치도 있게 될 것이다.

이 책을 쓰게된 동기는 쉽게 말하면 인간 생활과 경제학 및 경제 정책 간의 괴리에서 시작한다. 인간 집단의 물질적 생활, 즉 먹고 사는 일이 사회 전체로 총합해서 나타나는 현상을 우리는 경제라고 부른다. 이는 개인들의 생활의 총합을 의미하는 것으로, 인간의 생활을 떠나서는 경제 자체가 존재할 수 없다. 그럼에도 불구하고, 인간이 그동안 만들어 놓은 어마어마한 대형의 사회적 기구와 제도들 (Institutes and Systems)과 개념들 때문에 우리는 경제를 볼 때 자주 개인의 생활은 잊어버리고, 정부, 대기업, 시장, 각종 규제법, GDP 와 수출, 국제수지, 교역조건 그리고 성장, 분배 등 크고 압도적인 것만 골라 분석하고 이해하려 한다. 거기서 나온 정책들이 비인간적이고 추상적이고 엄청난 결과를 내포하고 있을 것은 뻔하다. 그러나 그 결과가 개인에게 어떤 영향을 미치는지에 관해서는 경제학자나, 정책가나, 대형 기업의 경영자들은 대단히 무감각하다.

밟고 밟아도 또 나오는 잡초 같은 인간의 문제는 거대한 정책과 의사결정 뒤에 묻혀 버리기 일쑤다. 경제가 잘 되고 인간들의 먹고 사는 일이 잘 풀리는 시대에는 그렇게 해도 큰 탈이 없었다. 그러나 이제는 우리도 모르는 사이에 아주 잘되는 경제에서도 인간의 문제가 줄어들기는 커녕 오히려 그 반대로 더 심각해지는 시대에 도달하였다. 고소득 저성장 시대도 못 가보고 중소득 고용 정체 시대에 온 것이다. 그렇다고 성장 무용지물의 시대에 온 것도 아니다. 그나마 성장을 안하면 더 나빠질 수 있기 때문이다. 그렇다고, 분배를 더 공평하게 하자고 해봐야 도움도 안 된다. 이제는 정부가 더 공평한 분배를 달성할 힘도 상실해 버렸다. 분배 문제를 해결하려는 방법도 없으면서, 못사는 자의 불평을 이용해서 정권을 탈취하겠다는 사람만 자꾸 늘고 있다.

경제성장도, 경제의 세계화도, 금융의 발전도, 이익의 공유도, 재벌조차도 해결 못하는 이 시대의 인간 개인의 생활의 문제를 솔직히 한번 들여다보자. 필자는 타고난 낙관론자다. 그럼에도 불구하고 이번에는 비관론자가 되어 보련다. 그래야 마지막에는 근거 있는, 현실을 아는 낙관론자가 될 수 있다.

제1장

이 시대의 화두, 분노

1.1 분노에 관하여

[분노의 시대]

아침에 잠자리에서 일어나기 전에 "오늘 나는 분노하는가."라고 질문해보자. 따져 보면 우리는 분노할 일을 엄청 많이 가지고 있다. 그러나 어젯밤에 잠을 잘 잤으면 나는 그 분노를 잘 관리하고 보통 사람처럼 잠을 잔 것이다. 현대인은 모두 분노의 관리에 있어 어느 정도 도가 통한 사람들인 것 같다. 나열하기를 좋아하는 심리학자 들은 분노의 원인을 내부적으로는 낮은 폭발점을 가진 성격과 자기 심리의 관리능력 부재를 이유로 꼽고, 외부적으로는 피해 가능성, 가해, 모욕, 비하 등 제삼자의 자극을 원인으로 본다. 그러나 이것 은 어디까지나 개인의 분노를 보고 하는 말이고, 분노가 전 사회적 으로 퍼지고 있다고 할 만큼 일반화되어 있을 때에는 별 도움이 안

되는 설명이다.

　사회적으로 볼 때 분노는 현실에서 일어나는 현상이, 국민의 일반적인 상식의 기대와 상치되고, 이 상식적 기대와 현실 간의 괴리가 반복적으로 자주 일어날 때 발생하는 현상이다. 그런데 이 사회적 분노 즉, 공분은 전염성이 강하고 때로 비합리적이다. 스트레스를 보상하는 보상성이 강해 마약과 같은 일시적 쾌감을 주기 때문에 인기가 높으며, 자가 충전성 즉 혼자 충전하는 건전지처럼 자꾸 그 생명력이 증가하는 특징을 가지고 있다. 이러한 공분의 전염성을 차단하고 그 근본적 원인을 치료하여 더 살기 좋은 사회를 만들겠다는 이상주의자들이 없는 것은 아니지만, 90% 이상의 국민은 이 공분에 심취하여 소주잔과 함께 공분의 원인 제공자를 안주처럼 씹어 대다 보면 모르는 사이에 우리 국민은 이 공분의 증폭자로 전락하고 만다. 여기에 스스로 머리 좋다고 착각하는 선동주의자들이 있어서 사회적 분노에 기름을 퍼붓고, 자기에게 권력을 주면 분노의 원인을 제거해 주겠다는 지킬 수도 없는 약속을 남발한다.

　말 잘하고 글 잘 쓰는 사람들은 지금을 분노의 시대라고 한다. 하기는 중동에서 연쇄적으로 일어나고 있는 독재 정권의 연속적 붕괴를 보라. 아랍의 봄이라 부르는 이 성난 민중들의 목숨을 건 봉기와 성공적 정치혁명이 눈앞에서 벌어지고 있다. 그리고 미국의 은행 운영자들이 국가 경제를 수렁에 빠뜨리고 수백만의 중산층의 거주 주택을 차압당하게 만들어 거리로 나앉게 만들고 예금자 보호를 한답시고, 정부로부터 바로 그 중산층이 낸 세금과 예산에서 수천억 달러의 긴급 보조금을 받아 수백억 원에서 수천억 원의 보너스를 나누어 가지며 자축하는 모습을 본 미국의 중산층이 폭발적으로 분노하는 것을 보면, 오늘을 분노의 시대라 불러도 틀린 말은 아니다.

[한국인의 분노]

우리나라를 보아도 분노가 사회 전반적으로 상당히 퍼져 있는 것이 보인다. 일반적으로 1997년 아시아 경제 위기 이후 우리 사회의 총체적 구조조정 과정을 통하여 실업은 급격히 늘어났다. 반면에 이때 살아남은 기업들은, 특히 대기업들은 가벼워진 각종 채무 비용과 임금 비용의 덕으로 세계적 규모로 성장하는 데 성공하였다. 이는 우리 사회가 성공하는 자는 세계적 규모로 성장하고, 실패한 자는 부활의 기회도 없는, 부익부 빈익빈의 양극화로 치닫고 있다는 강한 인상을 심어 주었다. 나아가 전 사회적 구조조정은 노후 대책이 없는 각 분야의 중상위층 근로자들을 대거 퇴출시켜, 일시에 개발 세대로 불리는 이 나라 중산층을 대거 무산층으로 전락시켰다. 뿐만 아니라 소위 워싱턴 컨센서스라고 부르는 신고전주의적 정책은 우리 경제를 일시에 통제된 개방경제에서 통제 없이 질주하는 개방경제로 전환하여, 국제 경쟁에 노출이 심한 기업일수록 투자의 증가가 고용의 증가와 거의 완전히 분리된 상태로 발전하고 있다. 이는 바로 신세대 젊은이들이 국제적으로 명성 있는 대기업에 취업하려면, 그 기회가 자연 퇴출 인력의 수를 넘지 못하게 만들었다. 그래서 능력만 있으면 졸업 즉시 성공으로 질주하는 고속 출세 도로를 탈 수 있었던 고성장 시대의 상식은 이제 특별한 극소수의 전유물이 되어 버렸다. 즉 우리나라 중산층은 위에서도 탈락하고 아래서도 진입이 어려워져 자연스럽게 저소득층 또는 무소득층으로 전락하는 계기가 되었다.

이만하면 우리나라 사람들이 분노해도 이해하겠는데, 이 정도로는 한국의 젊은이들을 길거리에 뛰쳐나오게 하기에는 불충분한 모양이다. 사실 우리에게는 분노를 촉발하기에 충분한 더 큰 고질적인 이유들도 적지 않다. 한국의 종교 단체가 사업체가 되어 버린 것은 아주 오래전 일이다. 이것도 모자라 이제는 탈세를 생활화하는 기업이 되어 서로 투쟁하고, 소송하고, 자격정지 가처분 신청을 하고, 가관이다.

종교만 그런가. 대학의 교수들은 말할 것도 없고, 학생 단체들, 재단과 재단 이사장과 이사들 모두 어쩌면 그리도 한결같이 부정행위가 닮았는지 놀라운 일이다. 법조계는 유전이면 무죄요, 무전이면 유죄라는 말이 이제는 상식이다 못해 진부하게 들린다. 정부 산하 기업, 지방자치단체들, 특히 우리는 본능적으로 부패하고, 체질적으로 세금 낭비하는 지방자치제도를 시간이 지나면 달라질 것이라는 기대를 가지고 참고 견뎌야 하는지 의문이다. 미국의 지방자치제도는 건국 200년이 넘었는데도 아직 부패와 부조리의 골에서 탈출하지 못하고 있다. 중앙의 독재와 전횡을 막는 것이 목적이라면 지방자치제도는 이미 효력을 상실한 지 오래다. 틈만 보이면 로비로 돈을 벌겠다는 개발 업자들, 세금 안 내겠다고 집에다 현금을 수십억 원 숨겨 두고, 진료하지도 않고 진료비를 부풀려 신청하는 의사들, 어느 한구석 성한 데가 없다. 그래도 우리 젊은이들은 길거리로 뛰쳐나오지 않는다.

그런데 말이다. 호랑이가 온다 해도 울음을 안 그치던 아이가 곶 감이 온다니까 울음을 당장 멈추듯 우리 젊은이들도 길거리로 뛰쳐 나올 때가 있었다. 하나는 2002년 월드컵 개최 때인데 그때는 좋아 서 나온 거니까 논외로 하고, 또 하나는 미국 쇠고기 수입과 광우병 오보 사건 때다. 이때는 정말 화가 나서 나왔다. 오죽하면 미국 쇠 고기 대신 청산가리를 먹겠다고 했을까. 매일경제신문과 신한카드 의 조사 결과를 보니까 2009년에 비하여 2011년에는 가계 지출 가 운데 헬스와 스포츠 지출, 레저 지출, 공연 관람 등 취미 지출, 여행 지출은 줄어들고, 교육 및 육아비 지출과 통신 등 공과금 지출은 늘 어났단다. 이것이 이 사회의 젊은 세대가 분노하는 이유란다. 우리 나라 사람들을 분노하게 하는 4대 지출이 사교육비, 의료비, 물가와 유류비, 그리고 통신비란다. 분노의 이유가 그 정도라면 길거리로 뛰쳐나오지 않아도 뭐 별로 이상할 것도 없다.

"나는 왜 작은 것에 대해서만 분노할까"라던 박완서 작가가 그리 워진다. 혹자는 이것을 노예근성이라고도 하고, 어떤 이는 이를 자 기 힘의 한계를 잘 아는 사람의 현실주의라고도 한다. 그래서 아마 북한에서는 봄이 아무리 많이 지나가도 아랍의 봄과 같은 봄은 아 니 오는 것일까? 우리는 사회를 바닥부터 타락시키는 지도 계급의 부도덕과, 협력을 통한 성장과 공동의 번영보다 대결을 통한 붕괴 로 몰고 가는 21세기의 병든 시장경제 등 본질적 문제와 그에 대한 분노는 왜 못 느낄까. 우리 젊은이들은 장기 실업자가 되어 배가 고 파져도 화를 안 내면서, 미국산 쇠고기를 먹으라면 왜 그리 화가 나 는 것일까? 우리 국민이 생각을 안 하고 사는 것이 습관화된 때문일까, 아니면 누군가가 이를 교묘히 이용하고 있는 것일까?

[분노의 관리와 도덕의 진화]

만일 인류가 분노를 그때그때 현명하게 관리하고 누적시키지 않았다면, 인간은 지금쯤 신선과 같은 인격자가 되었을 것이고 경제는 아마 원시시대에 남아 있을 것이다. 분노의 관리 면에서는 신선이 성인보다 한 수 위에 있던 것으로 보인다. 열혈 청년 예수도 성전(아버지의 집) 안에서 장사를 하는 공물 장사, 환전상, 기념품 상인들을 보고 내 아버지 집을 더럽혔다고, 격분한 나머지 회초리를 들고 이들을 마구 때리며 쫓아 냈다고 신약성경 저자들은 보고했다.

싱가폴 남양 대학의 초대 총장 린유탕도 공자는 지적으로는 성인에 준하는 천하의 철학자였지만 현실 생활에서는 저고리 옷고름을 잘못 꿰맸다고 옷을 벗어 부인 앞에 던져 버리던 신경질쟁이였으며, 제나라 군주에게 정치, 군사, 인사, 재산 관리, 경제 운영까지 자문하며 먹고 살았던 평범하고 머리 좋은 신하였다고 한다. 신선에 관해서는 잘 모르겠지만, 제대로 도가 튼 신선이라면 화를 내는 것은 앞뒤가 안 맞는다. 그리 보면 공자도 도가 완전히 튼 것은 아닌 모양이다.

분노의 관리를 못하면 인간은 보복한다. 보복은 인간이 폭력을 사용할 때 사용하는 아주 효과적인 정당화 방법이었고, 지금도 그런 목적으로 자주 사용한다. 멀쩡한 사람이 살인을 하고도 하나도 부끄러워하지 않는다면 이는 대단한 정당화 기능이다. 복수에 관하여 스스로 유대인이라고 소개하며, 제트프로펄전 물리학자에서 고대 인류학자로 변신한 찰스 펠레그리노(Charles R. Pelleqrino)는 독특한 역사적 도덕 진화론을 제시한다. 히브리인들의 구약시대 도덕률인 '눈에는 눈'으로 표현되는 공평 보복 원리는 유대인들이 발명한 것이 아니란다. 구약의 천지창조론도 BC 4000경에 현재 이라크 지역에 살던 수메르인들이 만든 신화(길가메쉬의 서사시)를 도용한 것이라고 한다. 구약성경의 이 공평 보복의 법칙은 BC 3000년 경에 살았던 함무라비 왕이 만든 함무라비 법전에서 빌려온 것이라고 한다. BC 1860년대 유다의 다윗왕이 전국의 학자와 랍비들을 집합시켜 기존의 히브리인들의 역사서와 종교적 문서들을 모아 집대성한 것이 구약성서인데, 그 위에 추가로 필요에 따라 여러 가지를 가필한 것이었단다.

함무라비 법전에 의하면 눈을 하나 실명케 했으면, 그 정당한 보복으로 가해자의 눈을 하나 실명하도록 규정하였다. 이는 그 자체로도 아주 타당한 법으로 보인다. 그러나 왜 함무라비 대왕은 이런 공평 보복법이 필요했을까. 우리 상식으로는 이 공평 보복은 정당하고 공정한 것으로 보이는데, 왜 이처럼 상식에 해당하는 것을 구태여 법으로 만들고 공표까지 해야 했을까. 의심이 가지 않을 수 없다. 생각해 보면 그 답은 싱겁게도 간단하다. 함무라비 대왕 이전에는 무한 보복이 지배하는 상태이었기 때문이다. "네가 감히 내 아들의 목숨을 빼앗아? 그러면 나는 너의 온 가족을 몰살시킬 것이다." 즉 '확대 보복 또는 무한 보복의 원칙'이 지배했을 것을 쉽게 상상할 수 있다. 지금도 많은 소설과 영화에서 이러한 대량 확대 보복의 맹세가 신성시되는 것으로 볼 때 인류는 불과 얼마 전까지도 대량 확대 보복의 시대를 살아온 것이 틀림없다.

문제는 이러한 확대 보복은 즉시 '무한 보복'으로 변하고 만다. 갑이 상대의 아들을 죽이면 을은 갑의 전 가족을 죽이려 할 것이고, 갑은 이를 미리 예측하여 을이 갑의 존·비속을 살해하는 데 동원될 수 있는 을의 모든 젊은 일가친척들을 사전에 몰살하려 할 것이다. 이를 염려한 을도 온 동네 장정들을 다 모아 이를 방어하려 할 것이며, 머지않아 개인들끼리의 싸움이 국가 대 국가의 싸움이 되기 십상이다. 그래서 그런지 구약 열왕기에 보면 여호수아가 이방인의 도성을 공격할 때에 도성 안의 장정과 아낙 뿐 아니라 아이들도 모두 싹을 없애 버리라고 했고, 다만 여자는 점령자가 원하면 노예로 취할 수 있게 하였다. 이 명령도 모세가 하나님의 명령으로 전달한 것이다. 이것이 무한 보복 사회의 실태다. 즉 함무라비는 공정 보복의 틀로 인간을 끝없는 도살에서 구해내려고 했지만, 실제는 그 법은 고매한 도덕률이 되고 말았다. 인간은 여전히 무한 보복의 악순환을 헤어나지 못하고 살아왔고, 아마 지금도 그런 곳이 세계 곳곳에 상당수 있을 것이다.

놀랍게도 이 무한 보복은 분노의 관리 실패에서 온 것이고, 공평 보복으로 분노를 관리하려고 하던 고대 바빌로니아인들은 이 분노의 관리에 실패하여 분노에 끌려 다니는 분노의 노예로 살았다. 그런데 이 분노를 제대로 관리하여 인류를 상호 말살 시대에서 구제하려고 한 존재가 바로 예수다. 이 분은 아마도 20대 말 젊은 나이에 맑은 정신으로 황야에서 40일간 도를 닦은 결과 그가 바라던 '구원의 비결'이 '관용'에 있다는 사실을 발견했다. 그래서 나온 것이 그의 '무보복 법칙'이다. 원수가 뺨을 때리면 화가 나지만 참아라. 참기가 힘이 들면 한번 연극이라도 해봐라. 나머지 한 쪽 뺨도 내주며, "한 대 더 쳐봐" 하면 상대는 처음에는 그냥 때리거나 때리려 할지 모르지만 사실은 이미 그때 정신적으로 패배한 것이다. 속된 말로 기가 죽은 것이다.

뺨 맞는 것은 그렇다 치자. 상대가 내 아들을 죽이면 어떻게 할 것인가. 여기서 예수는 문명사회를 지배하는 법과 정의의 역할에 대한 높은 신뢰를 보여준다. 정부와 사회가 알아서 법을 어긴 상대방을 처벌을 해 줄 터인데, 왜 손에 피를 묻혀? 그냥 참아. 같이 죽이면 너도 살인자야. 오히려 네가 보여 주는 관용의 자세는 설혹 그것이 진정한 용서가 아니고 억지로 참는 것이라 할지라도, 언젠가는 개인별 보복을 금지하는 현대 사회의 제도로 문명사회의 질서유지가 충분히 가능하게 될 것이라는 기대와 신뢰를 보여준다. 이 젊은 예수의 보복 포기의 메시지는 인류를 살육의 도탄에서 구하는 유일한 길이라는 메시지다.

이렇게 보면 인류 사회의 도덕 진화 단계는 단 3단계에 불과하다. 첫째는 함무라비 이전의 무한 보복 사회, 둘째는 함무라비와 구약 시대의 공평 보복 사회 그리고 예수 이후의 무보복 사회뿐이다. 현대 국가의 법도 이제는 개인별 보복을 금지하고, 보복 권한과 기능을 국가에 위임한 상태다. 그러나 우리 주변을 돌아보면 우리는 아직도 이 세 가지의 질서가 다 같이 존재하고 있음을 실감한다.

[분노와 관용의 일상화]

참는다는 것은 인(忍)이기도 하고, 좀 더 적극적으로는 자기를 이겨내 평상을 되찾는 인(仁)이기도 하고, 더 나아가 남의 고통을 이해하고 내 고통은 참고 남을 받아들이는 용(容), 즉 톨러런스(Tolerance)이기도 하다. 유식한 분들은 똘레랑스라고 부르는데 필자에게는 그냥 관용이다. 이 관용은 오늘날 서유럽과 북미 민주주의의 또 하나의 기둥이 되었다. 자유와 민주주의는 만인의 소유물이고, 그 자유의 행사는 헌법이 보장한 만인의 권리다. 그러나 그 권리를 절제됨이 없이 마구 행사하면 반드시 한 개인의 자유 한계와 다른 개인의 자유 한계는 부딪치게 되어 있다. 그것은 모여 사는 사회적 동물인 인간의 숙명적 약점이다. 따라서 모든 개인은 자유를 행사함에 있어 어느 수준에서 절제할 것을 강요받는다. 즉 비자발적 절제다. 그러나 모든 인간이 다 같지 않아서 이러한 비자발적, 강제적 절제만으로 개인 자유 한계의 충돌을 막을 수가 없다. 그래서 민주사회에서 반드시 필요한 또 하나의 장치가 바로 관용이다. 한편에서는 강요한 절제, 또 한편에서는 자발적 수용과 협조, 이 두 가지가 합쳐질 때 그 자유주의적 사회는 건전한 질서가 유지된다.

글로 써 놓으니, 뭐 대단한 것 같지만 이것은 우리가 일상생활에서 늘 활용하고 익숙해 있는 생활 방식이다. 아파트 위층의 주인은 아래층 사람들에게 피해를 주지 않으려고 자기 아이들에게 제발 쿵당거리며 뛰어다니지 말라고 타이른다. 반면 아래층 사람은 가끔 위층 아이가 뛰어다녀 소음이 생기면 "또 꼬마들이 신났군." 한마디 하고 말 정도로 참는다. 그런데 아이들 발소리가 날 때마다 위로 달려가 항의하는 사람이 있으면 그는 거꾸로 지나치게 관용성이 부족하다고 비난 받는다. 즉 관용은 인간 생활의 기본적 덕목으로 어렵지 않게 우리 생활의 기본 수칙이 되었다. 위층 어른은 자유의 한계를, 아래층 어른은 관용의 행사를 삶으로 보여준 것이다. 아니 그냥 보통 그렇게 산다.

[분노의 원인 제공자]

지금까지 우리는 분노의 원인 제공자를 확실히 안다고 생각할 때의 상태를 가지고 분석해 왔다. 그러나 지금 우리가 겪고 있는 한국 사회와 전 세계적 분노의 원인 제공자는 쉽게 지적이 안 된다. 때로는 그 원인 제공자가 혼자서만 잘사는 부자들로도 보이고, 대기업을 운영하는 재벌들로도 보이고, 경제관리를 엉망으로 하는 정부와 정치인들로도 보이고, 틈만 보이면 민원인들의 지갑을 터는 관료들로도 보인다. 무전유죄, 유전무죄라는 비상식을 상식으로 만든 법조인으로도 보이고, 세금도 안 내면서 부동산 투기만 일삼는 종교인들로도 보이고, 학교 폭력은 무시하면서 자기 봉투는 여전히 챙기는 교사와 전교조 가입자들로도 보이고, 심지어 하라는 연구는 안하고 허구한 날 여의도 정치인들 주변에서 삽살개 모양으로 침을 흘리고 다니는 교수들로도 보인다. 그러나 실제로 우리 국민의 오늘의 삶을 이리도 고달프게 만들고, 미래의 삶 또한 절망적으로 만드는 그 원인 제공자를 찾으려면 답이 없다. 없는 것이 아니라 모두가 원인 제공자다. 그래서 다 뒤집어 엎어 버리고 싶지만, 그럴 수도 없으니 나오는 것은 참기 힘든 분노 뿐인 것이다.

참으면 되느냐? 보복의 대상자도 모르겠고, 알아도 보복이 안 되면 그냥 참아야 하나. 이 책에서는 이 분노의 원인 중에서 경제 차원의 원인을 집중 분석하고자 한다. 수천 년을 두고 우리 지도자들이 경제를 잘못 운영한 점도 있지만, 우리의 정신적 지도자들이 경제 운영의 목적을 잘못 잡아 엉뚱한 데만 쳐다보다가 국민을 정말 고통스럽게 만들고 눈앞의 본질적 원인을 놓쳐 버린 경우가 너무나 많다. 아는 것이 너무 많아서 문제의 본질을 보지 못하는 죄는 아직도 세계 각국의 여러 상아탑에서 반복되고 있다. 우리는 발을 땅에 붙이고 현실로 돌아와 무엇이 가장 괴로운지 밝혀 보자.

1.2 민주주의 정치와 분노

[분노를 확대하는 선거]

인간이 집단으로 모여 살며 하나의 사회를 형성한 이후 대부분의 사람들은 몇 명의 지배자와 그 부하들의 압제와 약탈 때문에 항상 분노를 가슴에 안고 살아왔다. 그러나 그런 분노는 현실적으로 개인들 자신의 여건 개선에 큰 도움이 되지 못했고 그냥 참고 살 수밖에 없었다. 즉 인간의 역사는 분노 소화의 역사요 인내의 역사다. 그래서 인간은 독재자와 그 부하들을 제거하고 자유를 성취하여 몇만년에 걸쳐 누적된 공동의 분노와 개인의 분노를 관리할 수 있는 힘을 얻었고, 이 힘에 근거한 제도를 만들었다. 그것을 민주주의라고 부른다. 특히 민주주의 체제하에서는 선거를 통해서 분노를 가져다 주는 지배자를 제거하고 분노를 해결해 주는 지도자를 새로

뽑게 되었다. 이 선거야말로 범사회적 공동의 분노를 가장 효율적으로 제거하는 장치가 되었다. 그것도 인명의 피해를 수반하는 투쟁이나 전쟁 없이 가장 저렴한 비용으로 정부를 전복시키는, 기가 막히게 효율적인 제도를 만들어 놓았다. 그래서 현대 민주주의 사회에서는 범사회적 분노는 언제나 해소될 수 있다고 믿게 되었다.

과연 그런가. 불행하게도 현대사회에서 선거는 범사회적 공동의 분노를 해소하는 데 별로 긍정적인 역할을 못한다. 오히려 역으로 선거 때만 되면 사회적 공분은 더 커지고, 더 분명해지고, 그 분노를 이용하여 상대 후보를 파괴시켜 버리려는 치졸한 투쟁은 더 심각해진다. 혁명을 통한 정부 전복보다 피를 덜 흘릴지는 모르지만 선거 때마다 바뀌는 정책 때문에 발생하는 사회적 비용은 전쟁할 때 만큼이나 커진다. 20조 원이 들어가는 프로젝트에 10조 원을 쓰고 나서 이를 번복하여 중지시켜 버리면 이미 투입된 10조 원은 물론이고, 그 정리 비용으로 2~3조 원 더 쓰고 그 돈으로 다른 프로젝트를 했을 때 돌아올 혜택을 포기한 기회비용과 낭비한 시간의 비용까지 합치면 40조 원 이상의 사회적 비용이 들어가니 이것은 소규모 전쟁 수행 비용보다 더 비싸다. 마치 동네 아이 이름 부르듯, 이 프로젝트도 하고 저 모노레일도 깔며, 수조 원씩 쓰겠다고 약속하면 상대는 이것도 중지하고 저것도 중지시켜 수조 원 이상의 손실을 끼칠 뿐 아니라, 새로 이런 공짜 돈도 뿌리고 저런 복지 예산도 집행하여 다시 수조 원을 쓰겠다는 공약이란 이름의 돈 먹는 괴물을 만들어 낸다.

분노는 분노대로 해소시키지도 못하면서 비용은 전쟁할 때만큼이나 들어가면 현대 민주주의와 그 중심에 해당하는 선거는 과연 사회적 공분의 해결 방법인가 그 반대인가. 정답은 그 반대쪽이다. 선거는 분노를 확대시키기만 하지 절대로 진정시키거나 해결하지는 못한다. 왜 그런가. 가장 눈에 띄는 이유는 선거철만 되면 정치인들은 상대방의 실정, 폭정, 실패, 능력 부족을 드라마틱하게 전달하기 위하여 분노의 원인과 그 심각성을 확대재생산할 수 밖에 없기 때문이다. 이는 정파를 초월하고 이념을 초월하여 모든 정권 사냥꾼들에게 공통으로 적용되는 철칙이다.

[SNS와 분노]

그런데 이상하게도 사회현상, 정치현상, 경제현상을 놓고 판단할 때 인간은 대단히 비관용적이고, 자기가 속한 집단의 자유 행사의 한계를 인정하려 하지 않는다. 개인으로는 훌륭한 선진국 사람인데, 단체로는 조폭만큼도 못하다. 이것을 필자는 '패거리 심리'라고 부르고 싶다. 개인적으로는 의사결정과 생활 자세가 인류 보편적 가치관과 사회규범에 잘 맞추어 살다가도, 일단 개인이 모여 무리가 되고 떼를 지어 나오게 되면 그 집단 행위의 가치판단 역할을 단체나 집단으로 이양해 버린다. 그리고 일단 집단의 방향이 설정되면 그 방향과 목표달성을 위해 대단히 부도덕한 행동도 서슴지 않고, 개인적으로는 심한 자기 모독에 해당되는 짓도 스스럼없이 저지른다. 즉 패거리 심리가 범죄를 정당화하는 역할을 한다. 그 대표적인 예가 일본 제국주의다. 평소에 멀쩡하고 존경스러운 사람도, 대일본 제국을 위한 것이라면 강간도, 도둑질도, 살인도 서슴없이 한다. 우리나라에서 요즘 집단행동으로 선거 분위기를 만들어 가려는 정치인 가운데 상당수가 바로 이 패거리 심리 병에 걸린 듯 하다. 후에 조용히 다시 개인으로 돌아가면 아마 부끄러워 얼굴을 못 들 사람이 많을 듯 하다.

그러나 대부분의 현대사회에서 개인 자유의 행사는 항상 다른 사람의 자유 행사의 한계와 부딪치며 살고 있고, 그런 충돌이 물리적 충동으로 발전하지 않는 것은 충돌에서 발생한 분노가 그 사회의 풍습적 관용의 크기를 넘지 못하기 때문인 것으로 보인다. 즉, 아무리 분노가 끓어 올라도 일반적으로 정상적인 사람들이 그 정도는 참고 사는 것이 옳다고 보면 사회적 안정은 유지된다. 요즘 한국 정치에 SNS라는 신기가 도입되었다. 이 SNS는 군중의 심리 상태를 분노가 작고 관용이 큰 상태 즉, Anger 〈 Tolerance 상태에서 분노가 관용보다 높은 상태로 이동해 가는 속도를 대폭 고속화했다. 문자메시지와 카카오톡, 페이스북, 트위터들은 분노의 전파속도를 전자파의 속도로 고속화했다. 그러나 관용의 전파속도는 느리기 그지없다. 우리는 우선 나부터 참고, 남도 참고, 서로 참는다는 것을 확인한다. 그 다음에야 관용이 정상이라는 인식이 서서히 퍼지게 된다. 대단히 느릴 수밖에 없다. 그러다가도 어떤 이유로 그것이 분노로 변할 때는 대단히 빠르다. "내가 그동안 정말 참고 또 참았는데 네놈이 배은망덕하게……."라고 울부짖으며 격노할 때 그 속도는 빛처럼 빠르고 그 '배신감'(서로 배신감이라 부르겠지만)은 말할 수 없이 크다. 그런데 SNS의 특징은 화가 날 이유건, 참아야 할 이유건, 모두 고속화로 정보 확산을 한다는 것이다. 그래서 분노의 전달을 고속화하지만, 관용의 전달은 SNS 때문이 아니라 관용 자체의 속성 때문에 고속 전달의 효과가 없다. SNS는 우리 정치의 분노 확산 매체 역할을 하게 되고 이는 필히 이 사회에서 스스로 낙오됐다고 느끼는 약자들과 분노한 사람들의 세력 규합에 대단히 큰 역할을 한다.

그 뿐 아니라 SNS는 의원를 뽑아 간접적으로 개인의 요구를 달성하는 간접민주주의를, 직접 의사를 전달하고 동일한 의사와 가치관을 가진 사람들을 집합시켜 길거리에 나오게 하여 의회의 의사결정에 막강한 영향력을 행사하는 직접민주주의로 변환시키는 도구가 되었다. 그런데 대의 민주주의는 그 속성상 의사결정시간이 길다. 이유는 개인의 의사 전달도, 동일 의사 소유자들의 세력 형성도, 그를 위한 길거리 액션도 모두 늦기 때문이다. 거기다 의회의 전문가들이 가슴보다 두뇌로, 따질 것 다 따지다 보면 그 의사결정은 늦을 수밖에 없다. 그러나 SNS가 활성화되면 이 모든 것이 급격히 고속화되고 길거리에 2~3만 명이 촛불을 들고 데모를 하면 의회의원들은 전문가들의 의견보다 즉, 머리보다 가슴으로, 그것도 공포에 밀려 의사결정을 하게 되므로 그 속도는 엄청 빨라진다. 따라서 SNS 확산하에서는 분노의 효과는 커지고 관용의 힘은 줄어든다. 이는 불만족 사항의 즉석 시정과, 최단 시간 내 조정을 요구한다. 이대로 가면 SNS는 모든 의사결정에서 즉석 결정을 요구할 것이다. 한마디로 인민재판이다.

[문제는 고용]

　민주적 선거의 유일한 대안이 독재와 압제 뿐이라면, 이런 불합리성과 상대적 부작용에도 불구하고 선거제도를 유지할 수밖에 없지만 그렇다고 정치인들을 표 사냥의 도구로 전락시킨 분노 확대 메커니즘을 그대로 방치만 할 수도 없는 실정이다. 더 나아가 소위 공약이라는 이름으로 나라 경제를 함부로 파괴하고 수십조 원의 낭비를 자초하는 고삐 풀린 '약속 기계', '공약 기계', '부도수표 기계'들을 그냥 두고 볼 수는 없다. 선거철마다 나오는 이 분노의 확대재생산 때문에 답답한 국민들의 가슴을 후련하게 해주는 일시적 엔도르핀 효과가 없는 것은 아니다. 그러나 이것은 순간적 효과 뿐이고, 순기능보다 역기능의 역할이 더 크다. 그 이유는 공약의 남발과 비판의 소나기로 시원하게 펑 뚫린 속이 과연 얼마나 지속되겠는가 자문해 보면 안다. 문제의 실제 해결과는 상관없는 일시적으로 기분만 좋게 만드는 마약 같은 공약으로 우리 국민을 주기적 중독 현상에 몰아 넣은 우리나라의 선거 문화는 대단히 부정적이고 파괴적이다.

　문제의 핵심이 과연 뭔가? 그 많은 공약과 비판, 복지 포퓰리즘 속에 이 사회가 진정으로 해결해야 할 핵심 과제의 처방이 없단 말인가? 그건 독자가 스스로 쉽게 판단할 수 있다. 지금 이 시점에서 우리 사회의 근원적인 문제는 앞의 책의 저술 동기에서 자세히 말했듯이 우리의 글로벌화 된 자유경쟁 시장주의 시스템이 여러 천재적 경제학자와 철학자들의 처방과 조언에도 불구하고 '고용문제' 하나 해결하지 못하고 있는 것이 핵심이다. 이제는 유능한 정치가가 아무리 현란하고 통쾌한 정책을 내놓아도 '고용 증대'의 획기적 처방이 들어 있지 않으면 그 처방은 유권자의 분노를 이용하거나 표나 모으려는 정치 공학적 술책에 불과하고 요즘 유행하는 '꼼수'에 불과하다.

하긴 '꼼수를 부끄러워하지 말라.'는 주장이 도둑질하지 말라는 규범보다 더 전파력이 있고, 특종적 호소력이 있는 이 시절에 정치인들이 꼼수 좀 썼기로 뭐 그리 문제가 되겠느냐만, 그래도 고용 문제 해결책도 없는 꼼수는 꼼수에 그친다. 누군가 이 핵심 과제의 해결을 위한 꼼수 아닌 진정한 고용 증진 정책을 내놓으면 그건 독자나 유권자들이 금방 알아볼 수 있다. 복지 정책, 환경 보존 정책, 고용 정책, 서민 정책 모두 다 좋다. 하지만 그것이 고용 문제 해결에 연계되지 않으면 그건 꼼수에 불과하다. 지금 우리는 세계 다른 나라에서 해결 못하는 고용 문제를 해결해 내는, 우리 특유의 경제 사회적 상황에 근거한, 우리만의 고용 증대 방법을 만드는 데 집중해야 할 때다.

1.3 한국의 지도층과 분노의 원인

[한국 경제라는 병든 생태계]

이 세상의 모든 경제는 일종의 생태계다. 모든 자연 생태계는 그 나름대로의 특별한 균형을 가지고 있고 이 균형 상태는 수천만 년을 두고 형성된 것으로 누군가 외부에서 힘으로 그 생태계 일부를 제거하면 즉시 균형은 무너지고 전 생태계가 조정을 시작하여 새로운 균형을 만들어 가는데, 이 과정에서 때로는 예기치 못한 엄청난 결과를 초래한다. 모든 경제도 다 일종의 생태계로서 경제 생태계의 균형도 한 번 무너지면 새 균형점을 찾을 때까지 재조정을 시작하는데, 그 피해가 때로는 엄청난 파괴력을 가질 때가 있다. 자연 생태계와 달리 경제 생태계는 누군가가 잘 챙겨주지 않으면 쉽게 무너지고 한 번 깨진 경제 생태계 균형의 연결고리는 다시 복원하기가 거의 불가능하다. 사람들은 자연의 생태계에선 그 균형의 복원이 불가능하지만 경제와 상업의 생태계에선 연결 고리 복원이 가능하다고 생각할지 모른다. 그러나 세상은 경쟁 시장이고 한번 망해버린 전자부품(예. 프린티드 서킷보드)은 해당 중소기업이 망하면 그 자리에 즉시 외국의 경쟁자가 빈 공간을 채우고 시간이 조금 흐르면 해당 산업에서 실직한 사람들의 기술은 무용지물이 되어 누구도 한국에서 그 사업에 손을 댔다가 대만 기업들한테 완패하고 퇴출당하는 모험을 하지 않으려 한다. 그렇다고 대기업이 그것을 다시 일으키는 것은 쉽지 않다. 우선 법으로 막아 버렸고 정치적으로 막아 버렸지만, 아무리 급해도 호랑이가 너구리 역할을 할 수는 없다. 일단 죽으면 그만이라 봐야 한다.

우리나라의 경제가 병이 들었다. 아직 그 원인을 제대로 밝히지 못하였지만 문제는 대단히 복잡하다. 적어도 호랑이 새끼들 몇 마리가 우리 경제의 숲 속을 돌아다니며 여우 새끼, 사슴 새끼, 너구리 새끼를 다 잡아 먹어서 일어난 위기만은 아니다. 물론 그것도 문제지만 그보다 더 복잡하고 심각하다. 이 생태계 대부분의 종자들, 특히 대형 맹수들이 불임증을 앓고 있다. 투자를 해서 새 공장과 회사를 차려도 고용이 늘지 않아 생태계의 발전 전망이 암담해지고 있다. 통계청 2012년 2월 발표에 의하면 우리나라 인구 100명당 5명이 '그냥 쉬었음'이라고 발표했다. 이 5명은 일이 있어도 찾으려 안 하고 교육이나 훈련을 받는 것도 아니고, 다 포기하고 그냥 쉰단다. 이런 사람들의 비중이 매년 늘고 있다. 2010년 초에 비하여 12.7%나 늘어났단다. 이런 인구가 총 200만 명을 넘어섰고 그중에 당연히 일을 하거나 직업을 찾고 있어야 할 19~64세 나이의 인구가 160만 명에 달한다고 한다. 이런 사람들이 매달 20여 만 명씩 늘고 있다니 보통 문제가 아니다. 이것이 바로 '고용 불능 인간'의 대량 탄생을 부추기고 있다. 단순한 포기로 봐선 안 된다. 오죽하면 포기했겠는가. 이들은 이 사회에 대하여 신뢰를 완전히 버린 상태다. 자기 자신에 대한 자괴감, 열등감, 사회에 대한 반감과 폭력적 전복에 대한 기대로 가득한 사람들이다. 생태계에 새로 진입하는 구성원들이 안정적으로 이 생태계에 정착하지 못하고 병들고 나약해지면 그 생태계는 머지않아 사라지고 만다.

[생태계 질병의 치료자들]

그런데 이런 병든 경제 생태계의 치료를 해야 할 사람들이 있다. 하나는 정부라고 부르는(자신들은 건방지게도 국가라고 부르지만) 공무원들과, 또 하나는 이 공무원들을 감독하고 일하는 규칙을 만들어 주고 좋은 성과를 내게 하기 위해서 채찍질도 하고 출세도 시켜주는 정치가(또는 국회의원)들이 있다. 이 두 집단에 속한 사람들은 공통점이 참 많다. 우선 이들은 공히 자신들이 국가를 위해 일 잘하라고 권한을 위임 받은 사실을 잊고 산다. 그냥 자기 직업이 국가를 위해 일하라고 취직한 것이고, 그것도 높은 경쟁률의 시험을 통하거나 어려운 선거를 통해 얻은 일종의 기득권쯤으로 생각한다. 그들의 의식에는 나, 또는 우리라는 지배자 집단과 그들이라고 느껴지는 국민이 있다. 주권재민(主權在民)이라는 개념과 권력의 임시 조건부 위임이라는 사실은 그냥 좋게 말하는 구호일 뿐 자신들의 권력 행사를 당연히 생각하는 데는 추호의 의심이나 주저함이 없다. 일시적 권력 위임이기 때문에 오히려 권력을 이용해서 개인적 욕심을 채우는 데 더 시간을 재촉하기 일쑤다.

치열한 경쟁에서 이긴다는 것은 자기들이 차지한 자리가 영합의 자리(零合－zero sum)이어서, 상대가 져야 내가 이겨 그 자리를 얻고 상대가 망해야 내가 흥하는 자리를 말한다. 따라서 이들은 권력 행사에 대하여 대단히 자기 보호적이며 조금도 권력 행사의 분할이나 양여를 고려하지 않는다. 그것은 바로 정치인으로서, 공무원으로서, 자격상실과 퇴출에 해당된다고 생각한다. 그런 영합의 상황에서도 공무원의 타락은 정치인의 타락보다 훨씬 어렵다. 그들의 자리와 권력 행사는 어디까지나 주어진 규정과 법의 틀 안에서 존재하고 행사되기 때문이다. 그러나 정치인들은 스스로 규정과 법을 만드는 집단이기 때문에 자기 자리와 권력 행사의 권한은 국내 누구보다도 더 안전하게 보장되어 있고 그 상태를 지키려 한다. 그래서 정치인들이 빨리 썩는다. 적어도 공무원들보다는 빨리 썩는다. 목사나, 교사나, 법관들처럼 빨리 썩는지는 몰라도 공무원보다는 더 빠르다.

이러한 규정 제정권자들의 문제는 월법, 탈법 행위만이 아니다. 법 제정 과정의 행태를 보면, 거의 모든 행태가 제정되는 법이 자기 개인과 자기가 속한 집단의 유·불리만을 기준으로 심사숙고하여 얻어낸 땜방식 법으로 그 법의 본래 취지와 목적을 이차적 중요성으로 전락시킨다. 이것을 보며, 어느 국민이 법을 지키려 노력이라도 하겠는가. 이 사회의 법에 대한 신뢰와 예측력을 확실하게 떨어뜨린다. 법은 약속이다. 약속을 믿지 못하고, 준법의 결과가 자기 희생뿐이라고 생각하는 국민이 대다수인 이 생태계에서는 이 지도자들과 그들이 만든 법과 약속에 대한 신뢰는 다 사라진다. 석 달후에 봄이 온다는 상식을 그 구성원들이 믿지 못할 때 그 생태계는 급속히 붕괴한다.

　시장 경제도 같은 영합의 상태이다. 그러나 이러한 영합의 상태에서도 시장은 몇 천 년을 잘 버티어 왔다. 이유는 시장의 참여자 가운데 누구도 이 질서를 지배하는 규정을 제정하는 사람도 없이 시장 경쟁이 원형 그대로 지켜져 왔고, 공정한 경쟁을 보장하도록 공정거래법 제정 정도의 시장 수정만 가해 왔기 때문이다. 아무리 오만한 지식인 집단이 시장을 없애거나 새로 발명하려 시도해도 시장은 원형으로 돌아가곤 했지, 억지로 만든 시장 지배 규칙이 오래간 적이 없다. 사실 말이 시장 제도이고 시장 주의이지 실제로 시장은 인간이 자유롭게 물건과 가치를 교환하며 경제생활을 해 왔던 곳이고, 제도나 이념이라기보다 인간 집단의 공동 생활의 기본적 상태로 보면 옳다. 그것을 억지로 바꾸겠다는 자들이 이념이란 이름을 쓰는 것일 뿐이다. 자유시장이 인간들의 공동 생활의 기본 조건으로 살아남는 데는 이념이 따로 필요 없다. 인간이 집단으로 살기만 하면 시장은 그냥 생존한다. 문제는 생태계의 질병 치료자들이 직무유기를 조직적, 장기적으로 행하다보니 자기의 기본 임무조차 망각한 점이다.

[병든 생태계가 겪는 두 가지의 파괴력]

이 병든 생태계는 현재의 병도 모자라 신뢰의 상실이라는 파괴력에 의하여 서서히 붕괴되고 있다. 모든 인간과 자연의 생태계는 상호 예측력에 의하여 존재한다. 이 상호 예측의 가능성은 인간 사회에서는 신뢰(Trust)라고 부르는데, 겨울에 석 달을 굶으며 잠자고 나면 먹을 것이 풍요로워진다는 지구 공전에 대한 신뢰나 본능적 예측력이 있어 동물은 다년생으로 존재할 수 있듯이, 인간도 은행에 돈을 맡겨 두면 내가 원할 때 안전하게 돌려받을 수 있다는 신뢰가 형성되어야 현대적 생활을 할 수 있다. 적이 쳐들어오면 국가가 방어해 줄 것이라는 신뢰와, 내가 다니는 직장이 내일도 안전하게 생존해 있을 거라는 신뢰가 있기에 잠을 아껴 가며 인생을 걸고 노력하는 것이다. 자연이건 사회건 이 신뢰에 기초한 예측력 없이는 붕괴하게 되어 있다. 그런데 이 예측력과 상호 의존 성향을 집단적으로 파괴하는 무리가 있다. 하나는 권력가들이고 또 하나는 세계적 재력가와 대형 다국적 기업들이 만들고 있는 글로벌 경제다.

이 사회의 예측력을 파괴하는 첫째 힘은 번영의 집중 현상이다. 뒤에 자세히 설명하겠지만 세계 경제는 이제 무고용 성장의 시대로 돌진하고 있다. 이는 기존의 성공 기업은 무한대로 성장할 수 있는 기초를 만들었으나, 새로 시작하는 기업이나 일반 국민은 시간이 흐를수록 지속 성장의 기차에 승차할 수 있는 기회가 점점 줄어들고, 머지않아 그 기차는 아주 떠나 버리고 보통 국민은 낙오자 아닌 낙오자로 남게 될 수 있는 모순적 시대가 다가오고 있다는 것이다. 이 부분은 이 책에서 중점적으로 토의할 것이기 때문에 뒤에 다시 다룬다.

　사회의 예측력을 파괴하는 두 번째 원인은 정치인이다. 이들은 규정을 만들 권리를 독점한다. 이 규정 제정권은 실제로 인간을 인간 위에 올라서게 한다. 정치인이 만드는 규정과 법은 모든 국민이 준수하여야 하고, 이를 어기면 경찰력을 동원하여 처벌한다. 이것은 대단한 권리다. 이런 권리는 원래 국가를 개인 소유물로 지배하던 임금이나 가졌던 권리인데 이제는 국회의원들이 국민을 대신하여 이 권리를 행사한다.

　이러한 권리는 정치인을 일반 개인 위에 존재하는 특권층이라는 인식을 주어 법 준수의 의무를 일반인보다 덜 느끼게 한다. 이런 심리 상태는 법을 위반하는 것을 자연스럽게 생각하게 하고, 법을 남용하는 습관을 준다. 시간이 흐르면서 이들은 법 위반의 유혹, 법의 왜곡에 대한 유혹, 법을 피하는 유혹, 위법이지만 쉽게 안 드러나는 불법과 부도덕의 유혹 속에 살게 되며, 그 유혹은 보통 인간이 감당하기에 대단히 어려운 힘으로 몰려올 것이다. 웬만큼 불법적이고 부도덕한 행동을 해도 정치인들은 신분보장 제도와 면책특권을 부여 받고 있어서(선배들이 만들어 준 특권을 잘 지키고 있어서) 불법을 해도 반란죄에 해당되지 않으면 끄떡도 없다.

　인류 역사에서 의회라는 율사 그룹들의 힘이 커지면 그 사회는 정의가 뭔지 범죄가 뭔지 구분이 잘 안 되는 아주 '세련되고 논리는 정연하지만 궤변으로 가득한' 힘없고 지친 사회가 되고, 이들이 사리사욕에 어두워져서, 그 공동체가 급속도로 와해된 예가 허다하다. 수백년 된 공화국 로마가 시저에 의해 왕정으로 회귀한 것은 좋은 예다. 이게 우리 정치의 현 주소와 뭐가 다른가. 이러한 환경에서 생태계 구성원들은 석 달 간 동면을 하면 봄이 다시 돌아온다는 본능적 예측력도 믿지 못하듯, 이 사회의 법을 지키는 것보다 안 지키는 것이 더 유리하다는 '지혜'를 터득해 아무 것도 예측할 수 없는 혼돈의 상태로 치닫는다.

[정치적 부패와 쓰레기 민주주의]

각종 유혹 앞에서 자기 관리에 실패하는 정치인들은 정치적 의사 결정에 있어 국가 관리라는 중대한 본래의 목적은 잊어버리고, 입싸움과 두뇌 회전 속도를 최고의 무기로 삼아 상대 정당과 정치인에게 어떻게 하면 가장 아픈 공격을 할까에만 집중한다. 성숙된 인간의 두뇌는 국가의 모든 문제를 처리할 때, 깊은 사고 능력과 문제의 본질을 추구하는 예리한 분석 능력을 토대로 우리 사회가 공동으로 추구할 목표를 제시하고 방법을 같이 찾는다. 그러나 우리나라처럼 소위 순발력을 주 무기로 정치를 하는 나라에서는 국가와 사회의 운영 방향이 자기 정당과 개인의 이익을 위해서 주로 설정된다. 국법을 농락하는 것이 유행이 되고 파격이 유행이 되어, 위로부터 아래까지 무절제가 유행하고, 의도적으로 규범을 깨어 수천만 명의 시민과 어린이들이 보는 TV 카메라 앞에서 입에 담지 못할 생각과 욕지거리를 해대는 것을 영웅시하고, 그 인기로 정당의 공천을 받는 사회가 된다.

이따위 정치를 우리는 '쓰레기 민주주의', '껍데기 민주주의'라고 부른다. 언권(言权)과 금권(金权)의 야합으로 민주주의라는 이름 아래 약육강식의 정글 사회를 만든다. 건강한 경제 생태계는 사라지고 권력, 언론, 자본의 폭력이 지배하는 20년 전 남미형 사회, 오늘의 그리스 사회로 가 버린다. 우리는 과연 우리의 민주주의를 민주주의라 부를 수 있는가. 민주주의가 도대체 무언가? 부패와 퇴락을 보장하는 제도가 민주주의인가. 공산당원 수만 명이 말아먹는 북한 사회와 우리는 무엇이 그리 다른가. 국민에게 비리, 부도덕, 타락을 일용할 양식처럼 먹여 사회를 서클 안에 들어간 자와 못 들어간 자로 구분하여 서로 혐오와 멸시, 폭력적 파괴의 대상을 만들어 가는 우리 사회와 뭐가 그리 다른가. 온 국민이 자유라는 마약에 취해 자신과 국가가 살고 있는 집을 흰개미처럼 갉아 먹으면서 자기는 개인의 민주적 자유의지로 참여하고 있다고 착각하는 모순과 넌센스만 빼고 뭐가 그리 다른가.

정치의 본래 목적은(아무리 폭정을 일삼는 독재자라도) 국민을 번영케하고, 국가를 부강(富强)케 하여 외국인의 침탈에서 국가를 보호하고, 국민의 건전한 자유를 최대한 보장하는 것이다. 그런데 우리나라 정치인들의 목적은 '정치인 개인의 목적'을 달성하는 것이다. 3류 정치인일수록 우리 국가 목표는 차치하고 개인의 목적을 달성하기 위해 정치를 한다. 그러다 보니 정치인 개인의 목표달성, 즉 재산과 명예의 축적이 자기 정치 활동 전체의 목적이 된다.

그보다 더 침을 뱉어야 할 4류 정치인은 자기 개인의 목적 달성을 정치적 목적이라 부른다. 그들은 자기 개인의 목적과 국가적 목적이 서로 다를때, 서슴지 않고, 자기 개인의 목적이 국가의 목적이 되어야 한다고 주장하는 쓰레기들이다. 지난 18대 국회의 약 2/3가 이

4류 정치인에 속하고, 지금까지의 행태로 판단하건대 19대 국회도 크게 다르지 않을 것으로 보인다. 그런데 이들은 그런 부끄러운 일을 숨기지 않는다. 무식해서 그렇다. 말도 빨리하고 두뇌 회전도 빠른데 깊은 생각을 할 줄 모르니까 목전의 목적 달성이라 착각하고, 이를 위해 상대를 비방과 거짓으로 패망시키는 것을 정치라고 착각하고 산다. 우리나라 언론도 같은 착각을 하고 있다. 정권을 잡는 것이 정치의 최종 목표라고 서슴없이 주장한다. 이런 부류는 한국의 국가 발전에 적극적 피해를 끼치는 부류다. 4년마다 총선이 있어 다행이긴 하나, 한국 정치권의 구성원들이 앞으로 얼마나 달라질지 의문이다.

우리는 글로벌화라는 인류 역사상 최초의 경제 지각 변화에 우리의 운명을 이 병든 치료사들에게 맡기고 있음을 생각하면 소름이 끼친다. 이것은 확실한 분노의 원인이지만 놀랍게도 우리는 예측 불가능성과 혼돈으로의 질주에 무관심하다. 한국 정치의 상식 이하의 타락에 무감각하다고 하는 것이 더 맞겠다. 툭하면 반복되는 서울 폭격의 경고를 무시하고 살다 보니 웬만한 경고 같은 것은 주의를 끌지도 못한다. 그러나 경고가 없어도 관심을 가지지 않을 수 없는 위험이 있다. 그게 바로 배고픔이다. 누적되는 실업과 청년 실업은 잊으려야 잊을 수 없고, 하루 24시간 계속되는 무력감, 허탈감, 그리고 분노 또한 잊어버리기가 힘들다.

한국의 소위 개발 세대가 분노할 이유가 없어서 분노하지 않는 것이 아니다. 이들은 일제의 압제, 6·25 전쟁의 파괴와 유랑, 그 뒤 세계 최하위의 경제 수준이라고 표현하는 참지 못할 배고픔 등, 현재의 신세대나 486세대들이 상상도 할 수 없는 고난과 굶주림을 겪었다. 국가가 강해야 나도 자유롭고 평화로운 생존이 가능하고, 이 자유와 평화 두 가지가 충족되어야, 내가 마음 놓고 배고픔을 이겨내고, 번영을 위하여 매진할 수 있다는 평범한 진리를 초·중등학교 어린 나이에 경험을 통해 다 터득했다. 그래서 웬만한 분노는 참고 관리하고, 그 분노를 자극제로 삼아 나의 창의적 노력과 정진을 위한 도구로 만들었다. 그러나 그때는 그때이고, 지금은 지금이다. 다 같이 굶주린 때보다 대부분이 잘 사는데 나만 실직 상태로, 뒤져 있다고 느끼는 사람의 상대적 분노는 개발 세대가 상상할 수 없이 뼈아플지도 모르겠다.

그러나 어떤 형태로든 분노는 관리되어야 한다. 분노가 사회적 공통의 분노로 변하여, 미국 쇠고기 같은 조작된 가짜 분노가 아니고, 정말 이 사회가 이대로는 공멸하고 말 것이라는 정의감과 배고픔에 기초를 둔 400만 실업자들의 당당한 행진으로 변하면 그때는 이미 늦었다. 우리는 일상적으로 누구 때문에 이렇게 되었는가를 따지기 좋아한다. 그러나 우리는 범인을 찾으려는 마녀사냥을 하기 이전에 먼저 무엇 때문에, 왜 여기까지 왔는가를 곰곰히 따져 보아야 한다. 누구를 탓하고 벌하기 전에 우리가 살아온 역사 속에 현재의 문제들이 태어날 씨앗이 심어져 있는지 따져 보아야 한다. 그 씨앗이 오늘의 인간과 인간의 문제를 만드는 데 어떤 기여를 했는지도 생각해 보아야 한다. 그 뒤에 우리는 한국의 지속적 성장을 위하여 이 배고픔과 낙오자의 고독과 고통을 해결할 방도를 찾아야 한다. 그 과정에서 우리는 우리 사회가 가지고 있는 우리만의 도구와 유산, 우리 힘의 재고 조사를 해야 한다. 필자는 그때서야 우리가 찾는 해결 방법이 반드시 보일 것이라고 믿는다.

우리를 분노하게 만드는 원인 가운데 가장 직설적이고 직접적인 것은 배고픔과 배아픔, 실업과 경제력의 집중이다. 경제력의 집중과 양극화는 이제 질투와 배아픔을 넘어 우리 사회를 북한의 위협보다 더 불안하게 만드는 국가 제일 과제로 떠오르고 있다. 그래서인지 대통령 하겠다는 사람들이 예외 없이 경제 민주화라는 구호를 외치며 하나같이 보편적 복지를 주장한다. 다음 장에서 경제력 집중의 원인인 잉여의 창출 과정과 축적 과정을 검토하고, 그 다음 장에서는 배고픔의 원인인 세계와 우리나라의 실업 실태를 검토하기로 하자.

제2장

잉여라는 인간 본래의 멍에

2.1 강제 고용과 잉여의 독점

[원시 국가 형성기와 강제 고용 및 잉여의 독점]

인간이 원시 국가 체제를 만드는 과정은 수천 년에서 2만 년 이상 걸렸을 수도 있다. 부락 단위의 공동 생활체들이 여러 부락으로 구성된 하나의 원시 국가로 가는 과정은 그 속도가 통치자의 통치력의 증가 속도에 따라 결정되었겠지만, 이 통치력은 지금은 군대라고 일컫는 부족장에게 충성하는 젊은이 집단의 크기와 힘에 따라 결정되었을 것이다. 그 집단의 힘은 무기가 돌, 창, 칼, 활 등 단순한 것밖에 없는 시대에는 충성 집단 구성원의 숫자 크기에 따라 결정되었을 것이 분명하다. 더 많은 추종자가 있어야 더 큰 무력을 행사할 수 있고, 더 큰 무력은 더 많은 추종자를 확보하게 하여, 더 큰 힘을 발휘하도록 하고, 그것이 시간이 흐르면서 상당한 규모의 군대와 국가가 되었을 것이 자명하다. 이 정도는 정치학을 몰라도 누구나 다 알고 있는 상식이다.

그런데 그 상식 뒤에는 좀 바보 같은 질문이 존재한다. 추종자가 많아 더 큰 무력을 만들면 정말 더 많은 추종자가 생기는가. 전쟁에 패한 부락의 젊은이는 다 죽거나 살아 있으면 계속 적이 되어 침략자에게 대항하는 것이 상식이 아닌가. 여기에 대한 해답이 경제에서 나온다. 애초에 이 침략적 부족장은 어떤 이유로든지 더 많은 사람을 먹여 살릴 수 있었기 때문에 더 강한 군대를 유지할 수 있었다. 운 좋게 한 부락의 토지가 다른 부락보다 더 클 수도 있고, 더 비옥할 수도 있고, 국민이 더 열심히 일하는 농부들일 수도 있다. 어떤 이유에서든 더 많은 청년을 먹여 살릴 수 있다면 더 큰 무력을 키울 수 있다. 더 큰 군대는 더 많은 식량을 소비하지만, 그 더 큰 소비를 가능하게 하기 위하여 토지와 농부와 군량미를 확보해야 하고, 또 할 수 있기 때문이다. 일단 경쟁 부락보다 식량을 더 많이 생산하는 부락과 그 추장은 더 큰 힘을 확보하고 이는 더 많은 경제력을 보장해 주고, 이것은 더 큰 무력을 보장하고, 이는 또 더 큰 경제력을 보장하기 때문에 다른 부락들을 통합하는 과정이 빨라지고, 이 과정은 또 다른 신생국가와 국경이 맞닿을 때까지 반복될 수 밖에 없다. 근대국가들의 국경이 분명해질 때까지 서로 국경이 분명치 않았던 것은, 그 지도자들이 무력과 경제적 재생산 능력의 상호 인과성과 그에 따른 선순환과정을 몰랐거나 시베리아처럼 저항할 부락이 없었기 때문이라고 할 수 있다.

이 시대는 아마도 신석기시대 끝에서 시작하여 수천 년을 지속했을 것이다. 이 시대 경제 단계의 특징은 고용의 강제와 잉여의 독점으로 요약된다. 우선 고용은 국가나 지배계급이 피지배자들에게 노동을 강요하는 제도 때문에 발생한 현상으로 이 시대의 근로자는 모두 선택의 여지가 없는 농노에 불과했고, 이들은 '노동을 안 할 권리가 없는 노예'에 불과했다.

이 시대의 잉여라는 것은 인당 경작 농산물의 크기가 자체 소비를 초과하는 식량이었을 것이고, 그 잉여는 모두 지배자에게 귀속되었다. 그 독점된 잉여는 초기에는 군대 유지에 주로 사용되지만, 시간이 흐르면서 피라미드, 대형 사찰, 도시, 궁전, 지방 간선도로 등을 건설하는 데 투입될 만큼 거대한 잉여의 축적이 가능했다. 여기서 일한 근로자는 비농업 노예들이었고, 이는 비농업 분야로 노동의 분업이 이루어지기 시작했다는 증거가 된다. 즉 이 시대에는 실업이 없었다. 실업은 곧바로 병든 환자와 노약자를 의미하는 것이었고 생산성이 없는 이들에게 식량은 거의 공급되지 않았다. 실업이 공포의 대상이 된 것은 지금과 마찬가지이지만 자발적 실업자가 될 권리는 없었고 전 국민이 강제 고용, 즉 강제 노동 상태에 있었다. 잉여와 생산수단은 모두 국가 소유였고, 사유재산제도가 없었으니 근대 공산주의 체제와 아주 유사했을 것으로 보인다. 막스는 국가 형성 전에는 소규모 자발적 원시공산제도가 있었다고 하지만 실은 국가가 형성되면서 제일 먼저 벌어진 상태가 지금의 북한이나 스탈린의 소련과 아주 흡사한 거대한 강제 노동 수용소이었을 것이다.

이러한 상태는 원시 인류 사회의 아주 자연스러운 상태로 누가 이를 설계하고 구상하여 만든 것이 아니다. 욕심 많은 강자와 힘없는 피지배자들이 별 저항 없이 만든 인간 본연의 상태였다. 그러나 이 시대의 두 가지 특징, 즉 고용의 강제성과 잉여의 국가 독점성은 불가피하게 역사가 발전함에 따라 변할 수밖에 없다. 그러나 이 두 가지 특성은 서로 다른 동력에 의하여 서로 다른 역사적 발전 과정을 거친다. 잉여의 독점이 먼저 무너지기 시작하고 그 과정이 한참 무르익을 때 고용의 강제성이 무너지기 시작한다. 하나씩 검토해 보자.

먼저 잉여 처분의 역사를 보자. 잉여의 독점 현상은 첫째, 잉여는 본질적으로 독점 권력의 보장 방법이기 때문에 불가피하게 일어난 현상이다. 나의 적들이 내 군대의 식량을 탈취해 가지 않는 한 나의 독점권은 보장된다. 나의 적도 똑같은 상황이어서 우리는 서로 자신의 잉여 식량 보전을 권력 유지의 기본으로 삼는다.

둘째, 아직 분명히 누구에게 귀속되지 않은 잉여는 먼저 선점하는 자에게 귀속되는 것이 상식이다. 내가 주저하면 이 추가 잉여를 나보다 먼저 확보한 적이 나보다 더 큰 군사력으로 나의 잉여를 탈취하려 하기 때문에 내가 단순히 생존을 하기 위해서라도 닥치는 대로 남의 잉여, 주인 없는 토지와 농노, 경제력을 탈취해야 한다. 이런 사회에서는 자기가 섬기는 군주와 서로 같이 죽기를 맹세하고 적과 투쟁하는 것이 아주 자연스럽다. 우리 편이 아니면 자동적으로 적일 뿐이지 그 중간은 없다.

[잉여 독점 사회의 세 가지 약점]

잉여 독점 사회에는 세 가지 큰 약점이 내포되어 있다.

첫째는 사회 전반적 그리고 국가 간에 신뢰가 없기 때문에 자기 생존을 목적으로 끝없는 투쟁을 해야 한다. 그러나 어느 한 국가가 천하를 평정하면 상황이 많이 호전되지만 그전에는 불확실성이 모든 국가나 권력 단위의 생존 기본 수칙이 된다. 따라서 어떤 대형 투자도 불가능하다. 국민의 교육과 훈련을 통한 기술 발전과 경제 성장은 불가능하다. 이 시대는 설혹 약간의 성장이 있더라도 토마스 말사스의 예언처럼 전쟁과 질병으로 원상 복귀하고 만다. 아마도 우리는 이렇게 한 5,000년 이상을 살아온 것 같다. 이때는 불확실성 때문에 저축도, 성장도, 금융도 모두 불가능했다. 이 불확실성 시대의 끝 무렵에 드디어 대형 공사, 기술 발전 및 문화의 발달이 이루어졌다. 이때 인류의 찬란한 고대 문명이 시작되었을 것이다.

두 번째 약점은 끝없는 전쟁 그 자체다. 20세기에는 양국의 힘이 균형을 이루면 미국과 소련처럼 전쟁을 시작하지 않았다. 시작할 수가 없었다. 그건 상대를 제압도 하기 전에 자기가 먼저 궤멸될 수 있기 때문이었다. 그러나 고대 문명 이전 시대에는 전쟁이 생존의 방법이었기 때문에 서로 안 싸우고 같이 산다는 개념은 없었던 것 같다. 고대 이전에는 항상 상대를 제압할 수 있다는 자신감과 지금까지 적에게 받은 상처와 고통 때문에, 그리고 내가 탈취하지 않으면 상대가 가져가는 잉여의 배타성 때문에 안 싸우고 싶어도 안 싸울 수가 없었을 것이다. 20세기의 미국과 소련이 자발적으로 전쟁을 억제한 것은 인류가 바로 그만큼 지혜로워진 증거라고 볼 수도 있다.

어떤 강력한 군주가 대규모의 군대와 잉여를 가지고 제국을 건설하고, 주변을 완전 압도한 시대부터는 전쟁의 빈도가 줄어들고, 경제력의 증대를 위한 각종 노력이 발생하고, 잉여 저축의 축적을 통한 경제 성장, 번영의 확산을 통한 중산층의 발흥 등 근대적 사회가 태동하기 시작한다. 5,000년 전 고대 문명의 동시 발흥 시기를 보면, 그전에는 생존이 가능한 소외된 산악 지대나 또는 산과 바다, 강 같은 분할 장치가 있는 지역에 몇 개의 강한 부락들이 상당 기간 소규모 국가 형태로 공존하였다. 그러나 중국, 인도, 이집트 등 대형 국가는 교통이 어려운 지역은 피하고 넓고, 접근이 용이한 지역에 편중되어 있다. 다시 말해, 비옥한 토지에는 인구가 많아 대형의 군대를 만들 수 있고, 평야가 많아 대규모의 농산물 잉여를 창출할 수 있는 지역에서 세계 5대 고대 문명이 거의 동시에 발생한 것이 확실하다. 그러나 이 시기에도 잉여의 독점은 전과 다를 바 없었고, 오히려 그 잉여 독점의 기술만 더 발달했을 것이다.

세 번째 약점인 일반 국민의 끝없는 빈곤과 노예 상태는 시간이 흘러도 별로 나아진 것이 없었다. 잉여의 독점은 어디까지나 군주 한 사람에게 경제력과 군사력이 집중되는 체제이고 그 경제력과 군사력은 자동으로 전쟁 수행이나 국가 방어력 유지에 투입되다 보니 국민의 생활은 항상 삶과 죽음의 문턱에 서 있는 처참한 삶이 된다. 그것도 한 세대가 아니고 수십 세대에 이르는 긴 시간을 그렇게 사는 것이다. 이 잉여 독점 사회의 세 가지 약점이 가져오는 불안정성은 결국 잉여 독점 체제의 변화를 가져올 수 밖에 없었다.

잉여의 독점은 높아만 가는 귀족과 왕족들의 권력 참여 본능과 잉여 분배 요구의 결과 자동적으로 자연스럽게 잉여의 분할이 일어나게 되었다. 이것이 귀족계급과 무사 계급의 출현을 가져오며 이때부터 전쟁의 전문화, 즉 싸울 사람은 싸움만 하고, 학문이나 제도를 연구할 사람은 그에 몰두하게 하는 분업체제가 발생한다. 분업은 귀족 계급 내에서만 일어나지 않고 계층 간에도 많이 발달하는데 그중 제일 두드러진 것이 국가의 재정과 군주의 재정의 분리이다. 군주의 재정과 동일한 것이었던 군주 가계의 관리(Oecosnomos)가 군주 직접 관리 체계에서 분리되어 재무 전문가들에게 의존케 되고, 여기서 권력의 구조적 장기적 분할이 일기 시작한다. 나아가 모든 귀족계급의 잉여와 토지 소유라는 잉여 창출 도구의 분할 소유 즉, 권력의 과점 현상 또는 분권 현상이 역사적 흐름이 되었다. 이러한 경제력과 군사적, 정치권력의 하향 위임 현상은 국가 체제가 발달하고 법치주의화 하는 것과 병행하여 발생하였다. 이것이 훗날 귀족이 아닌 일반 중산층 토지 소유자들이 정치에 참여하는 권력의 대대적 하향 위임, 즉 민주주의 제도의 도입을 준비하는 기반을 구축한 것이다.

[고용의 변화 및 잉여와 고용의 상관관계]

한 가지 눈여겨볼 점은 이 잉여 배분의 과정은 지구 인력(引力)의 법칙과 같이 끝없는 하향 분산 과정을 통하여 그 배분의 결정권마저 국가가 아닌 시장에게 빼앗기는 상태에까지 이르렀지만, 고용의 결정을 위한 사회적 시스템은 큰 변화가 없었다. 고대 문명 시대부터 20세기까지 약 5,000년간 추가 잉여는 항상 고용 증가를 의미했다. 역사의 초기에는 국가의 강제 노동력 동원 없이 추가 잉여를 얻는 것은 불가능했다. 그러나 기술의 발전을 통해서 과거보다 추가 고용 없이 같은 양의 잉여가 발생되는 현상이 일어나면서 막스를 포함한 많은 사람들이 이러다가 마지막에는 추가 고용 없이 얼마든지 추가 잉여를 생산할 수 있는 사회가 오는 것이 아닌가 하는 두려움을 가지기 시작했다. 강제 고용 시대에서 실업 누적 시대로 들어온 것이다. 그래서 잉여의 크기와 무관하게 고용을 보장하겠다는 공산주의 체제의 실험이 소련과 동유럽에서 20세기 약 80년간 발생하였다. 그러나 이는 철저히 실패하였다.

사실 강제 고용 제도가 한 번에 실업 누적의 시대로 변한 것은 아니다. 생산 활동의 대부분이 농업이었던 시절에는 농노가 해방되면서 여러 가지 형태의 소작농 제도가 유럽과 아시아 각국에 정착하였다. 이는 법적으로는 노동의 자발적 공급 행위이지만 실제로는 일반 농민이 토지를 소유한 지주에게 묶여 있는 준농노에 불과하였다. 그러다가 산업혁명이 일어나면서 농업 노동력이 제조업 노동과 각종 도시 생활에 필요한 서비스 노동의 공급으로 변하였다. 이때도 법적으로는 노동의 공급은 자발적 행위였지만, 실제로는 역사상 한 번도 노동의 초과 수요 상태를 경험한 바가 없는 산업 사회에서는 노동자는 항상 실업의 공포하에 살아야 했고, 노동자의 인생은 고용주에게 신분적으로 귀속되어 있는 것과 별 차이가 없었다. 예외가 있다면 한국의 지난 반세기 같은 고속 성장 시대 정도이다. 한마디로, 고대의 강제 노동제도는 근대의 준강제 노동으로 변한 것에 불과하다. 그러나 현대에 이르러 인류가 글로벌 경제라는 것을 만들어 전 세계에 산업 시설을 이동시키기 시작하면서 노동, 특히 산업 선진국의 노동은 이제 구조적 실업 누적 시대로 진입한 것이다. 즉 준강제 노동마저 어렵게 되었다.

고대에는 잉여가 군대와 권력과 제국 건설의 불가피한 핵심 구조였다면 20세기 후반 이후 지금은 잉여가 다른 의미로의 M1소총의 린치핀 같은 역할을 한다. 그걸 빼내면 모두 다 해체되어 버린다. 현대 금융 신용 사회에서는 미래 기대 잉여가 모든 금융과 투자 및 경제성장의 핵이다. 이 미래 기대 잉여가 낮거나 제로면 경제성장은 멈춘다. 그러면 대량 실업이 발생한다. 반대로, 어떤 경우에는 특별한 기술이 개발되어 상황이 급변하고 미래 기대 잉여보다 높은 실제 잉여가 나올 수 있다. 일종의 경제의 뮤테이션 즉, 돌연변이다. 이 돌연변이의 반복적 출현으로 그동안 인류의 경제가 성장하고 오늘의 번영을 가져온 것이다. 슘페터는 이를 이노베이션(Innovation)이라고 불렀다. 이노베이션은 긍정적인 의미만 가지고 있지만 실제로 경제의 뮤테이션은 때로 경제의 엄청난 파괴도 가져왔다. 중요한 것은 공산 정권의 무리한 강제 고용을 예외로 하면, 추가 잉여와 추가 고용의 긍정적 상관관계에는 별 변함이 없었고, 바로 그 상관관계의 덕으로 대량 번영시대와 대량 고용시대를 같이 누릴 수 있었다. 경제의 각종 돌연변이와 기술의 집중적 발달로 인해 인류는 그동안 끝없는 잉여의 축적과 고용의 증가, 때로는 노동 선택의 자유를 누려왔다. 그러나 인류는 이러한 노동 선택의 자유를 얻은 대가로 지금은 대량 실업의 가능성이라는 위기에 직면하고

있으면서도, 잉여의 증가가 고용의 증가를 계속 가져다 줄 것이라
는 환상에 잡혀 꿈에서 못 깨어나고 있다.

[잉여 독점 전쟁을 대체한 글로벌 경제의 출현]

뒤에 좀 더 자세히 설명하겠지만 20세기는 과거 다른 세기에 비
해 다른 점이 많다. 그중에 우리의 관심사인 잉여의 과점과 독점을
위한 노력을 보면, 유럽 주요 국가들과 일본이 제국주의를 당연시
하던 20세기 전반까지도 고대 문명과 그 이전의 원시 국가 시대와
똑같이 자국의 잉여 창출 능력을 키우기 위해 무력을 사용하여 다
른 나라를 침략하고, 재산을 몰수하고, 세금을 징수하고, 식량을 탈
취하였다. 뿐만 아니라 원시 국가와 똑같이 이를 전쟁 물자로 사용
하여 동남아시아, 태평양 제도, 아프리카, 중동, 중앙아시아 및 신대
륙을 점령하고 강제 노동을 자행하였다. 최근 50년을 뺀 인류 역사
전체가 이런 잉여 독과점 추구의 역사와 다름이 없다.

참으로 놀랍게도 1945년 2차 대전 종식과 유엔의 출범과 더불어
이제는 이라크의 독재자 사담후세인이나 북한의 김씨 왕조 같은 예
외적 경우를 제외하고는 이러한 시대착오적인 제국주의적 침략은
지구에서 사라졌고, 자기 나라의 경제력을 키우기 위해 군사적으로
남의 나라를 침략하는 일을 금지시켰다. 실제로 UN 안전보장이사
회의 상임이사국 5개국의 견제로 이러한 침략이 불가능하게 되었
다. 놀라운 일이다. 미국 정부가 이라크의 석유 보호를 위해 전쟁을
했다고 해도, 현재 이라크의 유전 개발은 미국 이외의 기업들, 특히
중국 석유회사들이 가장 앞서서 추진하고 있는 것으로 보아, 지금

의 중동 전쟁을 1945년 이전의 침략 전쟁과 동일시하는 것은 옳지 않다.

아직도 국내에서는 각종 조직폭력배들이 영토 전쟁과 이권 전쟁을 수없이 반복하고 있는 상황에서 국가 간에는 이러한 영토 전쟁이 불가능해진 것은 보통 일이 아니다. 국가 간 힘의 균형, 지배 국가군의 완벽한 군사적 제압력, 현명한 외교적 협상의 결과 인류 사회는 이제 지혜로운 평화공존이 가능하게 되었다. 그 이유는 바로 기술이다. 기술의 발달로 완전 보복, 완전 궤멸 시대가 와서 대형의 전쟁이 불가능해졌다. 기술의 발달로 잉여가 대량으로 창출될 수 있는 시대가 와서 이제는 남의 국토를 침탈하지 않고도 전 인류의 번영을 실현할 수 있게 되었다. 시장 경제 체제와 끝없는 기술의 발달로 이런 꿈을 실현시킬 수 있다는 새 자신감이 생긴 것이다.

앞으로 이 시장 경제 체제와 기술의 발달이 어떻게 인류를 글로벌 경제의 일원으로 바꾸어 놓았는가를 자세히 설명하겠지만, 여기서는 한국을 포함한 산업 선진국의 대형 기업들이 전 세계 시민을 시장으로 보고 물건을 기획하고 생산하고, 생산 입지를 정하고, 현지에서 생산하고, 전 세계에서 원료와 중간재를 구매하고, 전 세계에서 자금을 융통하고, 전 세계를 향해 이익을 배분하여, 결과적으로 세계인의 부를 키워나가는 행위가 바로 21세기를 지배할 글로벌 경제를 낳게 한 것이라는 점을 강조해 둔다.

[글로벌 경제의 출현과 고용의 파괴]

그런데 앞으로 우리가 지속적 성장과 번영의 기본 도구로 삼을 글로벌 경제는 과거 우리가 겪었던 어떤 경제와도 다르다. 이 경제는 세계적 공정거래위원회가 없는 한, 있어도 그 힘이 확고해지기까지는 무한 경쟁의 경제이고 그 안에서는 과거 원시 국가의 잉여탈취전쟁 못지않게 치열한 경쟁과 투쟁이 자행되고 있다. 애플사와 미국인 배심원단이 삼성전자를 징벌하겠다는 자세는 이를 잘 보여준다. 인간의 폭력적 본능은 이제 이 글로벌 경제에서 무한 투쟁의 형태로 나타나고 있다. 대표적인 전쟁이 바로 금융 부분에서 일어나고 있다. 금융의 역사적 과제는 앞으로 자세히 설명한다. 그러나 글로벌 경제가 생존하고, 번영하고, 확대할 수 있는 것은 대형 기업들의 기술과 생산 설비 이동 및 해외 하청만 있으면 되는 것이 아니고, 금융의 국제화가 같은 속도로 쫓아와 주어야 한다.

경제 역사상 많은 돌연변이 중에서도 가장 뛰어난 글로벌화라는 돌연변이는 처음에는 오늘날 선진국 중심으로 발생했으나 서서히 동아시아를 기점으로 생산 설비의 이동을 따라 '번영의 확산'이라는 새로운 경제와 부의 이동 궤적을 만들었고, 지금은 인건비와 생산비가 저렴한 국가나 대륙을 향해 산업의 대량이주(Massive Migration)가 일상처럼 일어나고 있다. 이 산업의 이동이라는 새 현상은 수많은 과거의 상식을 파괴하였는데 그중의 하나가 바로 번영과 고용의 연결이다. 잘 산다는 것은 '내가' 좋은 직장에서 상사의 촉망을 받으며 건강히 일을 잘할 때 오는 것이라면, 이제는 잘 산다는 것과 내가 일을 하고 있다는 것이 연결되기도 하고 끊어지기도 한다. 각종 사회보장제도, 투자 시장과 부동산 시장을 통한 기회 등 일 안하고도 잘 살 수 있는 시대가 되었다. 선진 산업국가의 산업이 대량으로 해외로 이동하면, 이 나라의 고용은 사라지고 번영속의 빈곤이 자리잡기 시작한다. 국가는 아주 번영한데 나는 계속 실업자가 될 수도 있고, 우리 회사는 승승장구하는데 나는 명퇴해야 할 수도 있다. 번영은 이미 고용과 분리됐다. 글로벌 시대에 엄청난 국제 경쟁에서 생존하기 위해 모든 기업들은 고용의 증가를 포기한 지 오래다. 노조의 발달도 한 역할을 했지만 4대 보험과 날로 축적되는 정규직의 퇴직 준비금 등 각종 부속 고정비용은 기업에게 정규직 고용에 대한 겁을 주고, 노동시장의 경직화, 즉 해고 불가능시대의 도래로 기업들은 정규직 고용을 점점 기피하게 만들고 있다. 지금은 고용 없는 성장의 시대다. 엄밀히 말하면 추가 고용 없는 성장 시대다. 역설적이지만 오히려 추가 고용이 없어서 경쟁에서 이기기 쉬워진 것이다.

인류는 초기 국가 형성 시대를 강제 고용과 잉여의 독점으로 시작했다. 그러나 시간이 흐르며 인간은 강제 고용을 버리고 노동하지 않을 권리를 확보했다. 그것이 판도라의 상자다. 이제는 자발적 고용 시대지만 이 노동 선택권은 노동의 수요가 노동의 공급보다 크지 않으면 무용지물이다. 그런데 몇 천 년 동안 발달해 온 생산기술과, 세계를 무대로 하나의 국가처럼, 하나의 시장처럼 경쟁하는 글로벌시대에는 고용의 수요는 구조적으로 계속 축소되고 있고 일부 지역적 노동의 초과 수요도 시간이 지나면 곧 물거품이 된다. 우리는 대단히 위험한 시대를 살고 있다. 실업이 누적되면 칼 막스의 처방처럼 공산주의 혁명을 해서 강제 고용 시대에 들어가거나, 누적된 실업을 성공한 기업의 세금 부담을 기초로 하는 사회보장제도로 먹여 살리거나, 아니면 다른 무슨 획기적 고용 창출 방안을 만들어야 한다. 고용 창출을 위한 기발한 아이디어를 내기 전에 우리 사회의 잉여에 대한 안이하고도 감정 어린 시각과 인식을 좀 더 살펴보자.

2.2 이익 공유제

이익에 관한 3대 경제 이론의 입장
신고전학파는 하나의 신학인가
이노베이션과 뮤테이션
케인즈 학파와 이익에 대한 입장

[이익에 관한 3대 경제 이론의 입장]

근래 우리나라에서는 국가 분열을 치료하고 사회 통합을 추진하는 분들이 내세운 '이익 공유제'라는 신조어를 놓고 그 이념적 족보가 어디에 속하는지 사람들은 아리송해 한다. 근대 경제학 중에서 우리의 현재 관심거리인 성장과 안정에 직접 관련이 있는 3대 이론적 흐름은 신고전학파, 케인즈 학파 및 혁신론적 발전론이라 볼 수 있는데, 이들의 기업 이익에 대한 자세는 근본적으로 다르다.

신고전학파는 자원 배분과 활용의 최적화를 추구한다. 즉 한 산업에 이익이 많이 나면 그 기업은 물론, 시장의 다른 경쟁자들이 이 산업에 투자를 증가시켜 공급이 늘어나면 자연히 동제품의 가격이 하락하여 이익이 영(제로)이 될 때까지 이 증산 과정이 계속되어야 하고, 이익이 나지 않는 적자 산업에서는 투자를 줄여서 공급을 축소하면 제품 가격이 올라가 손실이 영이 될 때까지 이 공급 감소가 지속되어야 한다고 믿는다. 그래야 제한된 자원과 자본이 가장 효율적으로 여러 산업에 적절히 배분되고 활용되어, 기업과 국가의 경쟁력을 극대화할 뿐 아니라 국민의 실질소득이 극대화되고 불공정 거래가 불식되어 국가적 번영이 최대화된다고 믿는다.

물론 이러한 상태는 첫째, 완전 경쟁 상태를 전제로만 가능하다. 특정 생산기술이나 제품 기술의 구조적 독점으로 어떤 기업이나 국가에게 일시적으로 이익이 발생하면, 이익의 존재 자체가 제품의 공급이 부족하다는 시그널이 되어, 경쟁자들이 시장에 대량으로 진입하여 경쟁이 유발되고, 제품의 공급이 늘어나 가격을 하락시켜 초과 잉여를 소멸시켜야 한다. 완전 경쟁이란 이러한 이익 소멸 과정에 정부로부터 어떠한 간섭도, 기존의 독점 업체로부터 어떤 방해도 없으며, 비슷한 기술을 모든 기업이 공유해야 한다는 뜻이다.

[신고전학파는 하나의 신학인가]

이것은 하나의 신학이다. 내 이론대로 하여야 반드시 최적의 자원 배분과 경제의 적절한 성장이 오니까 내 처방을 따르라는 명령적 이론이다. 영어로는 이것을 규범적 명제(Normative Statement)라고 부른다. 만일 현실이 나의 예측대로 안 되면, 그것은 시장이 불완전해서 나온 오류일 뿐이고, 내가 틀릴 수 없는 것이다. 따라서 이 명제는 최적의 조건을 설정하는 실험이 불가능하므로 그들의 주장은 하나의 신학적 명제와 다를 것이 없다. 어떤 독설가는 경제학

을 몽땅 신학이라 주장한다. 이는 경제학에 대한 모욕이고, 신고전
파 특히 밀턴 프리드먼(Milton Friedman) 같이 통화량 증가율 한 가
지만 고정시켜 두면, 모든 불황은 다 피할 수 있다는 현란한 언변가
는 정말 신학자처럼 보인다.

둘째로 이런 논리는 누가 봐도 전 세계에 국가가 우리나라밖에
없을 때나 가능한 논리다. 소비자인 국민에게 귀속될 잉여가치인
초과 이익이 한두 기업에 귀속되는 것을 막는 것 즉, 독점의 해체가
도덕적 타당성을 얻으려면 우리 외에 다른 나라 기업이 없어야 한
다. 한국 말고도 여러 나라가 존재하는데도 우리 기업의 기술이 뛰
어나고 생산성이 높아 국제 경쟁에서 큰 이익을 창출하는데, 만일
외국 기업이 우리 기업의 기술을 도용하거나 베껴다가 동등한 제품
을 시장에 내놓아서 시장 경쟁이 격화되고, 그 제품의 국제가격이
하락하여 우리 기업의 초과 이익이 사라진다면 이것이 과연 도덕적
일지가 의문스럽다. 더 나아가 외국 기업이 우리나라 기업들을 모
두 제압하고, 우리 국내에서 발생한 외국 기업의 이익 대부분을 해
외로 빼돌려도, 과연 우리 국민은 그래도 우리 기업들의 이익이 제
로가 될 때까지 왜소해지기를 바랄지 의문스럽다.

따라서 신고전주의는 단일국가밖에 없는 세계에서 모든 제품 시
장의 완전 경쟁 상태를 이상으로 삼고 있다. 경쟁을 통하여 일시적
이거나, 구조적 왜곡, 또는 정보 기술자원의 독점으로부터 나오는
이익이라는 괴물은 가능한 한 빨리 파괴하는 것이 옳다고 믿는 이
론이고, 교과서에서도 그렇게 가르치고 있다. 이것은 이익 공유제
가 아니고 이익 공멸제다. 문제는 세계화된 경제 현실하에서는 국

가 간 경제적 대립과 치열한 경쟁이 일상화되어 있는데, 아무리 신고전적 이념을 맹신하는 경제학자라도 미친 사람 아니고는 우리나라 기업이 이익을 내면 안되니까 이익이 모두 없어질 때까지 외국 제품의 대량 수입을 통해서라도 국내 이익을 없애라고 주장할 사람은 없을 것이다. 신고전적 논리는 한국 기업의 잉여와 국민 소득 기여가 줄어들더라도, 세계시민전체의 후생(만족도)은 올라가니까, 자기 처방이 옳다는 것이다. 그러니까 신학자 소리를 듣는 것이다. 이제는 투자의 증가를 통한 생산과 수출을 동시에 늘려 더 큰 이익을 내어 외국 기업과의 경쟁에서 이겨야 할 때다. 국내 투자의 증가는 국내 투자의 기대 이익이 해외 투자의 기대 이익보다 클 때만 발생한다.

우리나라에 와서 엄청난 수임료를 받고 경제성장과 산업 발전을 자문한 국제 컨설턴트들은 현재 이익이 안 나는 산업을 폐쇄하라고 설교한다. 가발이나 비누, 자전거밖에 못 만드는 나라에 와서 이런 후진적 경공업은 이익이 잘 안 나니까 집어치우고 이익 잘 나는 반도체를 생산하라고 자문하면 누가 듣겠는가. 반면에 우리나라 기업인이 자동차 산업을 일으키겠다 하면 포장도로도 없는 나라에서 무슨 자동차 산업을 하느냐며 핀잔만 주었다.

우리나라 어느 기업인이 우리의 양복지에 대한 국내 수요가 대단히 크니까 이 산업을 일으키겠다며 자금을 빌리자고 하면 양도 없는 나라에서 무슨 모직 양복지 산업이냐고 거절한다. 세계에서 가장 양복지를 싸고 품질 좋게 잘 만드는 영국에서 수입해다 쓰라고 조언한다. 수입대체산업은 국제무역을 축소시키는 역효과가 있으니 절대로 안 된다고 말린다. 우리가 만들어 수출하면 국제무역의 축소가 아니라 증가가 발생할 텐데 그런 것은 상상도 못하는 것이다. 그러다 보니 신고전주의는 선진 공업국의 후진 경제에 대해 식민주의적 경제 침탈의 논리로 둔갑되어 후진국에서 수입대체산업을 절대 일으키지 말라는 궤변을 일삼다가 동아시아 국가들이 자동차, 선박, 전자, 철강 산업을 키워 세계시장을 침투, 점령하는 것을 보고는 꿀 먹은 벙어리가 되었다.

[이노베이션과 뮤테이션]

그 정반대 논리가 슘페터의 이노베이션(필자는 경제의 뮤테이션으로 보지만) 논리로서, 후진 경제 발전과 공업국가의 지속 성장의 규범이 되었다. 이들은 학파를 형성하지 않고 단지 경제 성장의 가치를 인정하는 일종의 혁신론적 발전론자들이 되었다. 이 그룹은 경제성장과 이익 창출력의 확대를 동일시하는 논리를 편다. 기업의 잉여가 바로 투자 확대의 기본이라는 상식에서 기초하여 합법적 이익 추구를 당연시하며, 이익의 크기가 기술 투자와 혁신, 인력의 양성과 조직의 혁신을 가능하게 한다고 본다. 한 산업에서 많은 이익이 나면 그 산업이 필요로 하는 원료의 수요가 커지기 때문에 차상위 연관산업(Up Stream Industry)의 이익 기회가 커지고 투자도 늘어난다. 마찬가지로 어떤 산업의 발달로 많은 국민이 가지고 싶었던 제품을 싸게 널리 사용할 수 있게되면, 하위의 연관 산업(Down Stream Industry), 예를 들면 자동차와 자동차 수리 산업, 컴퓨터와 소프트웨어 산업, 반도체와 TV 등 전자 산업, 폴리에스터와 방적,

방직 산업 등 헤아릴 수 없이 많은 산업의 이익 창출력이 올라가고 투자가 늘어난다. 이러한 논리는 사실 경제학보다 경영학적 감각에서 나온 실물 경제학으로 콧대가 높은 순수경제학에서는 이를 천시하는 경향이 있다. 그러나 불행히도 성장의 원인인 이익의 역할을 중시하고 잉여의 사회발전 기능을 높게 평가하는 이 논리는 자기 스스로를 보호하는 대중적 호소력이 없다. 한 명의 부자 뒤에 99명의 빈자가 존재하는 보통 사회에서 기업 이익의 경제발전을 위한 긍정적 기능을 설파하는 것은 아무리 논리가 정연해도 잘 먹힐 리가 없다. 게다가 이익이라는 괴물은 태생적으로 독점적 횡포의 습관이(잉여의 태생적 본질 참조) 있어서 결국 자기 파괴를 촉진하고 만다. 이 기업 이익의 경제성장에 대한 기여와 범국가적 번영의 달성이라는, 이익이 없는 공산주의 사회에서는 꿈도 못 꿀 높은 성취에도 불구하고, '지식인' 특히 신고전경제학자와 사회주의적 지식인 및 노동조합의 '반 이익' 주의의 연합 세력에게 항상 굴복하고 만다. 이익은 없을수록 좋고, 있으면 없어질 때까지 경쟁시키고, 그래도 안 없어지면 세금으로 거두어 국민이 모두 나누어 가지는 것을 가장 도덕적이라고 생각한다.

[케인즈 학파와 이익에 대한 입장]

케인즈 학파의 이론은 불황 탈출을 위한 효과적 도구라는 그 태생적 제약으로 인해 기업 이익에 관해서는 찬반 어느 쪽도 분명한 입장을 못 밝히고 있다. 어쩌면 밝힐 필요도 못 느끼고 있고 오늘날까지도 실업 대책과 경기 부양을 위한 아주 효과적인 재정 정책, 금융 정책 도구로서 그 역할을 하고 있다. 그러나 자세히 들여다보면 케인즈 학파의 실질 총수요 관리 이론은 "소비자가 물건을 사야 기업이 생산을 하고, 고용을 늘리지."라는 지극히 소박한 매출 중심의 경제 관리 논리라는 것을 알 수 있다. 기업이 생산을 하고 고용을 늘리는 것은 적정 수준의 가격으로 적정량의 매출이 가능할 때 또는 예측이 될 때 발생한다. 경제가 불황기에 접어들면 기대 이익이 축소되어 기업은 불황 타개의 대책으로 고용과 생산을 축소할 수밖에 없다. 따라서 케인즈의 이론은 불황으로 약화되는 기업의 수익력을 보완·강화하는 잉여 결함 보완 이론에 불과하다. 이렇게 보면 슘페터는 전 경제적 잉여 배출 능력의 돌연변이적 창조와 폭등을 주장하는 것이고, 케인즈는 불황에 약해져 가는 잉여 배출 능력을 보완·강화하는 방법을 제시한 것이다. 이에 비해 신고전주의는 잉여의 최소화를 통한 경제 효율의 극대화를 찾는, 그리고 경제 효율의 극대화를 고도의 성장이나 단기적 안정을 초월하는 지고의 가치로 보는 조금은 난해한 이론이다. 여기까지가 잉여의 경제학적 족보다. 이익공유론의 족보는 좀 더 뒤에 보기로 한다. 다만 정부의 간섭이라는 차원에서 보면 위의 신고전주의와 혁신적 발전론은 공히 정부의 간섭 배제 또는 간섭의 극소화를 신주처럼 모신다. 전자는 태생적으로 무정부 상태에서의 인간의 행태를 분석하고 일반화시킨 좀 억지 같은 이론이고, 후자는 정부의 존재가 시야에 없고, 다만 인간 집단들의 자기 혁신 능력에 대한 무한한 놀라움과 경의에서 발생한 이론이기 때문에 정부의 간섭에 대한 반감도 그리움도 없는 논리다. 반면에 케인즈 학파는 불황기에 현저히 나타나는 자

유시장의 무능에서 탄생한 논리이기 때문에 정부의 간섭을 정당화
하기 위하여 만들어진 담론으로 보아도 무방하다.

2.3 기업회계상 이익의 처리와 이념

[손익계산서상의 잉여와 사회적 비용의 위치]

　이익 공유제라는 개념은 어디서 그 족보를 찾아야 하는가. 이것을 바로 이해하기 위하여 자본주의와 공산주의 시각에서 기업회계상의 이익을 조명해보면 평소에 우리가 간과하는 명쾌하고 단순한 진리가 보인다. 현재 기업회계상 손익계산서는 모든 수입에서 모든 비용을 공제하여 남는 가치를 이익으로 기재한다. 그 당기이익에서 세금을 빼면 순이익이 나오고, 이것이 배당과 기업의 각종 유보 등으로 구분 기재된다.

　첫째로 놀랍게도 이익 공유제는 이미 기업 소득세라는 항목에 반영이 되어 있다. 그 세금은 국가운영(국방, 외교, 법질서 유지 등)의 기본 비용 뿐 아니라 각종 사회적 약자 및, 취약 기업과 취약 지역

주민과 기업에게 지출되는 예산으로 쓰여진다. 현재의 기업소득세라는 이름으로 시행 중인 이익의 공유 방법은 작다 또는 크다고 평할 수는 있으나 현재 우리나라에 정부를 통한 이익 공유 기능이 없다고 우길 수는 없다. 즉 우리는 이미 이익 공유제를 채택하여 살고 있다. 이는 모든 시장 경제 체제 국가의 공통 현상이다. 이어 이익 공유제를 실시하고 있으면서 이를 새로 발명했다고 하는 것도 우습고 이를 반대한다고 맞서는 것도 우습다.

굳이 따지자면, 같은 금액의 세금을 수많은 중소기업이 나누어 내는 경제에서는 잉여 집중에 대한 불평이 별로 없겠지만 정부의 세수입에는 엄청난 결손이 발생할 것이다. 대부분의 중소기업은 세금 면제 수준을 넘기가 쉽지 않을 것이고, 이런 영세 세수입을 다 합쳐도 대기업 한 곳이 낸 세금을 능가하기 쉽지 않을 것이다. 우리나라에 부가가치세를 도입한 때가 1970년대 말이었는데 그 당시 경제기획국장을 맡았던 고 김재익 박사는 부가가치세는 도입만 되면 그 세수의 90%가 우리나라의 3대 주류회사와 몇 개의 대기업들이 다 낼 것이고, 동대문과 남대문 시장 상인들이 낼 부분은 징수 행정 비용도 안 되는데 주류회사와 대기업은 조용하고, 언론은 일반 상인들의 반대만 보도한다고 불평한 것이 기억난다. 다시 말해서 한 국가의 정부 세수입을 대부분 담당하고 있는 대기업들의 기업소득세는, 일종의 사회적 강제 저축 제도와 강력한 이익 공유제의 성격을 가지고 있다.

[기업 수입의 공유제]

둘째로 공산주의 국가의 경우는 기업소득세가 없다. 기업의 잉여만이 아니라 모든 수입 자체가 정부 소유이기 때문이다. 그 수입에서 비용을 빼고 기업 이익이 남아도 정부 소유이기 때문에 이미 이익이 전액 공유되어 있다.

셋째로 그 중간 형태의 사회주의 경제를 보면 여러 가지의 형태가 보이지만 재산의 사유화가 금지된 이론적 공산주의 경제와 다른 점은 기업의 수입에서 기업의 비용을 뺀 것을 이익이라 부르고, 거기서 일부는 기업의 재투자용으로 또는 배당용으로 남겨두고, 일부는 정부의 몫으로 분배한다. 이 점은 자본주의 체제와 유사하다.

그런데 사회주의 체제에서나, 또는 얼마 전까지 현존했던 공산주의 체제는 이익만 공유하는 것이 아니라 아예 수입의 일부 또는 전부를 공유한다. 정부의 각종 기능을 기업에 이관시켜서 기업의 비용으로 지방 도로도 깔고, 발전소도 세우고, 학교, 목욕탕, 심지어 이발소도 세워 이발사에게 월급을 준다. 이것은 일종의 사회보장 성격의 기업 지출이다. 예로써 중국의 인민공사 산하의 병원, 학교, 교통기관 등의 운영과 지출은 분명히 기업 수입을 가지고 사회적 지출을 하는 것이고, 이는 기업 수입의(이익이 아닌) 사회적 공유이며, 협력 업체 지원을 위한 기업 수입의 할애에 해당한다. 물론 이것이 우리나라의 이익 공유를 주장하는 이들이 생각하는 것은 아니길 빈다. 지금 인민 공사 제도로 가자고 하는 우리나라 지식인이 있겠는가. 그것은 이들에 대한 지적 모욕이다.

우리 사회통합위원회나 공동성장위원회가 현존 기업소득세의 세율을 올리거나, 아니면 추가로 이익 공유세를 물리려는 것이 아니라면 기업 수입의 일부를 공유하는 방법밖에 없다. 즉 인민공사와 같이 일부 공공적 임무를 띤 준 공공의 정부 역할을 대기업보고 하라는 뜻이 된다. 정부 기능의 일부를 민간 기업에 하청 또는 프랜차이즈 하는 것이다. 대기업 수입의 일부를 떼서 협력 업체에게 나누어 주고, 이를 비용으로 처리하라는 뜻이 된다.

끝으로 이 방법이 어떻게 경제를 파괴하는가는 누구나 다 잘 알고 있다. 두 개의 기업이 있다 하자. 첫째, 기업은 제조원가와 판관비를 수건 짜듯이 압축시키고, 최상의 기술과 생산방법으로 최저 가격의 제품을 시장에 내놓았다. 둘째, 기업은 첫째 기업처럼 엄청난 노력을 들여 같은 가격대에 제품을 출시했다. 그런데 이 둘째 기업은 정부 수립 위원회의 권고를 받아 각종 복지성 비용과 협력 업체 지원 비용을 제조비용, 판매비용 외에 기타 비용으로 포함했다. 경쟁사는 회사 자금을 기술 발전과 시장 개척에 쓰는데, 이 회사는 사회적 비용에 쓴 것이다. 그러면 둘째 기업이 시장에서 밀려나고 머지않아 도산하는 것은 뻔한 이치다.

[기업의 사회적 비용 처리와 국가 경제]

자본주의 경제가 사회주의 경제를 이긴 힘 즉, 시장경제에서의 기업의 경쟁력은 비용 처리 차이에서 나온다. 사회적 책임을 다하기 위한 비용을 기업의 일상 비용으로 처리하면 기업이나 국가는 경쟁에 패하지만, 같은 비용을 이익 극대화를 한 뒤에 회사의 이익에서 걷으면 회사는 망할 이유가 없다. 결과는 기업 소득세율 인상과 같다. 단순히 손익계산서상 어느 높이에 기업의 사회 기여용 비용을 기재하는가에 따라 그것도 똑같은 금액을 어디에 기재하는가에 따라, 기업의 흥망과 국가의 성쇄가 결정된다.

즉, 일반적으로 기업은 이익에서 사회성 경비를 공제하기 이전에 (회계상 그 위에) 이익의 상당 부분을 기술 발전이나 설비 재투자, 시장 개척 목적으로 유보시킨다. 이는 성장하는 모든 국가의 성장하는 기업들이 당연히 해야 하는 행위이고, 이런 유보를 적절히 확보하고 잘 이용하는 기업은 크게 성장하고 나라 경제는 부유해지는 것이다. 반대로 협력 회사 지원 비용을 이익에서 처리하지 않고 생산비 같은 비용란에서 처리하면 그만큼 제조원가는 올라가고 경쟁력은 하락한다. 사회성 비용의 처리만 아니라 투자 비용과 기술 개발 비를 회계적으로 어디에 기재하는가에 따라, 즉 손익계산서의 어느 높이에 기재되느냐에 따라 기업과 국가의 경제가 흥하거나 망한다.

따라서 이익 공유는 손익계산서 제일 아래 잉여 부분에서 하되 그렇게 거둔 돈은 정부가 적절히 활용하고, 정부는 대기업을 평가할 때 협력 업체 가운데 몇 개의 회사를 1,000억 이상 매출 기업으로 키웠는가 등의 간접 지표를 가지고 평가하는 것이 옳다. 이익을 얼마나 욕심스럽게 많이 내고 중소 기업을 얼마나 괴롭혔느냐고 따지는 것은 시민 단체라면 몰라도 적어도 경제학을 공부했다는 사람들이 할 소리가 아니다. 초과 이익의 징벌적 환수를 원한다면 누가 어떻게 이 '초과'를 정의할 것인가. 경제학이 윤리학에서 파생되었지만, 사회의 윤리적 기준을 설정할 수는 없다.

[중소기업 육성책의 바른 방향]

나라 경제가 흥하고 망하는 것이 손익계산서상 어느 높이에서 기업의 사회적 비용을 공제하느냐에 달렸다고 하니까 대단한 이익 옹호론자로 들릴 수 있다. 하지만 이 점은 분명히 하고 넘어가자. 필자는 공산주의 체제가 쓰러진 것은 국가가 부담해야 할 비용을 기업의 비용으로 처리하다 보니 그 나라 기업들이 국제 경쟁력을 모두 상실하여 급기야 강한 기업도 효과적 기술 발전도 없는 경제 후진국이 되어 버렸기 때문이었다고 본다. 전쟁에는 선진국이었지만 전쟁도 할 수 없는 세상에서 그건 전혀 도움이 안 된 것이었다. 그런 뜻에서 기업의 이익이 높으면 높을수록 경제는 엄청난 성장을 할 수 있는 제 일차적 조건을 달성했다고 본다. 그러나 이것은 어디까지나 필요한 조건일 뿐이지 기업 이익이 잘 난다고 모두 선진 강국이 되는 것은 아니다.

두 가지 경제 기술 선진국을 가정해 보자. 하나는 세계적 챔피언 기업들이 많고, 그 기업들이 세계 경제 동향의 변화에 능동적으로 적응하여 새로운 제품과 서비스를 계속 내놓으며, 다른 기술 경제 선진국들과 당당히 겨루어 나가고 있다. 또 중소기업들도 세계적 수준의 품질과 기능 및 코스트를 자랑하는 각종 부품과 파트들을 자기 나라 대기업뿐 아니라 다른 나라의 대기업에게도 직수출하는 나라가 있다고 하자.

또 하나의 나라는 북유럽의 기술 선진국들처럼 또는 일부 독일의 중소기업들처럼 세계적 수준의 품질과 생산비를 자랑하는 부품과 파트를 생산 · 공급한다고 하자. 다만 이 경우에 이 나라의 대기업들이 전 세계를 상대해 일대일로 경쟁하기에는 조금 약해서, 일부가 때로 세계 최고 수준에 버금가는 신제품을 내어 놓기는 하나 이것이 지속이 안 되고 서서히 세계 챔피언들의 서클에서 탈락하기 시작하는 나라들이 있다. 필란드와 노키아, 스웨덴과 볼보, 국적은 네덜란드지만, 사업은 영국에서 하는 로열 더취 쉘 등 예는 많다.

우리나라는 지금 앞의 첫 번째 국가군에 들어가기 위하여 노력 중이다. 우리의 인구 베이스나, 국내 경제의 크기, 지금까지 성장해 온 산업 구조로 보아 노르웨이나 스웨덴을 모델로 할 수는 없을 것 같다. 혹여 중소기업 경영 환경의 개선을 주장하는 이들이나 대기업 해체론을 주장하는 이들이 이런 망상에 잡혀서는 아니 될 것이다. 그렇다고 우리가 이미 일본이나 미국, 프랑스, 독일처럼 선진 기술 대국이 다 된 것도 아니다. 그러면 지금의 우리 중소기업은 우리 기업 환경에 만족하고 일본이나 미국에도 대마 불사 현상은 있으니까 그런 줄 알고, 죽을 때 죽더라도 현재는 주어진 기회나 잘 활용하라고 타이르자는 것은 물론 아니다.

같은 국가적 총 잉여를 활용하는 데 있어 대기업의 기술 투자가 중소기업의 기술 투자보다 일반적으로 국제 경쟁력 향상에 더 효과적이라는 경험적 사실로 인해 대기업에게 기술 투자용 잉여를 몰아주자는 것은 더구나 아니다. 필자가 지적하고 싶은 것은 대기업의 임원과 간부들이 자신의 승진과 자기 부서의 단기적 성과를 올리기 위해 납품업자나 관련 중소기업들에게 무리한 요구를 하는 것은 세상이 다 아는 일반적 진실이다. 사정이 이런데도 중소기업 육성책이나 소리 높여 외쳐 대는 정부나, 특혜와 보호만 받으려는 중소기업들도 문제지만, 자기 소유 대기업의 임직원들이 나라의 기강을 흔드는 것을 뻔히 보면서 손을 안 쓰는 대기업의 실권자들은 정말 반성해야 한다.

각 부서의 년말 실적 평가에 자기 업무 분야에서 기술 발전이 현저하고, 관련 대기업에게 큰 이익 기여를 할 수 있는 잠재력을 키운 중소기업이 몇이나 되는가를 조사·평가하고, 매년말 같은 항목을 임원 개인과 부서 평가에 꽂아 놓으면 단박에 해결날 것이다. 이런저런 기술적인 문제들이 예상되지만 그 정신을 대기업주들이 조직에게 요구하면 나머지는 다 알아서 풀어 올 것이다. 바로 그런 합목적적 기동력, 군대에서 배우고 살면서 터득한 우리 월급쟁이들의 힘이 바로 대기업을 지금의 대기업으로 만든 힘이다. 지도자의 가장 중요한 덕목은 방향을 잘 잡아 주는 것이다.

2.4 잉여의 태생적 특성과 비인간성

[잉여의 본질적 폭력성]

이렇게 잉여는 근대 경제발전에 대단히 중요한 역할을 하면서도 아주 예민한 논쟁을 일으키기 쉬운 골치 아픈 개념이다. 잉여란 원래 내가 먹고 남은 식량으로 더 많은 내 친구를 만들어 내 편을 키우다가 그 잉여가 커지면 내 패거리도 같이 커지고, 전투 능력이 확대되어 군대가 된다. 이렇게 힘이 집중되면 침략 전쟁이 시작되고, 단순한 내 편, 네 편의 구분이 결국 국가가 되고 주권이 되어 지배자와 피지배자라는 계급을 만들고 권력의 독점, 과점의 유지를 위한 이론과 정당화가 필요하게 되면서, 인간의 언어와 문화를 급속히 발달하게 하였다. 즉 잉여는 일반적으로 인정하는 것보다 비교할 수 없이 엄청난 인류학적, 문화사적, 정치학적 역할을 해 온 인류 역사상 가장 강력한 동력이었다. 원시 부족국가의 족장이 부하 통솔에 필요한 원시적 초기 언어와, 잘 정비된 군대와 계급 체제를 가진 대형 국가의 왕이 사회와 군대 및 귀족들을 법과 동기 부여를 통해 통솔하는 데 필요한 고급 언어의 차이를 비교해 보라. 언어의 발달과, 국가의 발전과, 잉여의 축적은 항상 병행해서 커 왔다. 실제로 유럽의 제국주의자들이 몇 차례의 세계적 전쟁을 일으킨 본원적 이유가 잉여의 탈취나 잉여의 창출 도구의 확보였다(예. 히틀러의 Lebens Raum－생존의 공간). 그러나 이제는 잉여의 증대를 위하여 전쟁 대신 단일화되어 가는 글로벌 시장에서 대기업들이 피나는 경쟁을 하도록 유도하고 있다. 국가 간의 전쟁을 대기업들이 대리로 수행하는 시대다. 그들의 잉여의 창출 능력과 그 관리 능력의 차이가 많은 국가의 흥망성쇠를 가른다.

즉 권력과 동의어가 된 잉여와, 잉여 창출 능력은 요즘 말로는 경제력이라 부르는데 이는 태생적으로 특별한 속성을 가지고 있다. 즉 더 큰 잉여는 더 강한 군대, 더 강한 권력과 지배력을 만들어 "잉여는 힘이다"라는 잉여의 제1법칙을 낳았다. 이 힘은 권력을 보장할 뿐 아니라 수단과 방법을 가리지 않고 남의 잉여 식량과 농지를 탈취하게 되고, 그 결과 지금보다 더 많은 군대를 먹여 살릴 수 있기 때문에 "더 큰 잉여는 더 큰 힘이다"라는 잉여의 제2법칙을 낳게 된다. 뿐만 아니라 내 힘으로 내 소유의 잉여를 지키지 못하면 내 권력을 상실하지만, 내 힘으로 내 잉여를 지킬 수 있는 자는 자기 소유 잉여의 보호를 위해 더 권력을 키우고 지킬 수밖에 없고 이를 위해 남이 소유한 잉여와 잉여의 창출 능력을 탈취할 수밖에 없어

"더 큰 권력은 더 호전적이고 무자비한 자에게만 주어진다"는 잉여의 제3법칙이 나온다. 또한 위의 모든 잉여는 잉여의 창출 능력에도 해당되어 "더 큰 잉여의 창출 능력이나 도구의 소유가 더 큰 잉여 창출 능력을 보장한다"는 말로 수정도 된다. 이 잉여의 창출 능력은 문명의 초기에는 토지의 형태가 대부분이고, 그것을 이용하여 농산물을 생산하는 노동력과 장비를 포함한다고 볼 수 있다.

모든 착한 인간들이 피땀을 흘려 노력해서 자기 가족이 먹고 남는 식량을 생산할 수 있는 생산성을 달성함과 거의 동시에 인류 사회는 이 잔인한 잉여의 법칙이 지배하는 끝없는 투쟁과 전쟁의 시대에 돌입한 것이다. 즉 내가 재산을 가지는 즉시 나는 이 재산을 보호하여야 하는 모순 아닌 모순에 들어섰다. 잉여는 더 큰 잉여의 어머니이고 잉여의 탈취 또는 더 큰 권력의 확보를 위한 전쟁의 아버지가 되었다. 잉여와 잉여 창출 능력의 확대와, 이의 방어를 위한 투쟁은 선량한 원시 인간 부락을 침략의 제물이나 침략의 주체로 바꾸어 버렸다. 이리하여 더 잘 살고자 노력하고 저축하여 축적한 잉여 농산물은 잉여 창출 능력의 과점화, 독점화로 치닫는 투쟁의 도구로 그 본질이 변화되고, 농업의 대부분인 원시사회에서 잉여의 극대화 노력은 토지의 독점화로 변하여 끝없는 영토 전쟁이 시작된 것이다. 고대와 현대 사이에 달라진 것은 무력에 의한 침략이 시장 경쟁으로 변한 것 뿐이고, 인류는 아직도 각종 '흑자'와 '잉여'의 창출을 위하여 연구하고, 설득하고, 투자하고, 시장 쟁탈을 하고 있다. 이 투쟁을 더 자유롭게 하자는 것이 자유 시장 경쟁을 주장하는 신고전주의고, 너무 자유롭게 놓아두었더니 승자들의 패자들에 대한 비인간적 처사가 너무 심해서 정부가 좀 개입해서 패자 구제를 해야 한다는 것이 사회주의, 복지주의, 수정주의다. 더 나아가 그런 부분적 수정으로는 잉여의 태생적 폭력 유발성을 잠재울 수가 없으니 아예 사유재산을 금지하고 잉여를 국가가 독점하자는, 말로는 그럴듯한 주장이 막스-레닌의 공산주의다. 그러나 이들도 현실에서는 국가라는 이름을 도용한(중국 공산당은 공산당을 국가라고 부른다) 공산당과 간부 집단이 가진 인간 본연의 잉여 독점 성향을 막지 못해 스스로 붕괴하고 말았다. 즉 개인이나 집단의 잉여 독과점 욕구는 어떤 이념도 이를 억제하지 못하고, 인간 사회의 잉여를 위한 수만 년의 투쟁은 이념을 초월한 경제의 본질적 성장 동력이 되었고, 권력의 보장 장치가 되었으며, 인간성의 파괴와 평화 붕괴의 원인이 되었다.

[진시황과 잉여의 잔인성]

이러한 잉여 독점 욕구와 권력의 독점 욕구의 상관관계를 잘 보여주는 재미있는 이론이 있다. 중국 진나라의 시황제가 한나라, 조나라, 위나라, 연나라, 초나라를 차례로 멸망시킨 후 만리장성을 쌓기 위해 헤아릴 수 없는 많은 인력을 강제 노역에 차출하여 수십만 명이 강제 노동 중에 만리 타향에서 목숨을 잃었던 사실은 잘 알려져 있다. 그 만리장성 구축의 명분이 '북방 오랑캐의 침략을 막기 위해서'라고 했다. 그러나 이것은 어디까지나 권력 지배 집단이 내세운 홍보용이고 그 실제 목적은 다른 곳에 있었다고 보는 역사학자가 많다(이제는 중국 정부가 만주 북방의 고구려인들이 축성한 성까지 만리장성의 일부라고 우기기 시작했으니 그러면 만리장성은 오랑캐를 막기 위한 장성이 아니고 이제는 오랑캐를 보호하기 위하여 만든 성이라고 우겨야 한다).

첫째로 북방의 부족이나 그 부족 연맹군이 남침을 하다가 산 위나, 골짜기에 길게 뻗은 만리장성을 보고 "어, 언제 이런 높은 담을 쌓았어? 안되겠다. 그냥 집으로 돌아가자."라며 회군하는 침략군이 세상 어디에 있단 말인가. 월담을 하기 위해 월담의 위치 선정을 잘하면 남쪽의 진나라 군대가 방어력을 충분히 집중시키기 전에 수만 명이 담을 넘게 하여 침략군이 자체적으로 방어가 가능한 최소한의 자기 충족적 군사력의 단위가 되는 시간을 벌 수 있다. 이렇게 급속히 정비된 군대는 남쪽 진나라 군대를 맞아 싸울 수 있는 최소한의 군사력과 화력, 또는 방어력의 집중이 가능하다. 만리가 넘는 장성에서 그런 곳 몇 군데 찾는 것은 문제도 아니고 시황제도 이 장성이 북방 부족의 침입을 억제하는 데 거의 무용지물이라는 것을 잘 알고 있었을 것이다. 침략군이 머리를 잘 쓰면, 진의 군대는 만리장성의 덕으로 단 하루의 시간도 벌지 못할 것이다. 세상의 어느 침략군이 방어군의 집결지도 모르고 아무데서나 월담하겠는가. 진 군대 모르게 최소 5만 명 정도는 하루이틀에 월담시켜 진지를 구축하고 공격준비를 할 수 있을 게다. 게다가 침략 연합군이 몇 군데서 동시다발로, 그것도 몰래 넘어오면 진의 군대는 방어 불능 사태에 들어간다.

둘째로 이렇듯 전략적 방어 목적이 만리장성의 구축 목적이 아니라면 무엇이 진시황으로 하여금 이런 무모하고 반인륜적인 대량 살인 프로젝트를 결정케 하였을까. 바로 대량 살인이 그 목적이다. 진나라는 한, 조, 위, 연, 초를 차례로 무너뜨렸지만 이 무너진 나라의 인구 총합은 진나라 인구의 여러 배에 달했다. 진나라는 마지막 초나라와의 전투에서 진의 왕전 장군이 60만 대군을 동원하여 초의 항연 장군(항우의 할아버지)의 군대를 섬멸하였지만 망한 나라들의 군대는 다 합치면 최소 진나라의 두 배에 달했다. 이 망국의 군인과 국민들은 한 맺힌 패전자들이고, 정치적으로 수백만이 넘는 패전국 장정들은 시황제에게는 시한폭탄과 같은 존재였다. 이들을 다 감옥에 넣을 수도 없고 농사에 종사하게 하여 잉여 창출에 쓰고 싶지만, 이는 위험하기 짝이 없는 정책이다. 북방 오랑캐와 달리 이 패전국 장정들의 대부분은 진나라 수도에서 말을 타고 달리면 2~3일 이내에 진의 수도에 도달할 수 있는 거리에 살고 있었다. 이 나라들과 진나라가 통일 전쟁을 할 때는 싸울 나라와 안 싸울 나라를 정하여 후자들과는 거짓 평화조약을 맺어 하나씩 격파할 수 있지만, 일단 이들이 모두 통일의 제물이 된 뒤에는 상황이 다르다. 이들 모두가 망국의 한을 가진 자들로 어느 패전국 장군들이 힘을 합쳐 봉기하면 진을 멸망시키고 시황제를 제거하는 것은 충분히 가능한 일이었다. 그래서 만리장성 구축을 핑계로 수백만 장정들을 만리 타향으로 보내고 국가가 필요한 농사는 중·장년 이상 남자와 아낙네들을 시켰다. 만리장성 건축에 투입된 노동력은 집단 숙소에 투숙시켜 동시에 감시를 하게 하고, 될수록 식량을 적게 배급하여 노동자들이 빨리 죽어 주면 패전국 병사들의 씨를 말리는 결과가 되니 이것이 시황제가 노리는 목적이었다고 역사가들은 해석한다.

[진시황의 교훈과 제국주의]

이 교훈은 첫째, 누가 더 많은 잉여 곡식을 확보하여 더 큰 군대를 일시에 동원할 수 있느냐. 둘째, 그 잉여와 대형의 군대로 경쟁 상대를 제압하되 잉여의 소비를 최소화하기 위하여 패전한 적국의 포로들과 민간 장정들의 수를 최소화시키는 것. 셋째, 남은 인력으로 추가 잉여의 창출에 최대한 동원하고 그 수확을 수탈하여 자국민과 자국 군대를 살찌게 해야 한다는 것이다. 즉 잉여의 비인간성은 멀쩡한 사람들을 악마로 만들 수 있는 내재적 모순을 가졌다는 것을 볼 수 있다.

이렇게 잉여의 태생적 특성이 잉여와 잉여 창출 능력의 독점이고 이 잉여의 크기는 권력과 군사력의 크기와 비례할 뿐 아니라, 어느 변곡점을 지나면 그 권력과 잉여 창출 능력의 성장속도가 기하급수적으로 팽창하기 때문에 이제는 잉여의 확보와 권력의 팽창이 근대국가의 존재 목적과 다름없이 되어 버렸다. 제국주의 시대에는 특히 그랬다. 이 인간의 공통체 목적달성을 위한 자기희생적 협조, 봉사정신으로 잉여 확대를 추구하는 집단적 가치는 현대 세계시민, 개개인의 보편적 가치로 둔갑해 가고 있다.

[현대 국가의 잉여 확대 정책]

옛날 제왕적 독재시대에는 국가잉여의 확대는 행정권, 입법권, 사법권을 다 동원하여 잉여확보와 확대를 추구했지만 현대사회에서는 기업이라는 법인(의사인간)을 앞세워 입법, 행정, 사법의 지원을 받으며 국가적으로 여러 형태의 잉여확보, 확대에 매진하고 있다. 그것은 일반 시민들을 국가적 소명의식과 도덕적 자긍심으로 무장하고 나가서 더 큰 잉여를 위해 싸우게 한다. 19세기 유럽국가들의 동인도 회사는 바로 이러한 국가와 기업 간 협조를 통해 잉여 창출 전쟁행위를 한 대표적인 예다. 특히 중국은 일당 독재 체제하에서 제왕적 독재시대와 유사하게 국가 삼권을 다 동원해서 민간법인도 아닌 국가기관들이 주식회사라는 이름으로 세계각지에서 잉여의 확보와, 미래 잉여 확대를 위해 오늘도 매진하고 있다. 불행하게도 중국의 이 현대판 동인도 회사들은 이제 겨우 그 활동을 시작한 것이므로 앞으로 인류의 중대한 문제로 부상할 것 같다.

중국의 이러한 19세기식 제국주의적 착각은 '국가적 이익'이라는 성역을 만들어 이를 아무 데나 들이대기 시작했는데, 그 어원은 미국이 소련과 이념적 대결을 할 때 사용한 간접 표현이다. 소련은 공식적으로 전 세계 공산화를 위해 코뮤니스트 인터네셔널(Communist International: Comintern)라는 운동을 시작하고, 전 세계 신생 후진국에 경제 군사 원조를 주며 공산당 주도의 혁명을 지원하였다. 그에 반해 미국은 민주주의 정부의 수립을 지원하였다. 이때 소련과 미국은 마치 기독교 수출을 위해 전쟁을 사주한 중세의 교황청과 같은 역할을 하고 있었다. 그러나 미국의 고립주의자들은 이러한 미국의 역할을 격렬하게 반대하였고, 여기에 대한 대답으로 미국정부는 해외에서의 '미국의 이익'을 지키기 위한 미국의 관여(Engagement)를 주장한 것이다. 그러나 고립주의적 반대도 없는 중국은 냉전 시대의 이념 수출과 유사한 방법으로 세계 각지에서 무절제하게 자원 선점을 하고 있으며, 한반도 남쪽의 이어도 같은 작은 물밑의 돌 하나를 위해서도 이성과 역사를 무시하고, 자기 것을 만들려고 무리한 외교를 하고 있다. G2에 이제 겨우 진입하자마자 완력으로 국제 질서를 자국에 유리하게 바꾸겠다고, 150년 동안의 식민지 생활의 한을 풀어야 하겠다는 듯 주먹을 휘두르고 있다. 미국이 쓰던 자국의 이익은 약소국의 자유와 권익 옹호를 위한 간접 표현이고, 중국이 쓰는 자국의 이익은 하나의 성역 설정적 표현으로 중국의 이익 달성이 인접 타 국가의 이익을 침범할 권리를 준다는 억지에서 나온 말이다. 중국 혼자서 인류의 역사를 19세기로 돌려 놓겠단다.

그러면 인간은 잉여의 횡포 없이 살 수는 없는가. 지금까지의 인간의 역사를 놓고 판단하면 그 대답은 희망이 없다. 이 책의 마지막 장에서 자유 시장경제와 자유 민주주의 간의 상호 상충성을 설명하겠지만 인간은 자유의 관리를 하거나, 그것을 못하면 분노의 관리를 하거나 둘 중에 하나는 성공해야 한다. 그것이 가능한지는 좀 더 따져 보자.

이제 우리는 우리를 분노하게 만드는 원인을 진단할 목적으로 경제적 잉여라는 개념을 살펴보았다. 순수히 인간의 노력으로 만든, 인간생활을 여유롭게 만들 수 있는 잉여가 인간을 포악하고 잔인한 동물로 만들었을 뿐 아니라, 인간들이 만든 국가와 사회를 끝없는 전쟁터로 변화시킨 것을 보았다. 그러나 우리를 분노하게 만드는 것이 이 뿐이 아니다. 전쟁도 참고, 압제도 참고, 독재도 참을 수 있어도, 정말 참을 수 없는 것은 배고픔이다. 각자가 수렵하고, 농사 지어 자급자족하는 원시 사회에서는 토지를 경작할 권리와 노동력만 있으면 굶지 않아도 된다. 그러나 일단 전문화와 분업화와 도시화가 일어난 근대 국가나 사회에서는 일자리가 없으면 굶는다. 나와 내 가족의 최저생활을 보장해주는 직업이 없으면, 굶어야 한다. 복지 정책으로 이 굶음을 면하는것은 가능하지만 이 집단적 자비 성향이 지속된다는 보장도 없고, 내가 누군가의 자비에 의해 생존한다는 것은 제1차적 굴욕이다.

제3장

사람의 문제, 실업

3.1 문제의 핵심은 실업이다

[미래 주도산업을 찾는 고민]

무엇을 해서 우리 5천만 명을 먹고 살게 할것 인가. 이 질문은 박정희 대통령이 집권 이후 암살될 때까지 한 번도 그의 뇌리에서 떠나지 못한 질문이었을 것이다. 그의 주변에서 일한 사람들이 쓴 회고록을 보면 그렇다. 그 당시에 한국 경제를 이끈 이병철 회장이나, 정주영 회장 등 다수의 기업인들도 같은 질문에서 벗어난 적이 없다. 그게 바로 회사의 장래 명운을 가르는 핵심적 질문이었기 때문이다.

그 질문에 대해 그들이 내어놓은 답은 한국 현대 경제사를 보면 쉽게 나타난다. 농업을 중심으로 한 일차산업 체제에서 경공업이라는 이차 산업에 진입하는 것을 필두로, 세계 최대 비료공장 같은 화학공업, 조선과 중장비 같은 중공업, 자동차, 항공기 같은 기계공업 및 가정용 소비재 전자 산업 같은 초기 전자 산업을 거쳐, 1980년대 후반부터는 컴퓨터, 통신기기 반도체 같은 본격적 전자공업에 이어 인터넷과 컨텐츠 같은 소프트웨어 산업을 두루 거치며 여기까지 왔다. 그 당시까지만 해도 세계 유례가 없는 산업구조의 고속 변화였다. 지금은 중국이 우리의 과거와 같은 속도로 변하고 있지만 그 변화의 폭이 중국 동쪽 해안선에만 국한되어 있고, 구조적으로는 우리보다 다양하지만 후진적인 것도 사실이다.

[금융업은 우리의 미래가 아닌 것 같다]

우리는 1차 산업 중심 경제에서 선진국들처럼 2차 산업 중심 경제로 이동해 후기 산업 사회까지 단 한 세대 안에 줄달음쳐 왔다. 후기 성숙 산업사회는 일반적으로 탈 산업사회를 준비하는 시대였다. 그 뒤 환경오염을 동반한 자원 소비 중심적 산업구조를 탈피하면 금융산업 사회나 서비스 산업 중심의 사회로 가는 줄 우리는 알고 있었다. 우리도 독일, 프랑스 같은 성숙 산업사회를 지나면 미국, 스위스, 영국 같은 금융사회로 가는 줄 알고 왔다. 금융이 우리를 앞으로 몇십 년간 먹여 줄 선도 산업으로 알고, 우리는 우리의 금융산업의 국제 경쟁력을 키워주기 위해서 금융 산업 발전 기본법까지 만들어, 금융 기업의 대형화를 적극 추진하고 각종 지원과 규제를 통해 법적으로, 정책적으로 돌봐주고 있다. 그러나 우리는 2008년 미국의 리먼 브라더스를 필두로 한 금융 산업의 연쇄도산과 구조조정을 보았다. 또한 미국의 불량 주택 채권이 리스크 분산이라는 명분으로 유동화되고, 그 파생상품의 확산으로 전 세계 거의 모든 금융섹터를 동시에 부실로 몰아가는 사태를 보았다. 오늘도 영국의 스탠더드 챠터 은행이 이란 석유 자금을 유엔의 제재를 어기고 뉴욕 지점에서 세탁해 주다가 발각되어 달러 거래를 정지 당할 처지에 있다. 로열 스캇티쉬 뱅크를 위시한 런던의 주요 은행들은 전 세계가 기준금리로 알고 활용하는 라이보(London Interbank Offered Rate)를 속이다가 발각되어 영국 정부의 조사를 받고 있다. 이러한 불행한 결과가 워싱턴 컨센서스로 불리는 신자유주의 지나친 방임주의 때문에 발생한 것을 보며 우리는 이제 첫째, 경제의 글로벌화의 한계를 보았고 둘째, 신자유주의적 무한 경쟁체제의 허구를 보았고 셋째, 우리가 국가 발전 전략의 목표를 삼고 있는 금융 산업 선도론의 붕괴를 보고 있다.

앞으로 금융 산업의 본질을 파헤쳐서 과연 성숙 산업국가가 금융 산업 중심국가로 가는 것이 맞는 전략인지 자세히 보기로 한다. 그러나 자유경쟁주의의 몰락과 글로벌 시대의 허구를 보면 우리는 전체의 발전 방향이 근본적 재수술을 요구하고 있음을 알 수 있다. 글로벌리즘은 원래 국제 무역의 증대를 통하여 전 세계 시민들이 더 좋은 물건과 서비스를 더 싸게 즐길 수 있다는 이기적 이유로 들불처럼 퍼져 나갔다. 그러나 신용도, 지불 능력도 없는 미국 소시민이 지불해야 하는 불량 주택 채권을 파생상품의 형식으로 전 세계 모든 금융 투자자와 일반 투자자에게까지 직간접으로 팔아 넘긴 국제 금융 섹터의 작태를 보면, 과연 금융 산업이 우리의 미래 산업인지 의심치 않을 수 없다.

[**제2차 대전 후의 세계질서 재편과 글로벌리즘**]

제2차 대전을 종결하는 과정에서 연합국의 수뇌와 그 각료 및 학자들은 앞으로의 세계 경제의 공동 번영을 달성하기 위하여 무역 자유화를 세계 경제 질서의 기본 조건으로 하였다. 전후 승전, 패전 국가를 불문하고 붕괴된 경제의 재가동을 위하여 미국이 혼자서 막대한 경제 원조를 투입하였다. 이것은 일시적인 방법이었고 각 나라가 자유로운 국제 무역을 통하여 자국의 번영을 달성하도록 하는 것이 적어도 1945년 당시 세계 지도자들의 꿈이었다.

그러나 미국의 경제 원조는 15년이 이상 지속될 수 밖에 없을 만큼 각국의 경제적 자립은 요원했다. 여기에 소비에트 러시아와의 냉전 과정에서 자기편 신생국 들에 대한 끝없는 경제, 군사원조는 미국 경제를 끝이 없는 수렁으로 들어가게 만들었다. 여기서 미국의 경제 정책자들은 경제원조의 종식이 불가피한 것을 인식하게 되고 1960년부터는 일제히 경제 원조의 중단을 통보하기에 이르렀다.

세계 제2차 대전 말 시작한 소위 무역과 관세에 관한 일반 협정(GATT: General Agreement of Trade and Tariff)으로 시작한, 세계무역 자유화와 관세의 무절제한 상승을 막기 위한 이 범세계적 협정은 1960년대 초 케네디 라운드라는 세계 각국이 참여한 새로운 일반 협정으로 대치되면서 새로운 힘을 받게 되었다. 이 새 무역 투자 촉진을 위한 일반 조약은 바로 미국의 끝없는 재정적자, 무역적자, 금 보유량의 급속한 하락에 대한 대책으로, 종전 이후 급격히 줄어들 것으로 기대했던 국방비 지출이 폭발적으로 증가한 데 대한 대책으로, 세계 각국(선진국을 포함)을 향한 경제원조를 중단하는 과정과 일치하였다. 즉 이제 돈은 그만 줄 터이니 공짜는 그만 바라고 물고기를 바라기보다 낚시하는 법을 배우라고 하는 메시지였다. 그와 동시에 선진국의 광대한 수입 시장에 더 자유로운 접근을 허용할 뿐 아니라 기술의 이전, 선진 기업의 후진 지역 투자 촉진 등 다양한 방법으로 후진 개도국의 경제 성장을 위한 문을 개방한 것이다.

놀랍게도 이 경제원조 중단이라는 위기를 이용하여 수출산업을 투자 육성하고, 선진 시장 침투와 조기 정착에 성공한 나라는 전 세계에서 한국과 대만 뿐이었다. 이것도 대단히 재미있는 이야기이지만 여기서는 더 중요한 이야기로 넘어가자. 요는 미국의 대외 원조 중단이라는 각국의 경제적 위기가 그 후 이어진 수 차례의 무역 자유화 협약과 더불어 오늘날 우리가 글로벌 시장이라고 부르는 세계적 시장을 창출하는 데 결정적 역할을 하였다는 것이다.

글로벌리즘은 개념적으로 자유 무역주의와 관세, 비관세 장벽의 철폐 내지는 완화가 그 근본철학이다, 이 철학은 위에서 본 대로 1945년 GATT를 시점으로 하여 1961년 케네기 라운드, 우르과이 라운드와 국제 무역기구(WTO)의 설립, WTO회원의 확대, 그리고 각종 국가 간 자유무역 협정(FTA) 등 무역자유화 조치를 통하여 세계 무역 환경을 과거에는 상상할 수 없을 정도로 향상시키고, 각종 관세,비관세의 하락, 철폐 완화 등을 통해서 세계무역의 획기적 증대를 가져 왔으며, 국내 수출산업을 국제 경쟁시장에 노출시켜 각국 산업의 경쟁력을 크게 향상시켰다. 이에 따라 산업기술과 자본을 신흥 산업화 국가로 이동시켜 산업분포의 지도를 완전히 바꾸고 후발 개도국들에게 산업화의 물결에 동승할 수 있는 기회를 주었다.

이 때문에 과거에는 상상도 할 수 없는 규모의 부의 창출 도구가 전 세계로 확산되어 수많은 후진국들이 상상도 못해본 수준의 부를 누리게 되었다. 그 대표적 예가 한국, 중국, 인도, 브라질, 러시아, 대만, 터키 등이고 앞으로 이 산업화의 물결은 계속 남미와 중동과 아프리카로 이동해 갈 것이 자명하다. 즉 무대는 이제 완전히 만들어졌으므로, 누구든지 남보다 저렴한 인건비와 생산비를 제공할 수 있는 나라는 언제든지 산업화할 수 있다는, 50년 전만 해도 꿈만 같은 상황이 벌어진 것이다.

[고용의 이동과 글로벌리즘]

이 낙관적 시나리오는 필자가 1980년대부터 각종 논문과 연설을 통하여 주장하던 '산업 내 분업을 통한 산업의 대량 이동과 번영의 확산 논리'이다. 어떤 이들은 위의 번영의 확산과 산업의 이동 현상을 경영 전략의 입장에서만 좁혀서 보고 이를 가치의 사슬(Value Chain), 아웃소싱(Outsourcing) 또는 공급 라인의 세계화(Globalization of Supply Lines)라고 부르지만, 이는 어디까지나 회사 운영과 공급 라인의 국제화를 통한 새로운 이익 창출 기회를 지적하는 수준을 넘지 못하고, 이 현상이 가져오는 세계적 또는 역사적 함의를 느끼지 못하는 수준의 개념이다. 이 산업의 이동과 번영의 확산은 과거의 누구는 포도주를 생산하고 누구는 섬유를 생산하라는 사업 간 분업에서 탈피하여, 같은 동일한 산업 내에서 고급 품목과 저급 품목처럼 품목 간 분할이나, 어려운 공정과 쉬운 공정 간의 분할, 기술집약적 공정과 그 반대 공정의 분할, 자본 집약적 공정이나 그 반대 공정 간의 분할 등 산업 내의 분할을 통하여, 앞서가는 산업화 국가와 뒤에서 따라가는 국가들의 공동 성장의 모델로, 초기 산업 국가 간의 국제 분업을 활성화하고, 전 세계적으로 선진 시장 참여의 기회를 확산시키는 과정을 말한다. 이 산업 이동은 산업 인수국가의 경제 성장과 임금 상승 과정으로 전 세계 대부분의 빈곤국에게 필연코 산업과 부를 가져다 줄 것이며 이는 너무도 당연한, 피할 수 없는 결론이다.

부의 확산과 산업의 이동이 중국과 인도라는 대형 인구 국가에 도달하여, 연 9~10%의 고도성장을 20여 년간 지속시켜 이제는 자원과 원자재의 블랙홀을 만들었다. 사람들은 중국과 미국의 G2 시스템이 언제 도래할 것인가에 주목을 하고 있지만, 이미 세계 경제는 G2나 G20 같은 세계 질서의 주도 역할 국가보다 다극 체제의 질서로 급속히 이동해 가고 있다.

G1 즉 미국 주도 또는 단일 국가 주도 형태는 국제적 질서를 책임지는 최종 담당자가 있지만, 이와 달리 일단 2국 체제건 다극 체제건 군웅활거 체제건 단일 지도체제를 벗어나면, 각국은 자국 이익의 극대화를 위해 인류 보편적 가치인 공존의 지혜와 윤리를 무시하기 시작하고, 목전의 단기적 이익을 위하여 주변 국가와 힘의 대결을 서슴지 않는 시대가 되어 간다. 특히 단일 정당의 독재 체제하의 국가는 정권 독점의 정당화를 위하여 국민의 관심을 대외 충돌로 집중시키려는 목적으로 불필요하게 주변 국가와 마찰을 의도적으로 일으키기도 한다. 우리는 그런 부류의 정부 두 곳과 인접하고 있으므로 대단히 위험하고 불편한 상태에 있다.

세계 질서 구축에 사공의 수가 이처럼 계속 늘어만 가면 배가 어디로 갈 것 같은가. 테러리스트나, 소형국가나, 대형국가들의 발언권이 비슷해진다면 어디서 질서를 찾아낼 수 있겠나. 뒤늦게 온 가난한 산업국가인 중국이 세계환경오염 규제를 위한 노력을 요구 받을 때, 지구의 환경은 선진국들이 이미 다 흐려 놓은 것을 중국이 오염에 좀 동참한다고 왜들 야단이냐고 우기고 있으니, 경제 글로벌 시대의 세계 정치 질서는 보통 골치 아픈 일이 아니다.

[글로벌리즘도 실업 문제를 해결 못한다]

그러나 글로벌리즘의 진짜 문제점은 실업이다. 바로 말하자면 산업이 전 세계적으로 확산되고, 세계시장이 단일화되고, 국제무역이 대폭적으로 확대되며, 국가 간, 기업 간 신자유주의적 경쟁의 촉진 결과, 불가피하게 나타나는 공통의 현상은 대량 실업이다. 모든 교역이 가능한 교역재 산업은 국제 시장경쟁에 이겨야 생존한다. 이 경쟁에 뒤지면 문을 닫든가 다른 나라로 이전해야 한다. 아니면 퇴출당한다. 이런 일을 당하지 않기 위하여 세계의 모든 기업은 끊임없이 연구하고 구조조정하고 비용 절감을 해야 한다. 조금이라도 시대에 뒤떨어지면 가차없이 버리고 신상품으로 공급을 재구축하여 경쟁자가 내 시장에 치고 들어 오는 것을 막아야 한다(Intel 회장 Andy Grove의 자기시장 파괴론). 버리기 아깝고 지키기 힘든 시장이라면 과감하게 해외 저가 생산기지로 생산을 옮겨야 한다(산업의 이동과 분업). 국내에 남아 있을 모든 공장은 비용을 내려야 한다. 원자재 가격은 자원 가격, 석유 가격, 에너지 가격 상승으로 항상 올라만 가니까 노무비를 줄이거나(신규 고용의 억제, 정지 또는 해고) 제조비를 줄여야(자동화, 성 에너지화, 설비의 고속 상각 및 생산량 확대) 한다.

이 모든 현상의 공통점은 신규 고용의 정지다. 우리처럼 무역이 GDP의 80%를 넘는 나라에서 이러한 현상은 피할 수 없다. 무역을 하지 않아도 되는 비교역재에서 잉여 노동력을 흡수해 주지 않으면, 지금과 같은 자유 시장경제의 세계화된 체제하에서는 실업은 늘어날 수 밖에 없다. 칼 막스가 본 그 시대의 자본주의 체제는 경제가 발전할수록 임금노동자의 수는 계속 자본에 의하여 대체되어, 같은 생산량을 달성하는 데 필요한 자본 비중은 늘어나고 실업은 증대(산업 예비군)하여 혁명으로 갈 수 밖에 없다고 보았다. 요즈음 지속적 자동화가 대량 실업을 낳고, 누적된 실업과 불만이 정권 교체로 만족하지 않고 체제 자체의 혁신을 요구하고, 정책의 개혁이라는 이름으로 국가 안보의 기본 틀과 국가 경제의 기둥들을 송두리째 뽑아 버리겠다는 정당들의 대중적 인기 추구 행위가 바로 우리 눈앞에서 벌어지고 있다.

지금까지 우리는 이 산업의 자동화와 실업의 누적적 증가 문제를 GDP의 지속적 성장과 소비 수요의 눈부신 확대로 잘 보지 못하는 착시 현상 속에 살았다. 지난 200년간 기술의 현란한 발전으로 한편으로는 자본이 노동력을 대체하고 있었지만, 동시에 번영의 확산과 산업의 발달과 확산으로 인해 노동력 수요의 증가 속도가 노동력 절감의 속도보다 빨랐던 것을 간과한 것이다. 그러나 20세기 후반에 들어와 자본주의 시장 경쟁의 양상이 크게 달라졌다.

[글로벌 규모의 무차별적 실업누적]

드디어 2000년대 들어와, 반세기에 걸친 세계 경제의 글로벌화가 성숙기에 접어들어 중국과 인도, 러시아, 브라질 등 대형 인구국가의 고속 산업화가 본격화하고, 선진국의 성숙 산업과 그 일자리를 사라지게 하고 있다. 선진국은 나름대로 인터넷과 IT기술이 모든 산업에 깊숙이 파고들어 노동 절약적 제조업의 보편화가 일어났으며, 전례 없이 21세기 처음 10년 사이에 세계적 대형 불황이 두 번이나 겹쳐 일어나면서 실업은 급격하게 늘어났다. 미국의 경우 노동부 자료에 의하면 1970년부터 10년 사이에 퇴출된 일자리를 빼고 순수히 증가한 일자리가 1,962만 명이고, 1980년대 10년 사이에는 1835만 명의 순증 일자리가, 1990년대 10년 사이에는 2,164만 명의 순증 일자리가 창출되었으나, 2000년 이후 10년 사이에는 새로 창출은커녕 130만 명의 일자리가 순수하게 사라졌단다. OECD 국가들을 비교해도, 2008년과 2009년 사이에 미국에서는 599만 명의 일자리가 사라지고, 그 10분의 1 안되는 53만 명의 일자리가 새로 생겼고, 스페인에서는 145만 개 실종에 8만 4,000개 창출, 영국은 898만 개 실종에 125만 개 창출, 일본은 1,206만 개 실종에 269만 개 창출을 기록하고 있다. 독일과 한국은 실종과 창출 숫자가 비슷한데, 놀랍게도 새로 생긴 일자리가 대두분 농업, 임업, 어업에서였다. 세계는 이제 확실한 장기 산업예비군 누적 시대로 들어간 것으로 보인다.

즉 칼 막스가 예언한 산업 예비군의 증가는 각국의 한 세기 반에 걸친 경제의 성장과 무역 및 투자의 급격한 증가로 노동 수요의 양적 증가가 일어나 큰 문제가 되지 못하였으나, 이제는 그 세계 경제의 폭발적 성장의 힘이 고용의 증가로 이어지지 못하는 상황에 이르렀다. 기존의 기술 발전에 더하여, IT 산업과 전 세계를 연결하는 정보망으로 똑똑한 직원 한 사람이 과거에 웬만한 작은 연구소가 달성하던 양의 업무를 소화할 수 있게 되어 많은 직원을 고용할 필요가 자꾸 줄어만 간다. 바이오 기술과 나노 의약 기술, 특히 성체 줄기세포 관련 기술의 발달로 앞으로 몇 명의 유능한 의사와 생화학자 수 명이면, 대규모의 신약 개발 연구소를 차리지 않아도 대형 컴퓨터나 클라우드 컴퓨팅을 사용하거나, 사용시간 임대료만 많이 내면 되는 꿈 같은 상태에 이르렀다. 따라서 막스의 산업 예비군은 약 160년 늦게 드디어 이 지구에 모습을 드러내기 시작하였다.

그러나 이번에는 이 산업예비군이 나라별로 오는 것이 아니라, 전 세계 모든 사업 국가에서 동시다발적으로 일어나고 있고, 인류가 이 범세계적이고 치열하기 그지없는 이 기업 간 경쟁에서 헤어나지 못하는 한, 즉 각국이 무역의존도를 동시에 축소해 나가고, 북한처럼 자급자족의 원시 경제 체제로 이동하지 않는 한, 실업의 누적은 그 해결 방법이 보이지 않는다. 그러나 이 폐쇄 경제로의 이동은 물리적으로 불가능하다. 그 이유는 이러한 인위적 무역 폐쇄 정책은 즉시 전 세계 모든 인류의 생활 수준의 급격한 하락을 가져올 것이고, 세계 어느 정치가도 이 반인륜적이고 망국적 교역 폐쇄 정책을 추진할 사람이 없기 때문이다.

이제부터는 이 누적되어 가는 자국 내의 산업예비군을 어떻게 해소할 수 있는지에 따라 승자와 패자가 결정된다. 중동의 재스민 혁명이 왜 10년 전에 안 오고 이제 왔는가 생각해보라. 미국의 반 월스트릿 데모가 왜 지금 왔을까. LA 워드(Ward) 지역과 디트로이트(Detroit) 시내에서의 빈민 폭동은 25년 전 일이지만 그것은 주로 인종적 갈등 때문이었기 때문에, 그때는 폭동이 사회적 혁명이나 혁신으로 이어지지 않았다. 그러나 이번에는 은행에서 돈을 빌려 80~90% 이상의 모기지론으로 주택을 구입했다가 부동산 가격의 동시 하락으로 주택 담보 가치가 대출금 이하로 떨어져 졸지에 집은 차압 당하고 길거리에 나앉은 미국의 중산층만 300만 명이 넘는다. 흑인 폭동 때는 폭동이 난 미국 내 모든 도시를 다 합쳐도 참여자 수가 50만을 못 넘었다. 그러나 이번의 일은 구조적 현상이다. 일시적 분노가 아니다. 자본주의 시장경제, 글로벌 경쟁체제와 개방경제 중심의 산업구조라는 시스템 자체의 고용 없는 성장이라는 문제가 노출된 것이다. 세계 모든 지식인들은 이를 이미 잘 알고 있다. 다만 뉴욕 대학의 루비니처럼 떠벌리지 않고 있을 뿐이다.

중국 경제의 경 착륙, 그리스를 위시한 유럽경제의 연쇄적 지불 불능 사태, 미국 경제의 회복 지연 같은 퍼펙트 스톰의 구름도, 이 정부들의 매크로 정책 실패에서 나오는 게 아니다(물론 그리스나, 포르투칼, 스페인, 이태리는 빼고). 앞으로 실업의 대량 누적과 여기서 발생하는 사회적 혼란은 각국의 산업 정책 실패, 고용정책 실패 때문에 오는 것이고, 지도자들의 문제의식 부재, 정치인들의 이념 투쟁, 주민들의 충족 못할 공짜 억지 때문이다. 사람들의 눈에도 실업의 누적이라는 문제의 핵심이 잘 안보였다. 그래서 그 대책에 우선순위를 잘못 보고 있기 때문에 더 악화된다. 결국 5,000만의 식구를 무엇을 해, 무슨 사업을 일으켜 무엇을 만들고 무엇을 수출하여 먹여 살릴 것인가의 질문은 그 대책은 화급한 반면, 누구도 정답은 못 내고 있다.

우리가 사는 성숙 산업사회에서는 개방적 국제경쟁으로 인하여 아무리 신 산업을 도입해도 고용이 늘어나지 못해, 앞으로 무엇을 하여 5,000만을 먹여 살릴까라는 질문은 무의미한 질문이 되고 말았다. 무엇을 하든 아무리 뛰어난 신산업을 도입해도 고용은 안 늘고, 금융 중심의 사회로 이전이 가능하지도 않지만 미국, 영국처럼 이 정책에 성공한다 해도 결국 중국 같은 후발 대형 산업 국가에게 기초 신용력에서 밀려 고용 문제 해결의 답이 나오지 않는다. 미국과 영국의 금융섹터 총 고용자 수는 각기 30만 명과 32만 명에 불과하다. 이제는 체면 불구하고 우리 재주껏 고용을 창출하는 수밖에 없다. 자유시장 자본주의에서 국가 주도 수정 자본주의와 간섭주의를 거쳐 이제는 고용중심적 시장 관리주의로 옮겨야 한다.

3.2 세계적으로 상승한 실업률

[실업의 심각성]

영국의 Economic Intelligence Unit(EIU)에 의하면 전 세계 60억 인구 가운데 61.2%가 고용 가능 인구인데, 이는 약 36억 명에 해당한다. 그중에 7% 즉 2억 5,700만 명이 실업자이고, 일을 더 하고 싶어도 일자리가 없어 못하는 부분 고용자가 12% 즉 4억 4천만 명이나 된다. 이들을 합치면 6억 9,700만 명 즉 약 7억 명이 일자리가 없어서 어려운 상태에 있는 사람들이다. 이는 우리나라 총인구의 14배에 달하는 인구로 세계경제의 큰 잠재 문제로 남아 있다.

그뿐만이 아니다. 미국의 경우 1950년대에 3% 대에 머물던 실업률이 1980년대 초에는 10~11% 대까지 치솟았다가, 그 뒤 2006년까지 좀 잦아들어 5~7% 대를 맴돌더니, 2008 레만 브라더즈 사태와

뒤이은 불황으로 5%에서 10% 수준으로 급등하였고, 이 기간에만 800만 명 이상의 가장들이 직업을 잃었다. 이러한 실업률의 급등은 단기적 경기 불황의 요인과 장기적 구조적 요인들이 겹쳐서 그 원인을 제공한 것이지만, 많은 노동 경제학자들은 장기적, 구조적 원인이 지난 반세기를 통하여 노동시장을 근본적으로 바꾸어 놓아서, 소위 '자연 실업률'이 5% 대에서 7% 대로 지각 변동을 하였다고 보고 있다.

이 자연 실업률이란 그 이하로 실업률을 줄이려면 전반적 물가 상승 즉 인플레를 촉발하지 않고는 더 내려갈 수 없는 실업률을 의미하는데, 이것을 실질적 완전 고용 상태라고 부른다. 취업이 안 된 마지막 5%는 일종의 단기적 마찰적 쿠션 역할을 하는 실업이란 뜻이다. 그런데 그 선이 위로 올라갔단다. 마지막으로 남은 없어지지 않는 실업률, 그 이하로 실업률을 내리면 인력 고갈이 나타나 임금이 올라가고, 경제 전반적 인플레가 촉발되는 실업률이 올라갔단다. 남아 있어도 쓸 수가 없고, 쓰려 해도 쓸 데도 없는 인력이 5%에서 7%로 올라갔단다. 왜 그럴까. 경제학자는 기술의 변화가 실업률에 어떤 영향을 미치는지에 둔감하다. 기술 변화가 빨리 일어나면, 세계 대기업들의 경영전략이 어떻게 변하는지, 실업증가와 기술 발전의 속도와의 관계의 변화를 알기 어렵다. 경제학적 용어를 쓰면 고용과 기술의 대체 탄력성이 변화하는 '변성 대체 탄력성에 관한 연구'와 '노동력이(결과적으로) 신기술로 대체되는 과정에 관한 연구'가 있어야 하는데 이런 연구는 없다. 그 이유는 대체 탄력성 연구는 고정탄력성 연구에서 멈추었고, 요소 간 대체는 노동과 자본의 대체 연구에서 그쳤기 때문이다. 그러나 이 자연 실업률이 위로 상향 시프트 했다는 사실에 반대하는 경제학자는 거의 없다. 자연 실업률이란 표현이 맞는지는 모르겠으나, 적어도 한 번 직장을 잃고 나서 재취업하는 데까지 드는 시간이 점점 길어지거나 대부분의 실업자가 재취업에 성공하지 못한다면 당연히 이 사회의 추세적 실업률이나 평균적 실업률은 올라가게 되어 있다.

[실업률 증가의 원인]

이런 실업률 증가의 원인을 물으면 사람마다 자기의 입장, 예를 들어 노조 측에 가까운지 아니면 기업주 측에 가까운지에 따라 그 대답이 다 달라진다. 중립적인 입장에서 보면 현대 사회에서는 기술의 변화 속도가 너무 빨라서 근로자들이 새 기술에 적응하는 데 드는 시간보다 기술 도입의 변화가 더 빠른 것이 가장 중요한 원인으로 보인다. 역설적이지만 근로자의 기술이 높으면 높을수록 그가 고용 당시 받는 임금은 높지만, 도태되는 속도는 일반적 비숙련적, 비기술적 근로자보다 훨씬 빠르다.

그가 가지고 있는 기술이 범용성이면, 그의 고용 유지 가능성은 높지만 임금은 그다지 높을 수가없다. 반면에 남이 안 가진 특수한 기술을 가진 사람은 경우에 따라서 그의 기술이 없으면 사업이 안 되는 경우가 자주 발생하므로 그의 임금은 일반적으로 높지만 그의 고용 유지 가능성은 현저히 떨어진다. 불행하게도 글로벌 규모의 경쟁이 급속히 진행되는 상태에서는 전문화된 기술일수록 빨리 신 상품이나 신산업이 도입되고, 기술의 전문화가 진전되므로 좁은 범위 안에서 남보다 더 깊이 아는 고임금의 전문 인력의 고용 유지가 더 위태롭게 된다. 반면에 비숙련 근로자나 전문성이 떨어지는 근로자의 수요는 주로 근로자들이 기피하는 3D 업종에 해당하는 노동이 대부분이다. 그러므로 고용 유지는 쉬워도, 그 임금으로 산업 선진국에서는 생계 유지가 불가능하게 되어 점차 후발국의 이주 노동자로 대체되며, 이는 그 사회의 범죄율 상승에 직접적으로 기여한다. 이러니 국내 고용은 양쪽에서 스퀴즈당하는 것이다. 중산층의 점진적 몰락과 사회의 양극화 현상도 이 추세의 한 측면으로 보인다. 이 점은 추후에 다시 논하기로 한다.

기업의 기술은 왜 그리 빨리 변화할까. 앞의 장에서 글로벌리즘의 생존 전략은 기술의 발전 뿐이며, 그것도 남보다 더 빨리 새 기술을 도입하여 멀쩡한 나의 기존 시장을 새 기술을 사용한 새 상품으로 대체할 수 밖에 없다는 점을 자세히 설명하였다. 즉 글로벌 경제에서는 기술의 발전은 기업의 생존을 보장하지 못하고, 남보다 한 발짝 빠른 기술의 발전만이 생존을 보장하기 때문이다. 쏘니가 LCD TV에서 이제 좀 재미를 보려고 할 찰나에 삼성과 LG는 이미 LED TV의 대량 생산 체제로 넘어가고 있었다. 옛날 같으면 앞으로 한 7~8년 잘 우려먹을 수 있는 상품과 시장을 한국 기업들이 다 쳐부숴 버린 것이다. 그런데 가장 가슴 아픈 일은 두 가지 상품이 다 TV라고 불리는데, 실은 겉모양만 같고 그림과 소리를 보여 준다는 기능만 같지, 두 제품은 기술적으로 서로 호환성이 거의 없다. 일본의 쏘니사는 충청남도 당정에다 삼성과 합작으로 LCD 패널 공장을 지은 지가 8년도 안되고, 그 공장 제품인 LCD 패널의 반을 사가기

위하여 삼성과 굴욕적 계약을 한 지가 엊그저께인데 벌써 그 상품
의 시장성과 수익력은 바닥을 쳤다. 참으로 분통할 것이다. LCD 기
술자들은 어이할꼬.

[마찰적 실업의 구조적 실업화]

　기업이 사용하는 기술이 날로 변하니 대학교나 기술계 고등학교
에서 학생 훈련하기도 참으로 어려울 것이다. 노동 시장이라는 것
은 마치 저수지 같아서 항상 일정량의 신규 노동력이 시장에 진입
하고, 동시에 노령 노동자들이 퇴출한다. 신규로 진입하려는 노동
자들의 수가 퇴출하는 노동자들의 수보다 많아도 실업률은 올라가
고, 법을 바꾸어 고령 노동자들의 퇴출을 지연시켜도 청소년 실업
률은 올라간다. 새로 학교를 졸업한 학생들이 학교에서 가르쳐 준
기술이 기업이 원하는 기술과 많이 달라서 쉽게 직업을 못 얻으면
재훈련 기간이 늘어나고 실업률도 올라간다.

　마찬가지로 경기 하락 때마다 또는 근로자 본인의 능력과 기업
이 필요로 하는 능력의 차이 때문에 즉 기능의 미스매치 때문에 제
일 먼저 퇴출 당한 사람들은 일종의 마찰적 실업자이다. 과거에는
기술의 변화가 더디어 한 곳에서 퇴직당한 사람도, 다른 곳에서 임
금 욕심을 조금 줄이면 별로 어렵지 않게 일자리를 얻을 수 있었다.
그러나 이제는 다르다. 지난 50년간 세상이 달라졌다. 고령층으로
올라 갈수록 한 번 퇴직당한 사람의 재취업 가능성은 급격히 하락
한다. 그 사이 그 사람이 가진 기술과 기능의 수요가 급격히 줄어들
었기 때문에 거의 모든 기업이 새 기술의 보유자를 찾고 있지 과거

의 기술자를 찾는 경우는 아주 드물다. 미국의 경우 2007년에 해고
된 근로자가 새 직장을 얻는 데 들어가는 시간이 평균 17주였으나,
2012년에는 이것이 40주로 늘었다고 한다. 그리고 이탈리아에서는
등록된 실업자의 반 이상이 1년 이상 실업 상태에 있는 사람들이라
고 한다. OECD 보고에 의하면, 2010년 기준으로 1년 이상 일자리
를 못찾은 장기 실업자의 비율은 일본이 36.7%, 독일이 47.4%, 이
탈리아가 48.5%, 영국이 32.6%인 데 반하여 한국은 0.3%란다. 그
러니 누가 한국의 실업통계를 믿겠는가.

기업의 입장에서는 갓 졸업한 사람이 기업이 원하는 기술을 가졌
을 가능성은 거의 없고, 사내 고령의 근로자들은 당연히 그 신기술
을 보유할 리가 없으니 다른 기업으로부터 경력자를 스카우트해 와
야 한다. 그래서 생긴 것이 기술 인력 전쟁 즉 능력자를 찾는 전쟁
(War for Talents)이다. 즉 살아 남는 자는 아주 높은 고임금을 받거
나, 아니면 3D 수준의 저임금을 받게되거나, 눈 깜짝할 사이에 동남
아에서 들어온 외국인 근로자들에게 일자리를 빼았긴다. 물론 상당
수는 퇴출당하고, 한 번 퇴출당하면 다시 재취업의 문은 거의 닫혀
버리는 것이 21세기의 추세이다. 일컬어 양극화 현상이라 한다. 이
것이 바로 산업의 이동을 통해 범세계적으로 대량의 번영을 가져온
대가이고, 후진 산업국들에게 희망을 주는 대신 산업 선진국이 치
러야 하는 대가이다. 동시에 날로 전 세계경제를 한가마 솥에 넣어
익혀 버리는 글로벌 시장이라는 용광로 안에서의 생존을 위한 경쟁
의 피할 수 없는 결과다.

이 모든 것이 과거의 마찰적 실업을 구조적 실업으로 바꾸어 놓

고 있고, 일정 시간이 흐르면 대부분 새 직장을 얻어 노동 시장에서 사라지던 사람들이 이제는 노동 공급 시장에 상주하거나 그러다 지치면 시장에서도 퇴출하고 만다. 재취업 시장의 급격한 하락은 노동조합을 더욱더 자극하여 조합원의 해고가 불가능한 제도를 요구하게 되고, 이는 기업 자체가 퇴출되지 않는 한, 근로자 해고는 불가능한 경직적 고용제도를 나라마다 정착시키고 있다.

바로 여기서 청년 실업의 문제가 발생한다. 노동 시장만 저수지가 아니다. 기업의 근로자 고용 자체가 일종의 저수지 같아서, 고속 성장시에 경험하던 대량 신규 채용은 이제 추억의 노래들처럼 아련한 과거사에 불과하다. 기업이 설혹 고속 성장하고 일본의 전자업체 모두를 합친 것보다 더 큰 이익을 내도 대량의 신규 고용은 불가능하게 되었다. 초대형 이익을 내고, 기업이 고도 성장을 해도 도움이 안 되고 이익이 안 나고, 고도성장을 안 하면 그나마도 신규 채용이 안된다.

3.3 청소년 실업이라는 뇌관

[우리 생활의 일부가 된 청소년 실업]

위에서 설명한 대로 산업은 급속히 글로벌화하고, 격심한 경쟁과 기술의 발달로 고용 없는 성장이 상식화되어 가고, 노조는 해고 없는 직장을 추구하고, 임금 상승보다 직업 안정을 선호하는 노조의 자기보호 본능, 그래서 더 경직되어만 가는 노동 시장의 합작은 필연적으로 각국의 청년 실업을 급속히 증가시켰다. 주요 국가의 청소년 실업률을 10년 전과 비교해 보면 아래와 같다.

	프랑스	이탈리아	영국	독일	한국	일본
2000	20.6	29.7	11.7	8.4	10.8	9.2
2010	22.5	27.9	19.1	9.2	9.8	9.2

자료: OECD

이 표에 나타난 숫자들은 비교적 모범적인 국가들의 경우이고, 스페인의 경우는 2007년 17.4%였던 청소년 실업률이 2012년에는 무려 51.1%로 늘어났다고 G20 노동관계 장관들의 공동성명서에 나와 있다. 이러한 현상은 폴란드, 아일랜드, 스웨덴, 등 폭넓은 국가들에서 일어나는 공통적인 현상이다. 즉 청소년 실업률의 증가는 하나의 구조적 현상으로 서서히 1970년대 이후 지속되고 있으나, 세계적으로 경기가 하락하기 시작하면 청소년 실업률은 다른 연령층의 실업률보다 빠른 속도로 증가하는 것이 일반화되었다.

청소년 실업률의 실제 문제는 그 실업률의 크기보다 불경기 때마다 가장 먼저 희생당하고, 가장 늦게 구조되는 점이 문제다. 이런 현상은 비단 노동조합의 역할 뿐 아니라 사회 통념상 가장의 일자리가 노동시장 신규 진입자의 취업보다 훨씬 더 중요하다고 생각하는 어쩔 수 없는 상식 때문이다. 즉 쉽게 해결될 수 있는 문제가 아니라는 점이다. 그래서 태어난 것이 우리나라의 80만 원 세대, 알바 세대의 급증 현상이다. 북미와 유럽의 산업국가에서는 이 현상이 1970년대 베트남전쟁 종식 후, 제1차 오일 쇼크와 범세계적 스태그플레이션 상태에서 발생하였다.

[니트(NEET)라는 저주]

니 트(NEET)는 영 어 로 'Not in Education, Employment, Training'의 두문자로서, 교육을 받는 것도 아니고, 고용되어 있는 것도 아니고, 훈련을 받는 중인 것도 아닌, 한국 정부 통계청의 표현을 빌리면, "(그냥) 쉬었음"이라고 응답하는 사람들이라 한다. 통계청은 현재 우리나라의 소위 아무것도 안하는 계층은 약 13만 명으로 보고 있는데, 이는 비경제활동인구 중에서 가사, 연로자로 처리된 사람들을 빼고 나머지에서 쉼으로 대답한 사람들을 지정하는 것인데 도무지 이해가 잘 안된다. 반면 최근(2012.6.20) 통계청의 고용 동향 조사를 보면, "그냥 쉬었음"이라고 대답한 사람을 201만 5000명으로 보고하고 있다. 그리고 이 수치는 지난 일 년 동안에 7.7%나 높아졌다고 한다. 특히 한국의 20대 인구 625만 명 가운데 5.4%인 33만 7000명이 쉬었음이라고 표현했단다. 즉 20대 인구 100명 중 5명은 완전 백수이고, 20대 고용된 인구 5명에 대하여 1명이 백수로 놀고 있다. 더욱 놀라운 것은 이 백수 그룹은 연령을 불문하고, 지난 2010년 150만 명에 비하여 3분의 1이 늘어난 폭등 현상을 보여 주고 있고, 지난 10년간 평균 두자리 수가 늘었다는 것이다.

사실 이 그룹을 니트족이라고 처음 표현한 사람들은 영국인데, 그들도 이 무위도식 그룹을 사회적으로 제외된 그룹(Social Exclusion Unit) 또는 제로 계급(Status Zero)이라고 부르다가 표현이 좀 지나치다 하여 니트로 부르게 되었단다. 어떻게 부르던 니트건, 무위도식이건 백수건 이는 저주다. 청소년 실업자들에게는 자기 국가와 사회에 대한 불신과 배신감을 키워 준다. 국가와 사회가 그들에게 학교를 졸업하면 좋은 직장을 보장해 주고 행복한 인생을 약속한 바는 없다. 그러나 국가와 사회는 그들에게 무언으로 공부하라, 단체 생활의 기본 규범을 몸에 익히고 잘 지켜라, 부모와 교사, 교수, 친구와 평화롭고 사랑과 존경이 있는 관계를 유지하라 등등 많은 것을 요구하였다. 왜 그런 것을 따르고 지켜야 하는지는 아무도 설명해 준 사람이 없다. 그러나 이 모든 요구는 네 마음대로 살지 말고, 마음이 내키지 않아도 참고, 공동체 생활을 할 수 있는 자발적 억제, 규제 통제의 훈련을 요구한 것이고 학생들은 이를 왜 그래야 하는지 물어보지도 않고 훈련을 잘 마쳤다.

[희망이라는 범죄 예방법]

왜 그랬을까. 우리가 어렸을 적에도 마찬가지의 요구를 잘 받아들였는데 그때는 매가 무서워서 그랬을까, 아니면 우리 나름대로 어떤 가정(假定)이 있어서 그랬을까? 정답은 후자다. 어떤 가정이 있었다. 그 가정은 우리가 하도 못사니까, 내가 어른이 되면, 정말 잘 살게 만들어 보겠다는 의욕이 있었다. 그럴 기회를 국가나 사회가 줄 것이라고는 애초부터 기대도 안했다. 국가와 사회라는 것이 너무 약하고, 풍전등화와 같아서 왜놈들한테 다시는 당하지 않겠다는 명제 한 가지만으로도 의욕이 넘쳤다. 우리가 보기에 우리보다 한참 뒤에 있어야 할 필리핀, 말레이시아 같은 동남아 국가들이 우리보다 잘사는 것을 보고 경제발전이라는 것이 별 것 아니구나, 필리핀을 점령한 미국, 말레이시아를 점령한 영국이 남겨 놓은 시스템 덕에 잘사는 것을 보고, 미국과 영국을 그대로 배우면 되는 것쯤으로 생각했다. 그러니까 우리가 어렸을 때의 가정은 희망이라는 것이었다. 희망은 마치 전쟁의 폐허에 서서 이보다 더 나빠질 수는 없다는 믿음과 가정, 이제 앞으로 우리가 갈 길은 위로 가는 것밖에 갈 곳이 없다는 어린이 같은 의욕과 믿음, 뭐 그런 것이었다.

이제 현재의 청소년 실업자가 되어 보자. 우리나라가 그리스, 스페인, 포르투갈 등 먼 나라에서 촉발된 국제경제적 위기를 잘 헤쳐 나온 뒤, 경제 운영을 잘하여 국민소득 1인당 40,000달러에 이르렀다고 가정해 보자. 그게 나와 무슨 상관일까. 어차피 내 부모가 가난해서 내가 좋은 학교도 못 나오고, 직장도 마음에 드는 곳에서는 오라 하지도 않는데, 1인당 소득 40,000달러는 중산층 이상에게나 혜택이 돌아갈는지 모르지만, 나의 형편에는 달라질 것이 없어 보인다. 또 내 부모가 잘살아서 나이 30에 용돈이라도 타 먹는 신세라면, 내 부모가 부동산으로 몇십 억 챙긴 경우가 아닌 한, 이미 퇴직한 지 꽤 되니까, 1인당 소득이 4만 달러면 어떻고, 5만 달러인들 무엇하랴. 결국 시간이 흐를수록 내 입장만 더 곤란해지지, 내 앞에 무언가 기적이 나타날 확률은 없어 보인다.

한마디로 부잣집 아이들 몇 명 빼고는 그리고 전교 5등 안에 들어 좋은 대학, 좋은 직장 다니는 또래를 빼고는 모두 희망이 없다. 미래가 없다. 아버지 세대는 가난하고 어려워도 희망이 있었고, 내일을 기다릴 이유가 있었다. 지금의 니트족에게 내일은 너무 절망적이다. 그동안 절제하고, 자기 관리를 잘하고, 공부하고 한 일이 거의 다 헛된 것이 되었으니, 이제는 내 뜻대로 한번 내키는 대로 살아 보겠다는 욕망이 나오게 되어 있다. 이 사회가 자기 관리와 관용의 훈련을 요구한 만큼의 이 사회도 그런 관용이 있는지를 테스트해 보고 싶을 것이다. 법의 한계를 시험해 보고 싶을 것이다. 그것을 우리는 범죄행위라 한다.

이 책 서문에 필자는 경제와 경제학은 인간의 정신 문제를 제외한 모든 현실적 문제를 푸는 것이 목적이라고 했다. 그 문제 가운데 실업 문제는 모든 이의 공통의 문제이고, 삶의 최저 조건 달성의 문제이다. 국가와 사회가 자신을 배신했다고 느끼는 젊은 니트족은 도덕적 우월감을 가지고 보복을 하려 한다. 도스토에프스키의 젊은 라스코니코프가 그랬다. 자기가 수전노 노파보다 더 중요한 인간이라고 믿었기에 살인을 하는 것이고, 사회가 요구하는 모든 규범을 다 준수하고 평생을 살았는데도 사회가 자신을 버렸다는 배신감은 그를 범죄로 내몬다. 직업을 가졌다가 실업을 당한 사람에게, 실업은 하나의 경제적 문제다. 그러나 취업을 해 본 일이 없는 젊은 청소년에게 졸업 직후 장기 실업은 인생의 문제, 인간성의 문제, 그리고 세계관, 국가관에 대한 철학적 문제가 된다. 자기 자신은 서서히 고용 불능의 무용지물이 되어가고, 스스로 무력감에 빠져 반사회적 구성원으로 전락하고, 그리고 사회가 자기에게 그렇게 강요했다고 믿는다.

[외국인 근로자]

차제에 외국인 저임금 고용자에게 대하여 한마디 하고 넘어가자. 일반적으로 나라가 잘되면 세계 각국에서 사람들이 모여든다. 로마가 그랬고, 지금의 미국이 그렇고, 과거에는 오스만 투르크와 루이 14세의 프랑스가 그랬다. 어떤 이는 많은 자본을 가지고 와서 그 나라의 사업 기회를 활용하고자 한다. 미국으로 사업의 본거지를 옮긴 많은 유럽 기업들이 그렇고, 루퍼트 머독 같은 언론왕은 아예 국적을 미국으로 바꾸어 버렸다. 물론 저임금 근로자들도 많이 들어온다. 자국민이 3D 저임금 업종에 종사하기를 싫어하니까 불가피하다. 프랑스의 북아프리카인들, 독일의 터키인과 동유럽인들, 심지어 한국의 광부와 간호사들까지 예가 허다하다.

문제는 한국에도 불법체류자 추정까지 포함하여 약 140만 명의 외국인 근로자가 일하고 있단다. 우리가 과연 너무 잘 살아서 어렵고, 힘들고, 더러운 업종에는 근로자가 없어서 꼭 외국에서 사람을 데려와야 할 정도로 소득도 높고, 완전 고용으로 사람이 없는 나라일까. 우리 소득과 실업자 수를 보면 아직 분수에 안 맞는다. 반면에 우리나라에 자본을 가지고 와서(직접투자) 땅 사고, 기계 설치하고, 물건을 생산하고, 고용을 창출하고, 국내외에 판매하고, 수출도 하고, 세금도 내는 기업은 눈을 부릅뜨고 찾아보아도 잘 안 보인다.

이건 절름발이 개방이다. 농수산부, 지경부, 국토부, 각 지방자치단체 등 한국 기업의 보호 요청에 민감한 부서는 외국인 직접투자를 각종 규제와 음성적 방해로, 같은 소득 수준급 국가들 사이에서는 세계에 유례없는 폐쇄 국가를 만들어 놓았다. 중소기업들이 노동력 부족을 호소하는 데에 민감한 노동부는 열심히 외국인 근로자 유입을 허용하여, 정부 각 부서가 총체적으로 협조하여 지금과 같은 파행적 개방체제를 만들었다. 자기 나라에서도 별로 갈 데도 없는 사람들은 무더기로 데려오고, 우리나라에 꼭 필요한 자본가, 기업가, 기술자, 학자, 엔지니어, 예술가 등 국내에 일자리를 만들어 줄 사람들은 오지도 않고, 와도 얼마를 못 버티고 도망간다.

불과 5년 전만해도 우리나라는 밤 12시 이후에도 젊고 아름다운 여자가 길거리에 나가도 안전한, 산업국가치고는 예외에 속하는 곳이었다. 그러나 지금은 다르다. 한 병에 1,300원 하는 소주와 우리 국민의 폭주 문화, 술주정에 관대한 문화도 불과 5년 전에는 우리 밤거리를 위험하게는 하지 못했다. 그런데, 최근에는 그렇지 않다. 그 사이에 우리 국민이 갑자기 포악한 범죄형 국민으로 변하지 않았다면, 무엇인가 변한 것이 있다. 우리 국민의 구성이 특히 밤거리 도시 으슥한 곳을 배회하는 대한민국 거주자의 구성이 달라졌다. 사람을 더 받으려면 준비를 제대로 하고 받거나, 문제가 생겼으면 치안을 강화하거나, 폭력적 학생들의 습관을 제대로 고치지 못하는 학교는 교육 방법을 강제로라도 바꾸어야 한다. 나라가 썩어 가는데, 미래 한국인의 교육이라는 중대한 일을 이념 투쟁의 도구로 삼는 탈법적 피선거인들은 법을 엄하게 적용하여 상식에 맞는 행형과 법 운영을 해야 한다. 선거법 위반으로 교육감, 국회의원 자리를 박탈했으면, 그동안 받은 봉급도 환수시켜라. 그 돈을 줄 법적 근거도 없고, 도덕적 당위성도 없다. 필자는 인간의 관용과 지적 발달은 비례한다고 믿는다. 원시인은 자기와 다른 인간을 보면 잡아먹었으나 현대인은 공존하려고 노력한다. 잘사는 나라에는 수많은 외국인이 와서 같이 살려고 하고, 이것은 우리의 자랑거리다. 그러나 국가와 사회의 관리 능력은 제한되고, 준비가 덜 된 상태에서 저임금 노동자를 대량으로 무차별적으로 받아들이면, 그 후유증으로 인하여 앞으로 다문화 사회의 근본 싹을 잘라 버릴 수 있다.

필자는 우리를 화나게 하는 것들 중에서 가장 시급한 것이 배고픔이고, 제 살 깎아 먹기 복지제도로 이 배고픔을 해결하지 않으려면 고용의 증가가 그 답이라고 하였다. 아무리 환경론자와 분배 우선론자들이 성장 무용론을 주장해도 성장밖에 그 고용 문제를 해결해 줄 방법이 없다. 일개 기업으로 보면, 환경 관련 산업을 잘 운영해서 돈을 적지 않게 벌 수도 있다. 그러나 전 경제가 일반적 생산 투자는 아니하고, 환경 개선 투자만 한다면 그 나라 총 고용은 분명히 감소할 것이다. 그런데 1945년 이후에는 무역의 자유화와 경제의 빠른 세계화가 각국 무역과 경제의 성장을 주도하였으나, 이제는 무역의 증가도 서서히 정체되어 가고 있다. 무역이 고속 성장을 하여도 고용은 잘 늘지 않는다. 왜 그럴까? 경제의 세계화 추세에 무엇이 달라진 것일까? 고용 없는 성장이란 말은 왜 나온 것일까?

제4장

고용 없는 성장과 글로벌 경제

4.1 인류 역사상 초유의 글로벌 경제

챔피언들의 경제
기술 선진국과 글로벌화 경제
글로벌 경제와 기업의 생존 방법

[챔피언들의 경제]

세계 경제는 나날이 세계화(Globalization)하고 있다. 세계화는 하나의 진행 중인 현상이며, 이 변화의 종착점이 어떤 모양일지는 상상은 가능하나, 그 범위가 만민의 번영에서 만인의 패망까지 모두 가능해서 예측을 불허하는 우리 시대의 하나의 수수께끼가 되었다. 현재 전 세계의 경제는 세계화된 경제 분야와 아직 세계화되지 않은 경제 두 가지로 구성되어 있다. 전자는 급속도로 개방화, 표준화, 통일화되어 극심한 경쟁 속에 살고 있고, 후자는 이 무서운 세계화의 물결을 피해 아직은 이 세계 경제의 일부가 되기를 거부하고 있다.

그러나 이 인류 역사상 초유의 글로벌 경제의 출현은 한 시대의 유행이 아니고, 앞으로 점점 더 심화될 것이 분명하다. 우선 모든 경제 성장을 꿈꾸는 개도국 정부와 기업들은 이 방대한 선진 시장에의 접근 없이 제조업 중심의 성장을 상상도 할 수 없다. 모든 자원 수출 국가는 글로벌 경제의 날로 늘어나는 자원 소모량을 전제로 하지 않으면 자원 개발의 자금도, 시장도 영원히 피해갈 것이다. 또한 기존의 글로벌 챔피언들은 단순히 이 생존의 경쟁에서 살아남기 위하여 누구보다 더 효율적으로 글로벌 경제를 지배하려 노력해야 한다. 이 경제에서는 남의 뒤를 쫓아가는 것은 선두와의 격차가 날로 늘어난다는 뜻이고, 이 시장에서는 선두를 점령한 자만이 계속 앞서갈 수 있다. 남보다 더 앞서지 않고 국제시장에서 이익이 발생할 것으로 기대한다면, 이는 꿈에 불과하다. 세계의 톱들이 모여 서로 경쟁하고 생존하면 이는 자연히 세계의 정상을 의미하고, 자유 시장 질서는 이 기업에게 전 세계를 독점 시장으로 제공할 것이다. 애플이 삼성전자의 도전을 그리도 참을 수 없는 것은 바로 자기들의 이 당연한 독점적 성과를 삼성이 방해하고 있다고 생각하기 때문이다.

세계의 모든 국가들은 이 극렬한 경쟁의 도가니인 글로벌 경제에 어느 정도 노출되어 있다. 대부분의 선진국 경제들은 이 세계경제라는 용광로에 자국 경제의 대부분이 노출되어 있지만, 후진 경제일수록 이 노출 부분이 작다. 과거 공산주의 국가들은 이 경쟁이 무서워 선진 제국주의 국가들의 약탈로부터 자국 경제를 보호한다는 명분으로 자국 경제의 문을 닫아 걸고 살다가 콩나물 경제를 만들어 버렸다. 아직도 대부분의 후진국들은 문을 아주 조금만 열고 있다.

중국은 1993년 WTO 가입 이후 대대적으로 경제 개방을 단행하여 세계적 경쟁력을 갖춘 산업을 여러 개 만들었다. 물론 그러면서도 한편으로 공산주의적 정부 특유의 중앙 통제력을 발휘하여 자국 경제의 노출을 특별 관리하며, 실제로 얌체 짓도 많이 하여, 미 의회에서 '무역 규제 국가', '환율 조작 국가', '산업 보호 국가', '외국 기업 차별 국가' 등의 부끄러운 명성을 수여 받고, 많은 비난을 사고 있다.

[기술 선진국과 글로벌화 경제]

그러나 실제로는 경제의 가장 중요한 점은 이 세계화의 용광로에 노출된 나라일수록, 산업이 발달하고, 기술이 발달하고, 소득이 늘고, 자본 유입이 쉽고, 미래 성장 잠재력도 크다는 사실이다. 실은 이 용광로 경쟁에 버티고 이길 수 있는 기업을 많이 가진 나라가 바로 세계의 주역 노릇을 하고 있다. 세계적 경쟁에 노출이 선행되어서 이렇게 기술과 산업이 출중한 선진국이 되었는지, 역으로 국민과 국민기업이 능력이 좋아서 이 무서운 노출하에서도 지속적 성장에 성공했는지는 중요하지 않다. 양쪽이 다 사실이기 때문이다. 중요한 것은 세계적 경쟁력을 가진 기업이 많은 나라들은 앞으로도 계속 세계 중심 국가로 뻗어 나가겠지만, 일본처럼 그런 기업들이 지지부진해지고 경쟁력을 잃기 시작하면 그 나라의 경제적 격은 떨어질 수 밖에 없다. 미국은 한때는 IBM, GM, GE, AT&T, Intel, HP, 씨스코, Exxon Mobil, Caltex, Lehman Bros, City그룹, 골드만 삭스 등등 쟁쟁한 기업이 잘 싸워줘서 세계 지도적 국가의 격과 위상을 유지했으나 이제는 석유회사 몇 개 남기고 세계 톱 자리를 많이 빼앗겼다. 대신 마이크로 소프트, 구글(Google), 페이스북(Facebook), 유투브(YouTube) 등 신흥 대기업이 그 자리를 채워 주고 있으나, 앞으로 이런 식으로 신흥 대기업들이 계속 대량으로 나타나서 미국의 지도적 위치를 유지해 주지 않으면 어느새 주역으로서의 역할을 내어 줘야 할 것이다.

그런데 이 용광로 경쟁의 생존 방법인 경쟁력이란 무엇인가. 기업의 생존력은 어디서 나오는가. 좋은 기술로, 좋은 물건을 시대에 맞추어 적기에 출시하기 위해 모험적으로 사전 투자하고, 그 적기 출시가 적중하여 잘 팔리면 이익이 잘 나서, 회사의 소유 자산이 늘어나 웬만한 경기 불황이나 주요 프로젝트가 실패할 때에도 망하지 않을 수 있어야 한다. 그걸 한마디로 이익 창출력이라고 부른다. 사람들은 기업의 존재 목적을 이익이라고 생각한다. 이는 틀렸다. 기업의 존재 목적은 '존재' 그 자체이다. 이 존재를 통해서 기업은 임직원에게 생활의 터전을 제공하고, 소비자에게 구매할 물건을 제공하고, 정부에 세금을 내고, 주주에게 이익을 준다. 기업주에게는 이익이 기업을 하는 목적일지라도, 국민과 국가 사회의 입장에서는 기업은 존재하기 위해, 즉 망하지 않기 위해 존재한다.

그런데 이 세계적 경쟁의 용광로에서 살아 남으려면 어느 정도의 경쟁력이 필요한가. 옛날 제국주의 시대에는 '원자재 가격의 상한가 철칙(Iron Law of Maximum Resource Price)'이라는 법칙이 있었다.

A라는 상인이 인도에서 차 한 톤에 10파운드를 지불하면 즉시 다른 상인들은 런던 시장에서 차를 팔기 위하여 인도 현지에서 그 이하의 가격으로 약탈하거나, 수집하거나, 매점해야 한다. 그러지 못하면 공급 코스트가 너무 비싸서 탈락한다. 지금 세계화된 시장에서는 이 철칙이 살아 있다.

중국이 LCD 36인치 화면 크기의 TV 한 대를 100달러에 내어놓으면 그 가격에 공급 못하는 모든 TV 업체는 LCD TV 생산을 중단해야 한다. 삼성의 반도체 메모리 값도 마찬가지다. 삼성의 공급가를 상한선으로, 그 이하의 가격으로 공급하는 자만이 살아남는 냉혹한 시장이 세계화 시장이다. 옛날에는 아동 노동력 착취, 원시적 노동환경, 임금착복 등 사회적 덤핑도 했지만 이제는 애플이 중국에서 그런 짓 하다 걸려 곤욕을 치르고 있다. 다시 말해서 전 세계 모든 참여 국가의 세계화된 기업들이 이 강철 같은 상한선보다 저렴한 코스트로 공급 못하면 그 기업, 그 상품, 나아가 그 국가는 이 경쟁에서 일단 퇴출 당한다.

이것은 바로 로마의 콜로세움에서 목숨을 걸고 싸우는 투사들과 같은 운명이다. 로마의 글래디에이터는 혼자 죽으면 되지만 우리 기업들이 자동차, 선박, TV, 반도체, 스마트폰 등에서 탈락하기 시작하면 우리 경제는 당장 기본부터 흔들린다. 우선 해당 기업 한 기업의 근로자와 그 가족만 해도 수십만 명. 부품 공급 업체, 하도급 업체, 운수 업체, 창고 업체, 관련 원자재 수입 업체와 생산 업체 직원과 가족은 수백만 명. 거기다 이 가족들의 생활에 편의를 제공하는 슈퍼, 약국, 채소상, 학교, 빵집, 주변 식당 등 줄줄이 타격 내지

도산을 당한다. 그래서 우리 국민들은 '대마불사'의 신화를 믿어서
가 아니고, 자기 자신의 경제적 안위를 위해 재벌과 산하기업들의
번영, 성장, 확장을 박수치고 응원해 온 것이다. 그런데 국민이 손
에 땀을 쥐고 응원한 글래디에이터들이 돌아서서는 동네 사람들을
괴롭히고 다니고, 동네 사람 생업에 지장을 주고 다닌다면 누가 그
챔피언을 응원하겠는가. 배신감을 느낄 것이다.

4.2 글로벌 경제와 고용 없는 성장

인재의 성력화와 글로벌 경쟁
고용 없는 성장과 산업예비군

[인재의 성력화와 글로벌 경쟁]

이 챔피언 기업들이 경쟁에서 이기기 위하여 생산 비용을 줄이는 노력은 가히 필사적이다. 그러다 보니 우선 기술개발에 앞서기 위하여 국내 최고의 두뇌들을 싹쓸이해야 한다. 물론 국내에서는 최고의 연봉을 준다. 그러나 우리 경쟁 선진국 기술자들이 받는 봉급에 비하면 높은 것은 아니다. 그러니 경쟁이 된다. 내가 전자회사를 운영하는데, 머리 좋고, 적응력 높고, 일하려는 의욕이 넘치는 사람들을 모두 국내 타 경쟁사나 자동차, 텔레콤회사, 철강회사, 중공업회사 등 좋은 인재가 항상 대량으로 필요한 회사들에게 다 빼앗기면, 나는 어디서 필요 인력을 구해야 하나. 우리 기업들이 국제화되고, 세계화되었다고는 하나, 아직도 미국이나 유럽 기술계 졸업자들을 대량으로 고용하여 우리 인력으로 훈련시키고, 전력화시키는 능력은 없다. 게다가, 이들은 적당히 훈련되면 우리보다 연봉이 더 많은 선진국 기업들에게 스카우트 당하여 가기 때문에 우리의 기술과 정보만 누출된다. 그러니 이 챔피언 기업에 뽑힌 국내 인력은 국내 타 직장에서 경쟁할 수 없는 부러운 봉급을 받게 되고, 그러면 그럴수록 이 대기업들은 더 작은 인력으로 더 많은 성과를 내는 인력 성력화(省力化)에 매진할 수 밖에 없다.

따라서 챔피언 기업들의 총 고용량도 늘지를 않는다. 국제경쟁을 기술 경쟁으로 하다 보니 인력의 효율적 활용이 핵심 전략 중의 하나가 되었다. 즉 투자도 늘고, 매출도 늘고, 이익도 늘고, 인건비 총액이 늘어나도 사람은 늘지 않는다. 자진 퇴출 인력 수와 신입 인력 수를 대략 맞추어야 한다. 그러면서 그 인력 구성을 점차 고급화하여 총 인건비도 늘고 사원들의 사기도 올라가고, 국내 최고 수준의 인재들이 계속 몰려와도 총 고용자 수는 제자리 걸음을 한다. 필자가 삼성 입사 시(1983년) 그룹 총 매출액이 5조 원에, 총 고용자 수가 20만 명이었다. 현재 총 매출액은 250배로 늘었지만, 국내 고용 인원의 수는 2배도 안 된다. 이것은 경제학자들이 알 수 없다. 이는 순수한 경영 전략상의 문제다. 그러나 전 세계 주요 기업들이 다 이와 똑같이 행동할 것이기 때문에 이제는 고용 없는 성장은 자본주의 체제의 근본적 생존법이 되어 버렸다. 예를 들어 구글의 연 총 매출액은 2012년도 2분기 경영 보고를 보니 연율로 약 600억 달러를 밑돌고(자회사 모토롤라의 년 100억 달러 빼고), 총 고용 인원은 36,000명(모토롤라의 17,000명 빼고)이다. 삼성전자 매출액의 4배

가까이 되나, 인원은 3분의 1 수준이다.

국제경쟁에 나선 챔피언 대기업들이 초래하는 문제는 추가 고용 없는 경제 성장만이 아니다. 남보다 더 저렴한 가격으로 국제시장에 공급을 하려면 당장 코스트 상승에 절대적 영향을 미치는 부품 공급가격에서 계속 마찰음이 나온다. 생산 단가를 낮추다 보니 불가피하게 나오는 현상이다. 여기서 제대로 경영하는 대기업에서는 부품 납품업자를 몇백 개 회사로 골라서 키운다. 선택된 것만으로 그들은 이미 성공한 것이다. 일단 이 그룹에 들어가면 웬만해선 탈락하지 않는다. 대기업이 자기 제품의 품질 안정을 위해 공급업자 공장에서 품질과 기술을 직접 지도·감독하기 때문이다. 그러나 이 회사들도 힘들기는 마찬가지다. 망하지는 않지만 부품 공급 업체가 중견 기업으로 크는 것은 어려워도 가능하지만, 대기업으로 크는 것은 거의 불가능하다. 이 부품 업체가 이익이 나면 이 부분은 머지 않아 대기업의 국제시장 공급가격 하락의 형태로 다 빨려 들어가기 때문이다. 선택된 자는 선택된 자대로, 탈락한 부품 공급자는 또 그들대로 모두 불만이다. 지금까지 우리는 그렇게 살아 왔고 성공도 어느 정도 했다. 세계경제 용광로에서 살아남으려면 이 정도의 고통은 참고 살자고 했다. 그것이 또 먹혔다. 실제로 일본에서는 중소기업의 도산이 하루에도 몇 천 건씩 일어나고 있다. 우리라고 크게 다르겠는가.

[고용 없는 성장과 산업예비군]

따라서 이 '고용 없는 성장'은 이제 경제학이 그 원인에 대한 이론과 전망 및 대책을 제시해야 할 시점에 왔다. 이와 유사한 고용이 줄어드는 성장에 대해 1850년대에 이미 이론과 대책을 제공한 사람이 있다. 칼 막스다. 그 당시에는 인구 증가가 심하지 않아서 총 고용의 증가는 문제가 되지 않았다. 그러나 산업화는 계속 진전되고, 성장도 계속 지속되기 때문에 일반 상식으로는 고용은 당연히 증가될 것으로 보았다.

현실은 그 반대였다. 산업 발달은 도시화를 가져오고(인구의 집중) 기술의 발달은 인력의 효율화를 필요로 했기 때문에(고용의 하락), 바로 눈앞에서 실업의 폭증이 전개되었다. 막스는 이를 소위 자본의 유기적 구성이라는 단순한 논리로, 왜 실업은 계속 늘고, 가난과 불만, 사회적 불안과 혼란, 그리고 가진 것이 없는 자들의 폭동은 불가피하고, 바람직하다는 식의 논리를 거의 160년 전에 제공했다. 지금 우리가 겪고 있는 고용 없는 성장은 그 원인과 배경도 다르고 불만을 가진 사람들의 수준과 궁핍 정도도 매우 다르다. 이제는 고도의 기술 발달 때문에 아무리 산업이 성장을 해도 고용은 별로 늘지 않고, 챔피언 경제의 몸담은 사람들과, 여기서 끼어들지 못한 보통 사람들의 소득의 양극화 때문에 세상을 보는 눈이 전혀 달라지고 있다. 막스는 폭동과 혁명을 예측하고 주장했지만 지금은 폭동과 혁명의 방법마저도 그 개념이 전혀 달라지고 말았다.

그러나 막스의 시대와 마찬가지로 지금도 이 불만이 큰 세력의 힘과, 그들이 조성할 사회불안의 파장과, 특히 챔피언 경쟁의 주역들에 대한 혐오 측면에서는 막스 시대의 프롤레타리아 폭도들과 별로 달라진 것이 없어 보인다. 그때는 국가가 전복이 되어야 탈락자들의 목표가 달성되었지만 지금은 국가 전복 같은 어려움 없이도 얼마든지 이 생태계의 호랑이들과 국제 경쟁의 챔피언들에게 고통을 줄 뿐 아니라 거의 멸망하게 만들 수도 있다.

추가 고용 없는 성장의 문제는 여기에 그치지 않는다. 산업 설비의 세계적 이동은 대부분의 산업 선진국에서 일자리의 축소를 가져왔다. 한편으로는 새로운 일자리가 태어나서 없어진 일자리를 대신 메꾸어 주는 현상이 있기는 하지만, 그것도 미국 같은 일부의 국가에서나 가능하고, 많은 나라에서 잃어버린 일자리에 비해 새로 태어나는 일자리의 수가 크게 모자란다. 따라서 앞으로 이런 추가 고용 없는 성장이 더 심화될 것인가, 아니면 좀 완화될 것인가라는 질문은 이 시대의 초미의 관심사다. 즉 글로벌 경제는 앞으로 어떤 방향으로 전개될 것인가를 다음에 검토해 보자.

4.3 글로벌 경제의 미래

[글로벌 시대와 기술의 힘]

글로벌 경제는 인간에게 역사상 가장 큰 번영을 가져왔고 그 기초에는 기술과 과학의 발전이 깔려 있다. 그 앞의 2세기에 걸친 과학기술의 축적이 20세기에 들어오면서 엄청난 폭발적 힘을 발휘하여 과거의 하층민을 중산층으로 변화시키고, 이 대중화된 중산층을 기초로 범국가적, 범세계적 대량 소비사회를 창출하였다. 전기라는 물리적 현상에 관한 지식은 수세기 전부터 알고 있었지만, 신의 불이라 부르던 전기는 20세기에 들어와 생활의 필수품으로 변했고, 생산, 소비, 교통, 유통, 레저, 건설 등 전 경제 분야에 걸쳐 경제활동을 통째로 바꾸어 놓았다. 이에 따라 전화, 라디오, TV, 비디오, 음향, 백색 가전, 고속철도, 자동차, 비행기 등 한없이 신 소비 행태를 만들어 과거의 생활과 상상의 범위를 완전히 뒤엎었다. 스테인리스 철강, 새로운 각종 합금은 과거에는 상상도 불가능하고 상상만 하던 기계나 장치, 도구, 설비, 교통수단, 건축 등을 일반화했다. 증기기관의 발전은 자동차, 중장비 등 운송 수단을 개혁하여 과거에는 운반이 불가능하던 것을 세계 구석구석에 운반할 수 있도록 하고, 일반 대중의 일일 생활공간을 수십 킬로미터에서 수천 킬로미터로 확대하여 소위 신 유목민 시대를 창출하였다. 필리핀 민다나오섬 남부에서 신석기 문화를 최근까지 유지하던 고산족 사람들이 자기들 바로 머리 위로 문자메시지, 총천연색의 TV 화면, 각종 입체 화면들이 디지털 문자화되어 수없이 날아다닌다는 사실을 설명한들 알아듣겠는가. 지금 우리가 영위하는 생활의 현실을 동학란이나 사도세자 시절의 조선에 살던 사람에게 반도체 같은 예를 들어 설명하면 알아듣겠는가. 이것은 인류 역사상 위대한 발전이고 문명사적 혁명이었다.

[21세기를 선도할 3대 기술]

그러나 21세기는 어떤가. 『Fantastic Voyage』의 저자 테리 커즈윌(Terry Kurtzweil)에 의하면 21세기의 과학과 기술의 발전은 그 속도, 변화의 양, 영향의 확산 등을 종합하여 볼 때, 20세기에 비하여 약 5배의 속도로 변하고 있단다. 즉 TV와 라디오가 보편화되기 시작한 1950년부터 2000년 사이에 나타난 모든 변화와 같은 양의 변화가 2000년부터 2010년까지 사이에 발생했다고 보는 것이다. 일반적으로 우리는 이런 변화를 피부로 느끼지 못하고 살고 있지만 조금만 그 내용을 들여다보면 이게 무슨 소리인지 알 수 있다. 디지털 파워 그룹이라는 회사의 창업자이며 물리학자인 마크 밀즈(Mark P. Mills)와 노스웨스턴(Northwestern) 대학교 맥코믹 응용과학대학 (McCormick School of Engineering and Applied Science)의 학장인 줄리오 오티노(Julio M. Ottino)에 의하면, 21세기에는 아래 세 가지 기술의 발달과 상용화가 인류의 경제활동과 나아가 문화 자체를 통째로 바꿔 놓을 것이라고 한다.

그 첫째로 21세기는 빅 데이터(Big Data)의 시대라는 것이다. 이는 인간이 접근할 수 있는 모든 데이터가 저장·관리되어서 그 데이터끼리 융합할 때 나오는 새로운 지적 능력은 인간의 뛰어난 융합 능력과 컴퓨터의 뛰어난 저장 및 분석 능력이 합쳐져 기존 데이터의 차원에 수조 제곱에 달하는 그야말로 무한의 지적 가능성을 우리의 통제하에 두게 하는 것이다. 이 가능성이 가져오는 새로운 세상의 가능성은 민다나오의 신석기시대 사람들처럼 현재에 사는 우리 자신도 상상하기 힘든 폭발적 변화일 것이다.

[무한 정보와 빅 데이터(Big Data)]

빅 데이터의 힘은 데이터의 양 뿐만 아니라 데이터에 사용자들의 수의 몇 제곱만큼, 또 그에 비례해서 증가할 것이다. 지금을 사는 현대인들은 호주머니 속에 1960년대 미국 주립대학교의 컴퓨터 센터 마다 주로 사용하던 IBM 6000 시리즈를 몇 개 합친 것 정도의 계산 능력을 넣고 다니고 있고, 그것도 모자라 수백, 수천 곳의 클라우드(Cloud) 컴퓨팅 센터가 10년 전 슈퍼 컴퓨터를 애송이로 만드는 초대형 처리능력을 가지고 각 개인의 데이터 처리 요구를 대행해 주고 있다. 이는 데이터의 양 뿐 아니라 그 처리를 일상 생활화하여 100년 전 지구인이 생각하기에 귀신이나 할 수 있다고 생각한 일들을 처리할 수 있는 힘이 생겼다. 신 빅 데이터 시대는 개인의 능력을 무한으로 키우는 힘도 있어서 적절한 데이터의 관리, 융합, 시뮬레이션을 통해, 개인을 훨씬 초월하는 대형 데이터와 통계적 지식을 사용하는 권력을 키워 준다.

처음에는 개인과 국가 간에 존재하는 아주 작은 데이터의 양의 차이나 접근 능력의 차이가 시간이 흐름에 따라 순식간에 엄청난 차이로 벌어지게 하여, 한국 같은 기술적, 과학적, 경제적 중간급 국가들은 영구히 낙오되고 미국 같은 선발 국가는 시간이 흐를수록 권력이 더 집중화되는 결과를 나을 수 있다. 이는 IT 시대에 미국의 선도력을 빠른 속도로 확대시키고 집중화시켜 유럽 국가들도 머지않아 한국 수준으로 전락할 수 있다. 중국만이 유일하게 미국을 추월하기 위하여 맹렬히 따라가겠지만 지금까지 보여 준 중국의 IT 분야의 힘은 IT의 특징인 개방성과 다양성에 근거한 본질적 힘이 아니고 외국의 기술과 자본을 영입하여 사용하는 정책적 흡수력에 근거하고 있다. 시장에서 자동적으로 외국의 기술과 힘을 흡수하여 자기 것으로 만드는 내재적 흡수력은 약하다. 따라서 집요한 요소 결집력과 모방력에 의하여 쫓아온 힘으로는 앞으로 미국의 빅 데이터 문화와 그 경쟁력을 추월하기는 대단히 어려울 것으로 보인다. 오히려 본격적인 빅 데이터의 시대에는 유럽이나 한국보다 더 처질 가능성도 크다.

둘째로 21세기는 지혜로운 제조업(Smart Manufacturing) 시대란다. 20세기 초의 헨리 포드 등 걸출한 경영자들이 만든 대량 생산 체제는 인간의 생산성을 수백 배로 올려 대다수 국민의 대규모 번영을 가능케 하였지만, 21세기에는 같은 물건을 대량으로 생산하는 반복의 시대와는 정반대의 생산 시스템이 지배할 것이다. 여기서는 현재 우리가 알지도 못하는 완전한 새로운 재료들이 발명되고 제조업 생산의 기초가 된다. 21세기의 엔지니어들은 분자 단위의 수준에서 재료와 제품을 설계해서 설계자가 원하는 특정한 성능을 특정한 수준으로 통제한 완전한 신 재료를 설계하고 생산하여 제품을 생산하며, 제조업자가 요구하는 여러가지 특성을 가장 최적하게 만족시키는 신소재 산업을 만들 것이고, 이미 상당한 진전을 이룩하였다.

물론 아직까지는 신 나노 기술이 실험실에서 나노 결정체를 증착시켜 나노 물질을 생성시키는 수준이므로 1~10나노미터 수준의 작은 물질은 창출이 가능하나, 인간이 이미 점령한 1000나노(1마이크론 즉 1mm의 1000분의 1) 부근의 매크로 세상과 연결되는 실용성이 있는 30 내지 500나노 수준의 물질은 현재 기술로는 접근이 어려워 아직 처녀지로 남아 있다. 그러나 놀랍게도 우리나라의 과학자들이 나노 분쇄(Nano Pulverization)와 나노 증착(Nano Deposition) 기술을 개발하여 이 공간과 갭을 채우고 있어서 머지않아 나노 기술과 그 제품이 우리 일상 생활에 대량으로 침투해 들어올 것으로 보인다.

스마트(Smart) 제조업의 두 번째 특징은 대량 생산의 반대로서, 소비자나 거래선이 필요로 하는 제품을 개별적으로 또 완전 자동적으로 설계하여, 특별히 개발 제조한 소재로 제조해내는 것이다. 이것이 현재 3D(삼차원) 프린팅으로 현실화되기 시작했고, 일반화와 대중화 되는 것은 시간문제일 뿐이다. 특히 자동차 제조업, 전자산업 등 대량의 부품을 조립하는 산업에서 부품별로 신소재 기술과 데이터 기술, 특수 플라스틱 기술 등을 결합하여 3D로 부품을 프린트(종이에 이차원으로 프린트 하듯 복사) 하게 되면, 부품 산업은 중국에서 미국으로 대거 이동할 수 밖에 없다. 그 이전 속도는 21세기 초에는 서서히 진행되다가 2020년 이후엔 저가 범용 부품들은 동남아나, 인도로, 고가 특수품은 미국으로, 그중 일부가 일본, 서유럽, 한국으로 이동해 올 것이다. 이로써 중국의 고도 성장세는 정지되고, 중국 동부 해안지역에 사는 한국 사람에 필적하는 고소득을 누리는 중산층이 대량 출현하여, 이들이 힘을 합쳐 공산당 일당 독재 체제를 그 이름만 그대로 두고 내용을 대대적으로 바뀐 상당히 자유방임적 정부로 변화시킬 것이다. 그러면 자국민은 말할 것도 없고, 주변국의 국민들과 평화공존, 상생을 추구하는 개명한 정권으로 재탄생할 것이다.

이러한 스마트 제조업의 출현과 빅 데이터 세상의 지배는 제조업 중심으로 자라난 20세기형 인류 문화를 근본부터 바꾸어, 세계 경제구조를 변화시킬 것이 자명하다. 20세기에는 제조 비용의 절감을 위하여 제조업이 이동하였다. 그 결과, 세계 각국 경제의 상호 의존 체제가 정착되고, 각국 경제는 소위 글로벌화 하여 독자적 생존이 불가능해졌고, 이는 경제력의 권력 이동과 분산에 따라 권력의 분산과 평준화를 수반할 수 밖에 없었다. 그러나 21세기에는 완전히 새로운 스마트 제조 능력의 보유와 그 응용 능력에 따라서 경제적 권력이 기술 선도국 중심으로 집중되는 차별화 시대로 다시 회귀하는 현상이 일어날 것이다. 세계의 권력 구조는 빅 데이터를 누구보다 잘 활용하는 정보 선진 국가가 과학 기술의 중심 국가와 권력 중심의 국가가 될 것이다. 삼성처럼 스마트폰으로 세계 1위의 공급자가 되어도 스마트폰 한 가지만으로도(반도체, TV, 디스플레이 패널 등 하나도 없이) 삼성전자 전체 영업이익의 4배를 창출하는 애플을 당하지 못 하는 것도 바로 권력 이동 현상의 시작을 보여주는 것이다. 삼성은 20세기적 제조회사이고, 애플은 제조회사가 아니고, 설계 회사, 생산 의뢰 회사, 세계적 판매회사, 어플리케이션 소프트웨어 판매시장 관리 회사, 웹 거래 알선료 수수회사 그리고 전 세계 SNS 생태계 관리 회사다. 삼성에 필요한 정보는 전화기 관련 특수 기술이고, 애플이 필요한 정보는 인간의 생활 방식 그 자체, 문화의 전달과 유통 그 자체이다. 새 아이디어를 자극하고, 가치 창출로 연결해 주는(특허청+기술시장+IT 신투자 촉진자의 복합체 역할을 하는) 조직이 필요로 하는 인문학적 지식 전부다. 즉 사람을 아는 것이 애플의 일이다. 애플은 생태계를 창출하고, 조직하고, 육성하고, 가치 창출을 돕고, 생태계 유지 발전에 필요한 잉여의 배분비율을 적절히 조정 배분하는 등 복합적 역할을 할 수 있는 생태계 관리자다. 이런 회사에게 빅 데이터가 그 힘의 기초가 될 것은 자명하다.

　이익 창출을 목표로 하는 기업치고는 너무 복잡하지만, 그 복잡한 것을 단순하게 만드는 것이 또한 빅 데이터와와 스마트 비즈니스의 묘미다. 이 단순화 즉, 소비자 친화력 확보에 처음 성공한 것이 애플이고, 21세기에는 이런 IT와 소재 기술의 무한 가능성에서 소비자 친화적 단순화에 성공하는 조직이 나오고 또 나온다. 이러한 복잡화와 단순화의 복합적 요구 추세에서 살아남을 한국 기업이 과연 있을까?

[무료 연결의 시대]

셋째로, 21세기는 저렴한 IT 접근성(Cheap Connectivity) 시대라 한다. 20세기에는 광케이블이라는 돈을 내야 사용할 수 있는 유리 섬유줄이 세계를 하나의 정보 사회로 연결하는 역할을 했다. 빌 클린턴이 대통령으로 출마했던 1990 초의 부통령 후보 알 고어가 미국 경제의 장래 성공의 필수 조건으로 정보 고속도로(Information High Way)의 건설을 주장했고, 그 뒤 미국 전체를 XDSL이라는 초고속 인터넷망으로 엮어 세계 최대 인터넷 사용국(최고급은 아니지만)을 만들었다. 그것이 불과 20년 전의 최신 유행어였다.

그런데 더 뒤로 돌아가 1950년대 아이젠하워 대통령 시대에는 전미 고속도로(Inter-State High Way) 건설이 시대적 과제였다. 유류세를 모든 주유소에서 휘발유 소비자로부터 거두어 이 꿈의 고속도로를 전국에 연결하였다. 자동차 도로로 미국을 통째로 연결하여 철도 산업을 붕괴시키고 자동차 제조업과 자동차 문화를 만들었으며, 도시 거주민의 대량 탈출을 유도하고, 섭어반(Sub-urban: 교외 거주 사회) 생활을 유행하게 했다. 이게 정보 고속도로보다 40년 앞섰다.

그러나 1970년 전미 고속도로 유행이 시작한 뒤 20년 만에 국제 석유 가격 파동으로 미국의 자동차 산업은 부도가 났거나 부도 직전까지 가서 정부의 구제 대상이 되었다. 그 뒤 20년 만에 고어의 정보 고속도로가 유행하게 된 것이다. 그러나 알 고어 부통령으로부터 20년이 흐른 지금에는 이 정보 고속도로가 급속히 무용지물이 되고 있다. 이제는 무선(Wireless)시대가 온 것이다. 정부가 눈에도 안 보이는 각종 주파수대를 경매에 부쳐 팔기는 하지만, 이것은 무료의 정보 고속도로를 입법조치를 통해 값을 매긴 즉 현대판 봉이 김선달 노릇을 하고 있는 것이다. 이 생산비도 안 드는 주파수 대역은 머지않아 공짜가 된다. 생산비도 안 들고, 재생산도 필요 없는 주파수의 사용에 왜 정부가 독점권을 행사하는가. 이건 마치 백두산 한 번 쳐다보는 데 100원 내라는 억지와 똑같다. 민주주의가 유지되는 한, 무선 정보 도로 사용료는 제로를 향해 치달을 것이고, 값을 안 내리면 국민도 사용 방법을 세련되게 발전시켜 극히 일부의 대역별 용량만을 사용하게 되어 실질적 가격을 하락시킬 것이다. 이 무선 정보 연결 사회는 사회적으로는 많은 갈등을 유발하겠지만, 경제적으로는 앞에 설명한 신소재+스마트 제조업의 문명이 가져올 국가 간 권력 재배분과 집중을 더 촉진시킬 것이 분명하다.

뉴욕 타임즈의 토마스 프리드만(Thomas Friedman)은 2005년에 초판이 나온 『세계는 수평적이다(The World is Flat)』이라는 책에서, 앞으로의 세계는 필자가 주장하는 권력의 중심 국가와 기타 국가 간의 기술적, 경쟁력 차이가 점차 벌어지고, 다시 점점 더 수직적 세계로 갈 것이라는 예측과 정반대의 예측을 주장했다. 그는 20세기의 산업의 이동에 이어 인터넷의 확산, 일상 업무를 여러 가지로 나누어 세계 각지에서 동시에 분업으로 일할 수 있는 소프트웨어의 발달, 작업 결과의 세계적 규모의 업로딩(Uploading) 가능성, 생산 활동의 아웃소싱, 제조업의 해외 탈출, 제품과 원료의 공급체인(Supply Chain), 조직 내에서 비일상적 업무의 개발과 인소싱, 정보 전달체계와 포털 서비스의 발달, 디지털 기술이 일상 생활에 깊숙히 침투하는 현상 등 열 가지 이유를 들어 선진 강국과 후발 개도국 간의 차이가 점점 더 축소될 것이라고 주장한 바 있다. 즉 후발 대형 국가를 중심으로 미국의 주도권이 서서히 분산된다는 주장이다. 필자가 보기에 프리드만은 동아시아에서 1960년대부터 일어나기 시작한 산업의 이동 현상과 1990년대부터 자리를 잡은 인터넷의 확산 현상, 그리고 인구 대형 국가들의 고속 성장 현상을 보고 좀 엄살을 떠는 것으로 보인다. 미국인의 입장에서 보면, 경제력의 분산과 선진국 국내 고용의 감소를 겪으면서 앞으로 닥칠 미래가 겁이 날 것은 상상이 간다. 그러나 한국 같은 도전 국가의 입장에서 보면 우리가 쫓아 가야 할 거리는 아직 멀고 멀었는데, 21세기 신기술의 발달로 미국 등 선진 기술 보유 국가와 우리와의 차이가 더 멀어지기만 하는 것으로 보인다. 가장 중요한 것은 토마스 프리드만 같은 지식인이 20세기말의 몇 가지 지배적 현상을 가지고 21세기를 예측하겠다는 발상은 아주 위험하다. 2005년에 책을 출판하려면 2000년대 초의 지식으로 써야 한다. 그것은 2012년 지금에서 보면 20세기 기준으로 50년 전의 이야기를 하고 있는 것과 다름이 없다.

프리드만의 때늦은 주장 때문에 우리는 약간 옆으로 새었지만,

다시 우리의 본래의 관심 과제인 고용과 글로벌 경제의 발전을 보면, 이미 설명한 대로 챔피언들의 치열한 국제적 경쟁에서 줄일 수 있는 인원을 줄이지 않는 고용 유지의 정책으로 살아남을 수 있는 기업은 없다. 이는 이미 현실이지만, 앞으로 빅 데이터(Big Data), 스마트 제조업(Smart Manufacturing), 무료 연결(Free Connectivity) 사회에다, 나노(Nano) 재료 공학을 중심으로 하는 신 물질과 신 재료의 시대에, 줄기세포를 활용하는 신 의료 기술의 시대에는 인구의 증가보다 더 빠른 일자리의 창출은 기대할 수 없다. 이 시대에는 한 사람의 노동력이 수천, 수만 명의 노동력을 대체할 수 있고, 그것도 기계가 할 수 없는 고도의 지적 판단력을 필요로 하는 직업만 살아 남게 될 것이다. 다시 말해서 우리는 아마 열 명의 직원 가운데 정말 일을 하는 사람은 누구도 알 수 없는 단 한 사람 뿐이고 나머지는 일을 한다고 생각하지만, 실은 일 하는 척만 하고 있고 자신도 이를 모르는 사회를 향하여 돌진하고 있을 것이다.

이렇게 다가오는 미래의 글로벌 표준화된 세계는 고용의 창출보다 고용의 점진적 축소를 가져와 실업 문제를 더 악화시킬 것이다. 세계화는 고용 문제의 해결 방법이 아니라 고용 문제를 더 악화시키는 원인이 될 것으로 보인다. 특히 IT 기술이 우리 생활에 깊숙히 침투한 1990년대 이후부터 이 현상은 두드러진다. 줄기세포 기술 등 고도로 발달한 의료 기술과 건강한 노인들은 인구고령화 시대에 새로운 고용 문제로 등장하고 있다. 부양을 받는 노인은 점점 사라지고 노후 준비도 못한 노인이 대부분인 우리나라에서는 일하려는 노인들이 자꾸 늘어나고 있다. 경제의 급속한 글로벌화가 고용 문제의 해결이 아니고 원인이라면, 기술의 발전이 고용 문제를 해결 못하고, 오히려 더 악화시킨다면, 앞으로 한국 사람들을 먹여 살릴만한 신산업은 무엇이어야 하나. 후기 산업사회에 도달한 일본과 독일은 탈 산업사회인 영국의 대형화한 세계적 금융업을 그 발전 방향으로 보고 있다. 후발 금융국인 미국은 아예 영국을 앞질러 버렸다. 그리고 어느 정도 성공도 하였다. 우리나라는 이제 후기 산업 사회에 도달하여, 일본과 독일의 미래 산업인 금융업을 준비하여야 한다고 보는 이들이 많다. 그래서 대형화된 국제적 금융기관을 만들고자 금융 산업 발전법도 만들었다. 그게 맞는 길일까?

제5장

후기 산업 사회의 총아, 금융

5.1 금융업의 본질은 무엇인가

[이름표가 없는 재화인 화폐]

제조업과 금융업은 같은 점도 많지만 차이는 더 많다. 제조업을 포함한 모든 '산업'은 재화와 서비스를 제공하며 그 대가로 보상을 받고, 그 보상에서 그동안 재화나 서비스를 만드는 데 실제 들어간 비용을 공제하면 그 잉여가 이 산업의 존속을 가능하게 해준다. 금융은 무슨 재화를 생산하는 산업이 아니고 서비스를 제공하는 산업이다. 그 서비스의 핵심은 예금자의 자금을 보관해주는 일이다. 내가 위탁한 이삿짐과 마찬가지다. 우리 회사가 위탁한 수입원자재는 그 물건에 이름표가 붙는다. 그래서 보관 기간이 끝나면 보관업자는 해당 수수료를 받고, 해당 물품을 보관 위탁자에게 돌려주면 끝난다. 그런데 예금의 보관업을 하는 금융기관은 보관 수수료를 받

지 않고, 오히려 자금 예치에 대한 감사의 뜻으로 자금 사용권의 일
정 기간 포기에 대한 보상금 형식으로 사회 통념상 결정되는 비율
의 이자를 계산해 준다. 보관을 위탁한 자에게는 참으로 고마운 일
이고, 그래서인지 아무도 은행에서 자금 보관료를 받지 않는 것을
이상하게 생각하지 않는다.

그 이유는 일반적으로 금융기관이 그 자금을 운영해서 더 큰 수
익을 내고, 그 일부를 예금이자로 돌려주니까 예금-대출 이자 차
이로 이익을 내고 있는 것이라고 이해하고 있다. 즉 자금이 필요한
사람에게 자금의 여유가 있는 사람의 돈을 빌려다 대출해 주고 수
익을 내니까, 금융업을 중개업 또는 중재업(Intermediation)이라 부
른다. 그러면 왜 내 이삿짐과 수입 원자재는 운영을 해서 나에게 운
영 수익 일부를 돌려주지 않는가. 좀 바보 같은 질문이지만, 그것은
금융업이 다른 보관업과 근본적으로 다른 특징을 설명해 준다. 즉
'돈에는 꼬리표가 없기 때문'이다. 즉 내가 예치한 돈이나 홍길동씨
가 예치한 자금이나 다 똑같은 돈이어서 이름표를 붙여둘 이유가
없기 때문이다.

[전쟁과 보관업자의 수익 기회]

예를 들어 화폐가 발명되기 전에 어떤 힘센 부족장이 농노들을
이용해 한 해 농사를 짓고, 가을에 추곡 추수를 해놓고 이를 자신이
나 가족 또는 농노들이 소비할 때까지 보관한다고 하자. 초기에는
스스로 창고에 보관하겠지만 영토가 늘어나 인근 지역 여러 곳에서
추곡을 거두어 들이기 시작하면 잉여의 곡식이 생길 것이고, 이들

은 지역별로 각지에 분산 저장할 것이다. 만일 이 각 지역에서 거둬들인 곡식을 자기가 직접 관할하는 지역 즉 중앙(요즘의 수도)에 이송하지 않고, 각 지역별로 그 지역 방어를 맡은 군 장병들의 양식으로 사용한다면 상당히 복잡한 보관 문제가 발생할 것이다. 창고도 지어야 하고, 창고 방어를 위한 추가의 방위병도 파견하거나 현지에서 차출하여야 하고, 이는 먹여 살려야 할 군인의 수를 증가시키고 창고와 현지 주둔군의 관리자도 두어야 한다. 그래서 이 보관업을 대행해 주는 창고업이라는 직종이 생겨난다. 그런데, 이 부족장과 경쟁 관계에 있는 다른 부족장도 여기서 그리 멀지 않은 지역에서 똑같은 곡물 저장, 보관, 인출, 관리의 문제를 안고 있다고 하자. 그 지역에서도 유지 한 사람이 창고를 건설하고, 이 잉여 곡물을 보관 및 관리해주고, 보관 수수료를 받는다 하자. 이로써 첫 번째 부족장의 원격지 잉여 농산물의 보관 관리 문제를 비교적 저렴하게 해결해 줄 것이다. 이 새 창고 주인은 두 사람의 고객을 얻게 되고, 두 나라의 식량을 보관하니까 다국적 기업이 되는 셈이다.

여기서 만일 원래 족장의 부락(범 부락이라 하자)에서는 심한 흉년이 오고, 갑자기 식량이 부족해 어디선가 빌려 와야 한다면 이 족장은 자연히 그 곡물 보관 업자에게 곡물 대여를 요청할 것이다. 만일 다른 족장(곰 부락이라 하자)의 부락에서는 같은 흉년이 오지 않아서 일시적 잉여 식량이 존재한다면, 이 보관업자는 이 곰 부락 족장의 허락을 받아(또는 곡식의 일시 사용료를 내고) 양곡을 첫 번째 범 부락 족장에게 대여해 주고 수수료와 이자까지도 받아갈 것이다. 물론 상대 곰 부락 족장이 범 부락이 식량 부족으로 약해진 것

을 알고 침략해 오면 윤리 의식이 부족한 보관 업자는 침략자 곰 족
장이 맡긴 곡식마저 전황이 불리해진 범 족장에게 대여해 주어, 그
가 전쟁에 이기면 그를 패전에서 살려준 대가로 엄청난 수익을 받
아 갈 수 있을 것이다. 군인의 수는 누가 더 많은 군인에게 매일 식
사를 제공할 수 있는가에 따라 변한다. 굶으면서 충성하는 군대는
예나 지금이나 거의 없으므로 이 보관 업자가 누가 전쟁에서 승리
할지를 결정 하는 것과 다름이 없다. 그러나 이 방법으로 돈을 버는
것은 위험하기 짝이 없다. 범 부락의 족장이 전쟁에서 지면 이 보관
업자의 목숨은 거기서 끝날 것이기 때문이다. 반면에 침략을 자행
한 곰 부락의 족장에게 흉년에 시달리는 범 족장의 곡식마저 빌려
주면, 보관 업자 자신의 목숨은 훨씬 더 안전하겠지만 수익은 훨씬
떨어질 것이다.

[거대한 유럽 금융업의 진화]

이것은 아마도 추후에 곡물 대신 금전을 대여하여 전쟁 때마다
큰돈을 벌었던 유럽 은행의 초기 사업 방식이었을 것이다. 돈이 발
명 안됐을 때에도 곡물이 교환의 매개체로 또는 교환 단위, 즉 가치
평가의 단위(예를 들면 집 값은 밀 100가마, 소 값은 밀 30가마 등)
역할을 했을 것이므로 곡물 보관업은 자연스럽게 이름표 없는 상품
의 보관 및 대출업으로 발전하고 후에는 금융업으로 전환했을 것
이다. 그래서 금융업은 제조업 등 다른 산업과는 본질적 차이를 가
진다. 다시 말해서 국민이 돈을 맡겼더니 그 돈을 굴려 막대한 이익
을 내고, 국민에게는 약간의 이자만 돌려주는 땅 짚고 헤엄치기 사

업이 되었다. 이것을 부가가치를 창출하는 다른 사업과 마찬가지의 이름인 산업이라 부르는 것이 정당한가는 잘 모르겠으나 누구나 마음이 약간 불편한 것은 사실이다.

물론 금융업자들도 큰소리로 항의할 수 있다. 금융업은 중재업이다. 돈이 남아 도는 사람의 자금을 위탁받아, 돈이 필요한 사업가에게 빌려주는 중재(Intermediation)는 아무나 할 수 있는 것은 아니고, 건전하고 미래가 촉망되는 자금 수요처를 찾아내는 서비스 자체가 사회적으로 큰 공헌일 뿐 아니라 우선 신용이 있는 사람만이 할 수 있는 사업이다. 초기에는 이 신용이라는 것이 이 사람의 정직성과 인격을 의미했으나, 요즘은 돈이 많이 있어서 언제나 찾아갈 수 있는 자금력을 의미하는 것으로 변질하였다. 그러나 사실은 예금의 회수 가능성은 금융업자의 초기 투자 자금의 크기와 무관하고, 예탁금 중 얼마나 많은 준비금을 보유하고 있는가에 달려있고, 금융업자가 대출을 결정할 때 자금의 사용 계획이 얼마나 실현성이 있고, 그 실천자 즉 빌려간 사람이 얼마나 정직하고 능력이 있는지를 제대로 판단하였는지에 따라 결정되어야 한다. 그러면 금융업도 좋은 사업이 될 수 있다. 예금자의 위탁 자금을 처음부터 유용하려는 음모를 가진 같은 고등학교 동창들에게 금융업 면허를 주는 우리나라에서는 금융은 서비스가 아니고 정부가 공인한 공개적, 집단적 대형 절도 행위가 되기도 한다.

옛날 유럽에서는 플로렌스의 메디치 일가처럼 그 보유 자산의 규모가 유럽 각국의 국왕 몇 명을 합친 것보다 더 큰 경우가 많았다. 즉 원시시대, 고대를 거쳐 중세로 오는 과정에서 금융업자들이 각국 국왕들을 고객으로 삼아, 엄청난 수익을 올려 막대한 재산을 축적하고 있었으므로, 각국의 국왕들이 잉여 자금을 이 금융업자에게 예치할 때, 금융업자가 망해 나갈까봐 걱정을 안 해도 될 만큼 강해졌었다. 즉 오랜 전통과 성공적 수탁 · 대출 업무를 통하여 신용이 대단히 크고 높았으므로 누가 은행에게 따로 사업 허가권을 내주지 않아도 자금 조달에 문제가 없었고, 고객인 왕가들은 예금이나 수탁금을 회수하는 데 걱정할 필요가 없었다. 동시에 워낙 보유 자산 규모가 커서 각국 왕들의 자금 수요를 충족시키는데도 문제가 없었다. 국왕이 가진 세금 징수권을 담보로 얼마든지 대형의 자금을 빌려줄 수 있었다. 지금도 골드만삭스 정도면 그리스 같은 나라의 정부 몇 개를 살 수도 있고, 도산시킬 수도 있다. 영국에서는 국왕의 조세권을 담보로 로스차일드 가에게 스털링 파운드 통화 발행권을 주었고, 그 목적으로 세운 민간 은행이 바로 영국의 중앙은행인 영란은행(Bank of England)이다. 이 전통을 받아 미국에서는 각 지역에 중앙은행(연방은행이라고 함)을 12개나 두어 통화 관리와 은행의 은행 역할을 하고 있고, 이것이 다 민간이 소유한 은행들이다. 영국과 달리 처음부터 연방준비 이사회를 두어 통화관리의 정책적 결정은 대통령이 지명한 이사회 의장과 그 아래 이사들이 같이 하고 있지만, 결정의 수행은 어디까지나 12개의 민간 중앙은행들이 맡고 있다. 연방은행 주주들은 배당도 받아 간다. 이게 다 자세히 보면 돈에 이름표가 없기 때문에 발생한 현상이다.

[신생국 은행의 신용 창출 방법과 내재적 모순]

유럽의 은행들은 오랜 시간 동안 자체 자산 규모를 키우고, 자기가 키운 신용과 자산의 힘으로 금융업을 하는 데 아무런 지장이 없을 만큼 성장했지만, 한국과 같은 신생국의 은행들은 자기 자산이나 신용에 의하여 저금리를 주며 남의 돈을 유치하여 운영 수익을 낼 힘도, 신용도, 자산도 없었다. 이 부족한 자격을 일시에 해결해준 것이 정부의 독과점적 인허가이다. 내가 나만의 은행을 열겠다고 떠들면 누가 예금을 해주겠나. 그러나 정부가 천길동 씨하고 표길동 씨는 정부가 보증하는 사람들이니 그들이 세운 은행에 '예금을 해도 안전하다'고 보장을 하면 이 신용 문제가 간단히 풀린다. 쉽게 말해서 신흥국의 금융기관은 독과점적 이익을 보장해주는 면허(차터)이고, 이들은 정부의 예금 보증행위 때문에 그 생존이 가능한 것이다. 한국과 같은 신생 국가에서는 금융업이 오랜 세월을 두고 자연스럽게 진화한 것이 아니다. 정부의 인위적 보증 행위에 의하여 없던 신용이 일시에 창출되었고, 정부의 무한 책임 가정에 근거하여 금융업이 탄생하고, 번영하는 것이다. 그러나 실제로 정부가 서류로 무한 보상 책임을 은행을 대신하여 국민에게 약속한 바는 없다. 그래도 국민은 그런 가정을 믿었고 은행이 줄도산 위기에 간 1997년에는 어느 정도 효력을 보았다.

뒤집어 말하면, 금융기관이 무절제하고 부도덕적으로 자금을 운영하여 예금자의 예금 보호를 하지 못했다면, 독과점적 인허가를 통해 은행의 신용을 보증한 정부가 무한 책임을 지는 것이 상식이다. 천길동 씨에게 인허가를 안주고, 표길동 씨에게 인허가를 주었

으면, 또는 정부가 은행 부실이 안 생기도록 천길동 씨를 잘 감시·
감독했다면, 은행 부실이 발생하지 않았을 수도 있는 것을, 정부가
독단적으로 부도덕한 사람을 뽑아 국민에게 큰 피해를 주었다면,
이는 의당 정부의 잘못이고 정부가 책임을 지는 것이 마땅하다. 그
러라고 우리는 매달 꼬박꼬박 세금을 내어 정부 관리들과 금융감독
원 나리들의 월급을 주는 것 아닌가. 즉 예금 지급 불능사태가 발생
하면 망해가는 은행보다 독점 인허가를 내주어 부실 신용 보증을
남발하고 은행 감독을 소홀히 한 정부가 100% 물어내고 예금을 보
상해주는 것이 옳다. 그러나 예탁금의 전액 보장이 도의적으로는 옳
게 보여도 헌법적으로는 불가능하다. 어떻게 국민이 낸 세금으로
특정 은행의 특정 예금자들의 손실을 전액 보상할 수 있는가. 이것
도 초헌법적 행위다. 물어줘도 안 되고, 안 물어줘도 안 되는 딱한
상태에 간 것이다. 망해가는 은행의 주식은 사 줄 수 있어도, 예금
자의 손실은 보장해 주면 안 된다. 즉 우리의 은행 제도 자체 속에 자
금 운영의 도덕적, 논리적, 헌법적 불합리가 내재되어 있는 것이다.

[은행 운영 수익의 소유권]

다시 원점으로 돌아가서 물어보자. 우리는 갑 은행에 1조 원을 예
치했는데 은행은 4%의 저축예금 이자로 400억 원의 이자를 지불한
다고 가정하자. 정부는 은행의 건전성을 지키기 위하여 총 예치금
의 20%(2천억 원)는 지불준비금으로 예치시키고 80%(8천억 원)만
운영하게 한다고 하자. 현재 은행의 대출금리 6% 내외에다가 수수
료, 설정료 등을 합하면 영세기업들은 은행에서 돈 빌리려면 10%

이상 지출한다. 그러나 실제 처리 비용을 감안하여 8%로 가정해보자. 그러면 은행의 연수입은 640억 원이 되고(8천억 원의 8%), 이익은 240억 원이(예금 이자와 대출 이자의 차액) 되고, 여기서 각종 운영비를 빼면 세전 이익이 된다. 이 240억 원은 누구의 것인가. 은행은 은행의 소유라고 주장할 것이다. 운영도 은행이 했고, 리스크도 은행이 졌기 때문이란다. 과연 그런가. 예금자의 입장에서는 소위 '운영'을 하지 않고 안전하게 보관해 두는 것이 더 좋다. 누가 운영을 하라고 했는가. 자기들이 나의 개별적 허락도 없이 맘대로 내 돈을 운영해 놓고 운영비를 내란다. 리스크를 졌다고? 은행이 어떻게 리스크를 지나? 은행이 도산하면 그 리스크는 고스란히 예금자 몫이다. 예금자가 통째로 리스크를 지는 것이고 그 리스크 최소화 작업을 은행이 대행한 것 뿐이지, 대행자가 무슨 리스크를 지는가. 자기 리스크로 자기 자금을 투자하면 모를까. 예금자의 돈을 잘못 운영하면 예금자에게 피해를 끼치는 것처럼, 리스크를 진 결과 벌어들인 리스크 보상, 즉 높은 리스크 투자에 따라오는 더 높은 이익금은 예금자가 받아야 한다. 내 예금 날아갈까봐 가슴 졸이는 예금자가 리스크 보상을 받는 것은 당연하다.

은행에도 주인이 있어 투입 자본만큼의 리스크를 진다고 주장한다. 은행 주인은 은행을 설립하고, 지점을 개설하고 전문가와 직원을 뽑아 영업을 할 수 있도록 체제를 만들었다. 그래서 은행 설립자는 초기 투입 자금의 회수를 위하여 은행 설립에 투입된 자금만큼 주식을 발행하여 주식시장에 팔아서 수백만의 주주들에게 리스크를 분산시킨다. 그것을 IPO 초기 공개라고 부른다. 그것도 문제다.

첫째로, 은행이라는 독과점 금융업 차터를 주는 것도 모자라 초기 투입 자본을 조기에 회수하라고 직접 자본시장에서 주식을 상장하게 하는 것은 마치 은행업이 리스크는 많고, 수익력이 너무 나빠서 자본주들이 금융업 진출을 꺼리는 상태에서 국가의 먼 장래를 생각하여 자국 국민 소유의 금융업을 육성하고자, 은행 설립자에게 각종 지원과 보조를 주는 것과 다름이 없다. 과연 국내 독과점적 금융업이 그리도 매력이 없고 할 사람이 없어 특혜를 주지 않으면 아무도 안 하는 사업이었단 말인가.

둘째로, 수백만의 투자자들이 은행의 주식을 사도록 만든 것은 은행의 독과점적 영업 허가를 준 것보다 더 나쁜 실책이다. 몇 명 안되는 은행원, 은행 간부들의 실책(때로는 부정)의 대가를 예금자들에게 전가하는 것도 모자라 은행 주식 보유자들에게까지 확산시킨 것은 확실히 잘못된 정책이다. 즉 독과점적인 은행 영업권을 주고 감독을 소홀히 하는 것도 모자라, 천길동 씨가 진 자본금 소멸의 리스크를 금융 주식회사 도입을 허용하여 수백만 명의 주주가 은행 도산의 피해를 나누어 짊어지도록 만들어 천길동씨의 위험을 줄여준 것이다. 정말 해도 너무한다.

필자의 좁은 소견으로는 회사의 경리 담당 간부가 회사 자금을 유용하여 증권시장에서 소위 '운영'을 하다가 주가가 폭락하여 원래의 의도와는 달리 회사에 큰 손실을 입혔다면 우리는 그를 횡령 배임죄로 적법한 처벌을 한다. 그러나 은행이 우리가 맡긴 돈을 '운영'을 한답시고 허접한 프로젝트 파이낸싱에 투입하여 예금자에게 큰 손실을 입히면 이를 배임 횡령이라 안 부르고, '경영상의 실패'

정도로 부르고, 담당자는 별도로 뇌물을 받거나 부적절한 행동을 한 증거가 없으면 처벌의 대상이 안 된다. 내 예금이 2억 원이라면, 예금 보험 공사 보증의 5,000만 원만 빼고는 나머지 1억 5천만 원은 누구도 책임을 안진다. 담당자도, 은행도, 정부도, 모두 발을 뺀다. 그러고도 이를 정상적인 금융업이라 할 수 있는가.

원시적 자금 보관 기능도 못하고, 운영 수익도 년 3.5%만 주는 주제에, 국제적 규모의 금융업을 일으키겠다는 정부가 참 가소롭다. 금융업의 기초는 신용이라고 하는데, 보관업에도 실패하는 은행이 어떻게 국제적 신용기관이 될 수 있는가. 무언가 본원적 모순을 내포하고 있음이 분명한데 우리는 그저 당연한 것처럼 은행에 내 자금을 맡기고 산다. 통계적 경험으로 내 거래 은행이 망할 가능성이 거의 없다는 믿음과, 은행이 커서 '내 예금 정도는 언제나 찾을 수 있어'라는 믿음은 큰 규모의 은행은 안 망한다는 믿음이다. 그렇다면 레만 브라더나, 메릴 린치는 왜 망했고 인수 당했나. 큰 은행이 사고를 치면 더 크게 다친다.

5.2 금융업의 공공성

[잉여 보관업 기능과 이익 극대화 목적의 본질적 상충]

앞의 금융업의 본질을 논하는 과정에서 우리는 돈의 동질성 즉 Homogeniety(우유를 잘 섞어 동질화시키는 것과 같은 뜻) 때문에 위탁물에 이름표를 달지 않아도 된다는 특성을 보았다. 이 특성이 족장의 잉여 물자를 보관하는 보관 업자의 이익동기(보통 사람은 이를 욕심이라 부른다)와 잘 어울려 금융업이라는 업종이 태어난 것이다. 남의 돈 굴려서 돈을 벌면 내 돈이 되고, 못 벌면 목숨을 날리는 보관 업자의 모험적 행위를 제도화하는 과정에서 태어난 업종이라는 것을 보았다. 금융업은 나름대로 진화하며 산업과 기술의 발전에 없어서는 안 될 동맥과 정맥의 역할을 하여 지금까지 모든 산업국가의 거대한 경제력을 만들고, 국가의 흥망을 좌지우지하는 세력으로 성장한 것은 인류의 역사가 잘 보여 준다. 남의 돈을 주식 투자에 굴려서 한탕 하려다가 주가가 급락하여 신세를 망치는 사태를 우리는 지금도 많이 보고 있지만 이 얌체 같은 행동이 놀랍게도 인류의 경제발전과 생활수준 향상에 불가결한 요소가 되었다.

정부는 이 금융업의 중요성을 고려하여 고르고 골라서 믿을 만한 (?) 소수의 투자자를 선정해 독과점적 금융업 허가를 내주고 있다. 이 허가를 받은 자는 모든 다른 업체나 마찬가지로 이익극대화의 경영을 하여 리스크를 키우고 정부의 감독 소홀을 틈타, 넘지 말아야 할 선을 넘어 부실 융자, 부실 관리, 악성 채권 누적, 급기야 금융기관의 붕괴와 예금자의 예금 지불 불능까지 가기도 한다. 그러면 정부는 손실을 본 예금자의 수가 선거의 투표권자 수에 육박할수록 서둘러 금융기관에 우리 세금으로 만든 예산에서 신규 자금을 조성하여 투입시켜 금융기관의 붕괴를 막는다. 그러나 아무리 세월이 흘러도 금융기관 융자의 부실화가 사라질 리는 없다. 금융기관의 도산, 지불 정지, 정부 개입, 은행 회생의 악순환은 인간이 존재하는 한 반복될 것이다.

만일 정부가 금융업 인허가를 다 취소하고 정부 산하에 금융부를 두거나, 3권 분립을 4권 분립으로 제정하여 입법, 사법, 행정부 외에 금융부를 두어 여기서 예금을 직접 관리하면 어떨까? 물론 공무원의 부정과 비효율은 항상 문제로 남아 있겠지만 민간 금융기관보다 더 부정하거나 비효율적일 리는 없다. 문제의 핵심은 철저히 보수적 관리를 원칙으로 하는 잉여 보관업의 안전 지상주의와 남의 자금이라도 일단 내 수중에 들어오면 무슨 수를 써서라도 이익을 경쟁적으로 남기려는 '이익 극대화'라는 시장적 동기가 합쳐져 나온 파생적 모순이 현재의 금융업의 본질적 문제이다. 이 두 가지 상반된 존재 목적 중에 한 가지만 선택하라면, 국민의 잉여자금을 보관하는 기능이 우선이기 때문에, 이익 극대화라도 없애면 어떨까 하는 발상에서 이런 농담 아닌 농담을 해 보는 것이다. 제도적으로 이익 극대화를 촉진만 하지 않아도 부실 운영의 동기, 위험한 대출 동기가 크게 줄어들 것이다. 금융업의 발전이 반드시 금융의 민간 기업형태의 운영을 요구하는 것은 아니다. 오히려 금융의 건전성과 투명성, 공공성이 금융의 발전, 금융의 극대화, 금융의 대형화를 위한 지름길 아닌가. 이 결론을 받아들이기 전에 정부가 나서서 하고 있는 사업들을 점검해 보라.

[공공재와 시장재]

좀 어리석은 질문이지만, 한 가지 물어보자. 국가는 왜 국방을 민영화하지 않나? 신고전주의, 신자유주의, 시장 중심 원리주의자들은 감옥의 민영화를 요구한다. 그건 싸구려 호텔에 경호원 붙여 놓은 것과 다름이 없기 때문이다. 그런 이론이라면, 공군은 삼성이, 해군은 현대가, 육군은 LG가 나누어 하청 맡아 운영해도 되는 것 아닌가. 그럼 세금도 덜 내고 각 회사들은 이익도 내고 국민은 외국의 침략에서 우리를 보호하여 안전보장과 평화를 누리고 모두 좋지 않겠나.

그러나 이것은 절대 안 된다. 국방이라는 업무를 시장 메커니즘에 맡기면 국방이 무너지고 만다. 왜 그럴까. 시장참여자 즉 삼성,

현대, LG 등 국방서비스 공급업자들은 이익을 내기 위하여 최소한의 비용만 들이고 국방을 하려 하기 때문에 금방 부실 국방이 된다. 그리고 이 회사들은 자기들이 세우는 국방 목표를 아주 낮게 책정할 것이다. 예를 들어 일본 해군이 우리나라 영해 침범을 안할 것이라는 증명이 불가능한 전제를 내세워 한국의 동해를 무방비 상태로 둘 것이다. 북한 해군의 침입이 발생하면 현대가 운영하는 해군은 해양 경찰대에게 책임을 전가할 수 있고, 정보는 해군이 줄 터이니, 삼성이 운영하는 공군이 출동하면 쉽게 제압할 수 있다고 우길 수 있다. 육해공군이 서로 책임을 전가하는 사이에 우리 영토는 북한 해군의 침투와 공격으로 서해안 일대가 초토화될 수 있다.

그 뿐 아니라, 국방 예산 자체가 부실해질수 있다. 예를 들어 우리나라 영해 방어 예산이 일 년에 60조 원이 든다면 해군 운영 회사는 40조 원이면 충분하니까 싸게 공급하겠다고 나올 것이다(물론 입찰에 성공한 뒤에는 실제 집행 예산을 더 달라고 하겠지만). 이를 국민 투표로 결정하면 진정 나라를 걱정하는 소수의 지혜로운 사람들을 제외하고 대부분은 저렴한 해양국방비 예산을 선택할 것이다. 즉 이윤동기가 개입되면 자동적으로 국방 서비스 공급의 불충분 상태, 즉 국토방위 불가능 상태로 들어간다.

국민은 국방 부실을 알면서도 저가 국방 정책을 선택한다. 실제로 국민이 원하는 것은 저렴하지만 안전한 국방을 원한다. 국민 각자의 생각에는 만일 국방이 불충분하다고 판단되면 정부가 알아서 국방예산도 올리고 세금도 올릴 터인데, 내가 먼저 나서서 세금을 더 내겠다고 주장할 이유가 없다고 생각하는 것이다. 다 같이 더 내

면 나도 할 수 없이 더 내겠지만 먼저 국방 예산을 올리자라는 주장
은 안 한다. 전 국민이 그렇게 생각하고 행동하면 우리나라는 누군
가에게 국가의 주권을 빼앗기고 신 노예시대로 들어가고 만다. 이
것은 시장의 실태이고, 이는 국방이라는 서비스가 시장재가 아니라
는 것을 증명한 것이다. 이렇게 진정한 수요의 수준을 밝히지 않는
이유는 개인이 국방세를 내거나 안 내거나 무관하게 국방 서비스의
혜택은 골고루 돌아가기 때문이다. 김 씨에게만 평화를 보장하고,
이 씨는 침략에 노출시키는 방법은 없다. 이것을 '배타적 소비의 불
가능 원리'라고 말한다(Principle of Non-exclusive Consumption).

실제로 국방세를 안 내고도(만일 국방세라는 것이 있다면) 국방
을 누리는 사람이 많이 있고, 아예 무임승차하는 사람도 이 세상에
수두룩하다. 군대를 안 갔다 온 사람의 거반은 국방 무임승차족이
고 여자들도 99% 무임승차족이다. 그래도 김정은이 못 쳐들어오
는 이유는 정부가 이 배타적 소비가 안 되는 서비스를 관영으로 운
영하여 강제로 세금을 거두어, 그것도 누진세로, 여러 부서의 요구
사항들과 비교하여 재정적으로 가능한 한도 내에서 전쟁 억제에 꼭
필요한 국방 서비스 수준을 결정하고, 국회를 설득·회유하여 적정
국방 수준을 유지하고 있기 때문이다.

[교육과 시장재]

따라서 시장재가 아니고, 공공재로 판정나는 산업은 바로 배타적
소비가 불가능한 산업들이라는 점을 알 수 있다. 교육은 어떤가, 우
리나라에서 진정한 사교육은 없다. 시장재로서의 교육서비스는 학

원과 가정교사, 과외 교사들만이 공급하고 있고, 학생에게 물리는 등록금 금액의 대소에 따라 교육의 질을 차별화하는 시장 중심적 교육을 공급하는 기관은 전무하다. 비싼 비정상적 개인 과외 지도는 예외이고, 일반 학원도 등록금의 차별화와 교육의 차별화는 교육부의 감시 때문에 불가능하다. 부자가 비싼 등록금을 내고 그의 대가로 질 높은 수준의 교육이 공급이 불가능한 것은 말할 것도 없고, 사립학교들을 포함해서 모든 소위 공교육기관이 정부의 지원 없이 순수 등록금으로 운영되는 곳도 없다. 그러나 국민이 원한다면 우리나라 교육제도는 언제든지 시장중심적, 가격 차별과 서비스 질의 차별이 보장되는 교육체제로 바뀔 수도 있다. 그러나 우리 전통에는 교육이라는 고귀한 업을 가지고 장사를 할 수 없다는 선비 정신이 도사리고 있어 시장 교육으로의 이전은 당분간은 불가능할 것 같다.

그러면 우리나라의 공교육 부문은 진정한 공교육인가? 공교육이 진정한 공공재라면, 국방과 마찬가지로 공교육의 혜택이 무차별적으로 공급되어야 한다. 그러나 초등학교 학생만 등록금을 안 내고, 그 이상의 학급학생들은 등록금이나 때로는 기성회비를 안 내면 등록이 안 되고 교실에 앉을 수 없다. 즉 초등학교 이상의 학교에서의 교육은 배타적 소비가 지배하는 시장재를 공급하고 있다. 그것을 전교조나 진보 측 사람들은 착각하고 있다. 이들이 말하는 공과 사는 숨어서 하느냐, 내놓고 하느냐의 차이를 말하는 것이고, 숨어서 하는 교육은 정부가 시장재인 교육을 독점 공급하고 있기 때문에 발생하는 암시장 교육인 것이다. 국방과 환경 개선은 정부가 독점적으로 공급해도 암시장이 발생하지 않는다. 그러나 교육에서는 암시장이 횡행한다. 정부가 학교의 수, 학과의 수, 학과의 정원(학생 입학 허가 한도), 입학생 수, 교사와 교수의 수, 등 모두 결정하는 나라에서는 교육(기회)의 공급은 정부가 결정하고 있는 것과 같다. 전국의 각급 학교는 정부가 정한 기준에 따라 요리를 만들어 내는 프랜차이즈(Franchize) 영업망에 불과하다.

공교육의 이러한 위선적 정신 기반 때문에, 사교육 영역은 산불처럼 번지고 있고, 정부의 간섭과 규제가 지속되는 한, 이 사교육 시장의 불길을 계속해 키워 주고 있다. 즉 우리나라에는 공공재가 아닌 교육을 공공재인 척하는 위선적 비시장교육과, 염치 불구하고 교육으로 돈을 버는 시장적 사교육 영역이 공존 공생하고 있으며, 공교육 영역의 위선이 지속되고 커질수록 사교육 영역의 이윤 기회는 계속 확대 증가하고 있다.

위 분석에서 나타나듯이 교육도 비싼 돈 낸 사람만 비싼 교육을 받을 수 있는 엄연한 시장재다. 그것은 일찍이 우리나라 제1세대 시장 중심 주의자인 이승만 박사가 의무교육제도를 도입하여 전 국민이 같은 수준의 좋은 직장에는 못 다니더라도, 자기 능력과 노력에 의하여 국가 최고의 수준까지 올라갈 수 있는 '기회의 사다리'를 만들어 주는 방법으로 교육을 공공재로 바꾸어 버린 데서 시작하였다. 즉 누가 얼마의 수업료를 내고 싶든 상관없이 실제로 단일 가격의 교육 강제배급, 즉 영의 수업료로 초등교육을 강제로 받게 하였다(물론 수업료가 없는 대신 기성회비들 내어 자발적 기부인 척하는 가게 지출은 있었지만 적어도 초등교육 자체의 가격은 제로

화 해 버렸다). 즉 누구든지 무료로 호흡할 수 있는 공기와 같이 교육을 모든 국민이 태어날 때부터 숨쉬듯 마시는 우리의 기본권으로 바꾸어 놓았다. 필자도 그 수혜자 중 대단히 큰 수혜자라 생각한다.

우리는 이 박사는 건국의 아버지, 박 대통령은 근대화의 번영의 아버지로 아는데 실은 그와 다르다. 이 박사는 제일 먼저 지주 제도와 소작농 제도를 토지개혁으로 일격에 철폐하고, 전 국민의 80%인 농민이 자기 노력에 의하여 부농이 될 수 있는(소작농을 수탈할 지주도 없이) 소규모 지주들로 바꾸어 버렸다. 즉 경제성장의 대열에 80%의 국민이 자발적으로, 자기 스스로를 위해서 참여하고 성공할 수 있는 기반을 조성하였다. 그 위에 의무교육제도라는 방법으로 모든 국민이 자기 계발, 자아 발전, 능력 향상, 기회 포착 등을 통하여 개인적 번영을 달성할 수 있는 기본적 권리를 선사한 것이다. 그 위에 박 대통령 시절부터 새마을 운동과 전 세계 최고 수준의 단위 면적당 미곡 생산을 달성한다거나, 중소기업 육성, 직능 교육, 기업의 해외 진출, 경공업 중심의 수출산업 육성, 수출산업의 다변화, 중산층의 육성과 도농 소득 격차 해소 등, 고도 성장의 신화가 전개된 것이다. 참고로 김정은 위원장은 농민에게 자기 수확물의 30%를 가지고, 나머지 70%는 국가가 소유한다고 정했다. 바로 이 박사의 토지개혁 전 우리나라의 소작농들이 지주와 3~7제로 수확물은 분배하였다. 북한 정부는 지금 '국가가 지주―농민이 소작농'이 되는 3~7제 소작제도를 도입한 것이다. 이 박사가 철폐한 바로 그 제도 말이다.

이제 확실한 것은 교육은 원래 시장재이지만 우리나라와 많은 다른 나라에서 그 중요성을 인정하여 교육을 관영화하여 시장재로서의 교육과 공공재로서의 교육이 병존하는 체제를 만들었다. 다시 말해, 소비의 배타성이 없더라도 인위적으로 필요에 따라(국민의 찬성에 따라) 공공재로 채택, 관영으로 운영하거나 위탁 운영할 수도 있다. 그러면 금융업은 어떤가. 위의 분석대로 금융업은 그 본질이 보관업과 자금 운영업이다. 전자는 리스크 관리의 건전성 확보가 최우선의 목표이고 후자는 운영 이익 극대화가 최우선이다. 문제는 교육과는 달리 금융업에서는 건전성 확보는 운영 목표 달성을 방해하고 운영이익 극대화는 건전성을 파괴한다. 이 두 가지 목표를 조율하고 국민이 납득할 수준에서 조화시키는 것이 금융업 관리 정책의 본질이다.

따라서 만일 건전성 달성기능은 정부가, 운영 이익 극대화 목표 달성 기능은 민간이 한다면 아주 좋은 콤비가 될 것이다. 지금 우리는 금융감독원 제도를 만들어 은행의 이익 극대화 목표가 건전성 달성을 훼손하는 것을 통제하고 있다. 그러나 이미 최근의 저축은행 연쇄 부실 사태에서 잘 드러났듯이 현재의 금융감독원의 감독 독점제도로서는 감독 업무량 폭주로 부실을 막기엔 불충분하고, 감독원 간부와 직원들의 자질과 소행으로 보아 건전성 달성에는 크게 미흡해 보이며 무언가 파격적 제도 개선을 준비해야 할 것으로 보인다. 그 예가 바로 앞에서 언뜻 제시한 금융기관의 관영 제도와 금융감독 기능의 자유화다. 이 점은 금융 문제를 정리할 이 장의 끝에 다시 토의하기로 한다.

5.3 금융의 성장

평화와 권력 분산의 관계
권력의 분산과 잉여 창출의 일상화
금융자산의 축적과 권력의 이동

[평화와 권력 분산의 관계]

현대사회에서 국가들은 오랜 역사적 투쟁 끝에 드디어 국경선을 합의하고 서로 존중해 주고, 때로는 헌법에 명시해두며, 상호 간에 전쟁 없는 평화를 유지하고 있다. 그러나 자세히 보면 평화를 달성한다는 것이 그리 간단한 것이 아니다. 지난 12,000년에 걸친 인류의 역사를 돌이켜 보면 이 긴 시간의 대부분을 인간은 전쟁을 하였다. 어떤 방법으로든지 자기를 위협하는 인접 권력과 투쟁하여 승리로 평화를 얻거나, 노예의 평화를 얻거나, 전쟁과 평화의 반복적 역사를 만들었다. 때로 전쟁과 전쟁 사이에서 평화로운 시간이 있으면 그때는 개인과 개인, 왕과 신하, 중앙정부 대 지역 세력 간의 권력과 재산의 탈취를 위한 내분과 내전으로 서로 살생하고 얼마

안 되는 외국과의 전쟁 공백 기간에도 내부 전쟁으로 대부분의 시간을 보냈다.

그런데 이 끝없는 내분과 내전은 시간이 흐르면서 중앙의 절대 권력의 신화적 정당성을 무너뜨리고, 누구든지 힘만 있으면 중앙의 절대 권력을 탈취할 수 있다는 인식의 변화를 가져왔다. 이러한 인식의 변화는 권력을 숭배의 대상에서 하나의 특정 개인이나 그 가족과 친척들의 재산으로 전락시키고, 권력의 무상과 함께 권력의 분산 가능성을 보여주었다. 일단 권력에 대한 신화적 숭배가 무너진 뒤로는 마치 엔트로피와 마찬가지로 권력의 분산 시대가 들어선다. 이 권력의 분산 과정이 어느 수준에서 멈추어 서면 일본과 독일처럼 봉건체제로 고착이 되거나 영국처럼 왕과 민중이 권력을 일부분씩 분양받는 계약을 하거나, 프랑스처럼 민중이 왕권을 박탈하면 권력은 무한 분산 과정에 들어간다.

권력의 속성상 완전 무한 분산은 사실 불가능하다. 이는 개인이라는 소입자적 구성원의 권력 유지 능력 부제로 인해 필연코 다시 소 권력으로 합쳐지기 때문이다. 따라서 권력은 다시 집중되기도 하고 더 분산되기도 하는 마치 아코디언 연주와 같은 과정을 반복하며 많은 혁명, 투쟁, 심지어 전쟁을 반복한다.

이런 중앙 권력으로부터의 해방, 즉 압제와 독재로부터의 피나는 탈출 과정은, 어느 시점에서 중앙 권력의 돌이킬 수 없는 약화의 과정을 겪고, 그 자리에 국민이 권력의 주인이라는 개념이 하나의 지배 사상으로 정착한다. 이 주권재민의 이념과 제도를 국가 통치 최고의 철학적 가치로 삼는 국가들이 하나둘씩 태어나고 그 힘이 집결되어, 결국 모든 국가의 통치 체제를 민주주의 체제로 바꾸는 작업이 본격화되었고 오늘에 이르렀다. 그 과정은 마그나카르타 이후 (또는 그와 유사한 아시아 각국의 수많은 민권투쟁 이후) 약 600년에 걸쳐서 권력 분산의 역사를 만들었다. 즉 시간과 권력의 집중은 반비례한다는 참으로 고마운 정리가 성립된 것이다.

[권력의 분산과 잉여 창출의 일상화]

그러나 권력의 분산이든, 민주화든, 아니면 자유의 쟁취든, 권력의 소재와는 직접적으로 무관하지만 대단히 영향력이 큰 사건이 같은 시간에 발생한다. 애초에 권력의 집중과 육성의 목적이 잉여 창출 능력의 확대였던 것처럼 권력이 분산되면 될수록, 이 잉여 창출 능력의 배양은 엄청나게 많은 사람들의 일상이 되었다. 한 가족이나 한 사람의 일과였던 것이 점점 수만 명에 달하는 사람들이 세계 각지에서 잉여 창출의 과업을 자기 자신을 위한 일상의 업무로 삼게 되었다. 명나라의 귀족들은 만주의 오랑캐들이 중원을 점령하고 청나라를 세울 때 양자강 이남으로 도망가 농업, 공업, 제조업, 광업, 무역업을 일으켜 대부호들이 되었고, 후에 동남아시아에서 후손들이 다국적기업으로 성장하는 데 기초를 닦았다. 영국의 귀족들은 평민들에게 하원이라는 권력 행사의 본기지를 빼앗기고, 스스로 양모 농업, 양모 방적, 방직업, 경공업, 무역업, 해운업 등으로 잉여 창출에 매진하였다. 이러한 추세는 정도의 차이는 있지만, 세계 각국에서 거의 자연스럽게 일어났고, 심지어, 구소련의 붕괴시에는 전직 공산당 간부들이 공장과 광산, 심지어 TV 방송국과 네트워크

까지 재정이 취약한 옐친 정부로부터 불하받아 잉여 창출에 선구자가 되었다. 체제 붕괴가 일어나지 않은 중국에서도 당 최고 권력자와 실력자들의 자식들이 시장 경제 체제의 잉여 창출 도구인 재벌형 기업을 만들고 재벌 놀이를 하고 있다.

이러한 기업의 수립, 사업의 성공, 잉여의 창출 과정은 태자당이나 전직 공산당 간부가 아니더라도, 쌀가게에서 자전거로 쌀을 배달하던 정주영, 정미소집 아들로서 일정말기 갈 길을 잃고 방황하는 마음으로 세월을 허송하던 이병철, 또는 성적이 하도 나빠 초등학교에서 퇴학당한 토머스 에디슨에게도, 중동인과 미국인의 혼혈아로 태어나 다른 집에 입양된 뒤에도 마약이나 하던 말썽꾼 스티브 잡스에게도, 얼마든지 세계적 규모의 잉여 창출과 지속 창출의 시스템을 만들 수 있는 세상이 된 것이다.

[금융자산의 축적과 권력의 이동]

이제 우리가 원래 분석하고 수정하고 싶어하던 금융으로 돌아가보자. 원시 시대건, 국가 건립시대건, 민주주의 공동 번영 시대건, 이 잉여 창출은 인간 생활의 근본 목표가 되었다. 전쟁 안 하고 평화를 누리고, 독재를 타파하고 자유를 누리면 인간은 예외 없이 다 '잘 살려고' 노력한다. 잘 산다는 개념은 모두 물질적으로, 경제적으로만 잘 사는 것은 아니지만, 길거리를 막고 물어보면 가난해도 좋으니 정신적으로 풍요로운 삶을 원하는 사람은 찾기가 힘들다. 정신적 풍요로움을 추구해야 할 학자도, 예술가도, 종교인도 모두 최소한의 물질적 풍요, 그 사회의 중간층에 준하는 수준의 생활을 보장 받기를 갈구한다. 이것이 자신이 원하는 대로 빠른 속도로 이루어지지 않을 때, 직업을 불문하고, 해서는 안 될 범죄적 행위를 저지르는 것을 우리는 너무 자주 본다. 잘산다는 말은 일단 경제적 풍요로움을 의미한다고 해 두는 것이 훨씬 정직한 정의일 것이다.

그렇다고 누구나 다 잉여가치 창출에 성공하는 것은 아니지만 대부분의 잉여를 만든 사람들은 은행에 예금을 하거나 주식에 투자하거나, 채권을 사거나, 금을 사거나, 남을 도와줄 정도로 매년 추가의 잉여가치를 만든다. 여기서는 인간의 행태는 원시 초대국가의 지도자와 별로 다를 바 없는 행동을 한다. 창출되거나 저축된 잉여가치를 보존하기 위해 노력하고 이를 누구에게 맡겨 위탁·관리하게 된다. 즉 예금이나 투자를 한다. 그래서 금융업은 인간이 기본적으로 추구하는 목표를 달성하는 데 원초부터 뗄 수 없는 역할을 가지고 있다. 잉여의 존재는 즉시 금융업의 존재라는 등식이 좋든 싫든 존재하고 있다.

따라서 권력 분산과 잉여 창출의 폭발적 증가와 더불어 금융업은 불가피하게 폭발적으로 성장했고 앞으로도 그럴 것이다. 그런데 다른 산업과 달리 돈은 누구의 돈이든 동질적인 상품이고 경제적 가치다. 첫째, 모든 산업은 그 생산된 제품의 희소가치가 있다. 한 나라에서 배추를 너무 많이 심거나 벽걸이 TV를 너무 많이 생산하면 그 희소가치가 떨어지고, 시장 가격이 떨어지고(가치상실), 생산자는 손실을 입고 도산, 퇴출한다. 즉 경기변동에 따라 그 가치가 폭락·폭등한다. 그러나 금융의 기초 상품인 화폐와 이 화폐 단위로 표시된 자금은 그 가치의 변동은 있어도 멸실은 없다. 정부와 중앙

은행이 자국 통화 가치의 보전을 위하여 매년 막대한 예산을 들여 (중앙은행 유지비+환율 안정 기금 손실) 노력을 하고 있기 때문이다. 따라서 아무리 세월이 흘러도 축적된 잉여의 가치는 늘어나기만 한다. 일시적으로 줄어도 그건 일시적일 뿐이다.

둘째, 시간이 흐르고 기술이 발전하면 더 우수한 대체 상품이 나와서 기존 상품의 시장성을 없애 버리고 팔리지도 않는 재고만 생산해 내는 설비의 가치를 무가치화 시켜버린다. 그러면 그 상품은 시장에서 수요가 사라지고 더 생산할 수가 없어 비경제재 또는 쓰레기(마이너스 가치)가 된다. 이 생명주기는 모든 제조업 제품의 운명이다. 농산물도 일부 그런 생명주기를 겪을 수 있다. 그러나 축적된 금융자산의 규모는 가치가 없어지거나, 가치의 대폭 하락은 염려할 필요가 없다. 개인적으로나, 개별 회사별로 보면 보유 금융자산의 가치가 춤을 추듯 오르락내리락하지만, 국가 전체나 세계 금융권 전체로 보면 금융자산의 가치가 한 주인에서 다른 주인으로 계속 손바꿈은 하지만, 그 총체적 가치는 누적적으로 증가하기만 한다. 즉 주인의 손이 바뀔 때마다 금융권의 총자산은 늘어나기만 했고 기타 산업체의 자산가치는 계속 늘었다 줄었다 뒤집기를 계속해 왔다. 대형 금융회사의 도산을 세금으로 막아 주는 정부도 이 과정에서 적지 않은 기여를 해 왔다. 자유 민주주의 체제와 시장 경쟁 체제의 성공으로 중산층이 대량 출현했고, 이는 저축의 증대, 보험의 발달, 미래의 준비, 금융상품의 다양화 등으로 계속 금융권의 지속적 성장을 초래했다. 이것은 바로 금융기관의 대형화를 보장하고, 은행의 대형화는 금융의 권력화로 이어졌다.

문제는 이 거대 금융 영역으로 권력이 이동하고 있는 점이다. 민주주의는 국민의 의사가 정책을 결정하고, 국민의 의사가 정치 지도자를 선출하는 제도이다. 그러나 이 국민의 의사라는 것이 무엇인지 아무도 모른다. 그래서 생긴 것이 그 실체를 알 수 없는 '여론'이고 정치인들은 그 여론을 움직일 수 있다고 생각한다. 그러나 인구가 수천만 명이 넘는 국가의 여론은 각 국민의 다양한 의견을 표출해야 그 일부라도 파악이 가능한 것이므로 불가피하게 국민의 눈과 귀 역할을 하는 언론이 여론을 조성하고 조정한다. 지금은 SNS가 이 역할을 하기도 하고 기존의 언론 매체보다 더 직접적으로 국민과 의사소통을 할 수도 있다. 그러나 TV나, 신문 같은 기존 매체든 새로 나온 SNS든 이 모든 매체의 특징은 돈에 지배 받는다는 것이다. 매체는 국민에게 여론 형성을 위하여 협조하기도 하지만, 막대한 자금을 들여 언론 매체 시간을 사는 돈의 힘과, 막대한 인원을 동원하여 SNS를 통해 여론을 조작하는 금전의 지배에는 극도로 취약하다. SNS는 돈이 안 들 것 같지만 소위 알바성 지지자들의 지지 흉내 행위가 상식이 되어 버린 우리의 SNS 문화에서는 이것도 여론 형성 도구로서의 기능보다 돈의 노예 노릇을 하는 경우가 더 빈번하다. 이 사실은 여당이고 야당이고 구분이 없다.

그런데 그 와중에도 꾸준히 여론을 끌고 가고 매체를 조정하는 힘이 하나 있다. 그 힘이 바로 금융권이고 이 금융권의 힘은 오늘 미국에서 부자 감세 철폐(부자 중과세가 아니라)를 가로막고 있다. 오바마의 의료보험 개혁을 바보로 만들어, 우리나라 의료비의 수십 배, 수백 배에 달하는 비극적이고 동시에 희극적인 의료 비용을 굳

세게 지켜 나가겠단다. 이 권력은 은행의 위험한 자산 관리를 막기 위해 만들었던 최소한의 장치와 규제들도 하나씩 철폐해 버렸다. 금융은 21세기의 확실하고 가장 강한 권력이 되었고 당분간 변하지 않을 것이다. 반월가 시위대는 매일 금융권에 대해 데모를 하지만 그 주장이 분명치 않는 것은 이 금융 권력에 대한 인식 부족에서 나온다.

5.4 금융시장의 안전성 강화

[수익성 증대를 향한 금융 역사]

아래 사용할 〈그림 1〉을 올바로 이해하려면 5장 부록에 있는 '금융시장의 작동 원리'를 읽는 것이 편하다. 다만 부록의 내용이 고등학교 기하학을 싫어하는 사람들에게는 권할 것이 못되서 뒤에다 첨부하였다. 부록을 읽지 않은 독자들도 더 높은 수익을 올리려면 더 큰 리스크를 감내하여야 한다는 상식은 이해할 것이므로 약간의 상식을 동원하면, 부록을 읽지 않고도 이 섹션의 글을 이해할 수 있을 것이다.

〈그림 1〉을 보면, 초기에는 어느 사회든 하나의 금융 공급 곡선을 가지고 시작한다. 이 선은 자금 운영의 안전성을 극대화하면 수익률은 0이 되고, 반대로 수익률을 극대화하면 안정성은 최악(리스

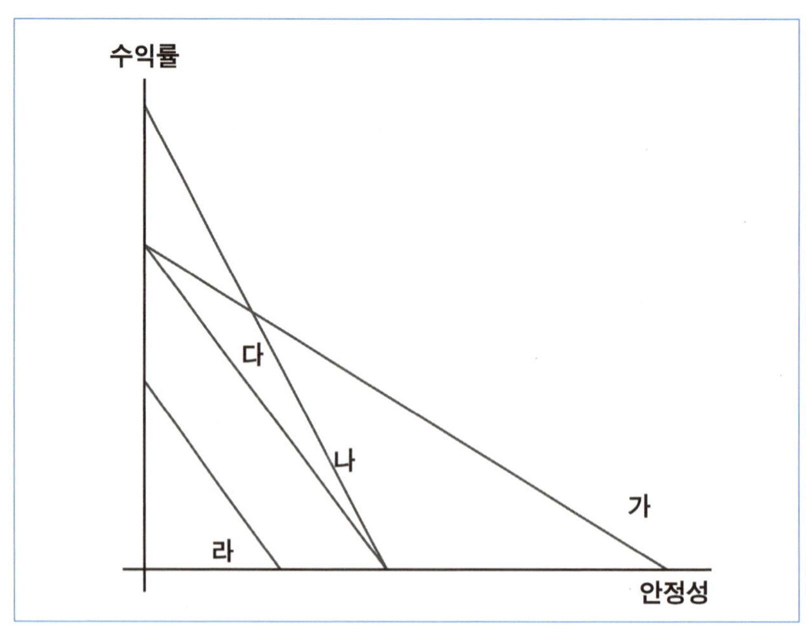

〈그림 1〉 금융 곡선의 역사적 이동

크 최대)의 상태를 선으로 연결한 것이다(여기서는 이해를 돕기 위해 직선으로 설명하지만 실제로는 곡선일 가능성이 크다). 시간이 흐르면서 원시 초기 금융 업주는 고객들이 일시에 예치금을 모두 인출하지 않는 것을 알게 되고, 급하게 인출을 요구하는 고객들을 위하여 예탁금의 극히 일부만 준비금으로 가지고 있어도 큰 탈 없이 보관업을 할 수 있음을 깨닫게 되어 예탁금의 상당 부분을 대출하거나 운영하게 된다. 그러면 원래 (가)에 있던 선이 (나)의 위치로 움직이게 된다. 즉 안전성은 크게 훼손되지만, 보관 업자의 입장에서는 수익률이 크게 올라간다. 그러나 보관 업자는 수익률이 높아졌다고 그대로 고객에게 더 큰 수익을 주지 않으니까, 고객의 수익률은 과거와 같지만 안전성만 크게 훼손된 (다)의 선으로 상황이 이동한 것이 된다.

이것은 잉여 자금 보관 업자에게는 불을 발견한 것처럼 엄청난 사건이다. 그때부터 유사 이래 모든 금융업자들은 고객에게 수익은 같은 수준을 유지하거나 아예 줄여 버리면서, 총 예탁자금 중 운영 자금의 비율은 높게, 더 높게 책정하는 방법으로 고객의 자산 운영을 더 위험하게 하고, 자기에게는 더욱 이익을 내도록 운영해 온 것이다. 결국 역사는 (가)에서 시작한 선이 (라)와 같은 선으로 계속 이동하는 과정을 되풀이하고 있다.

[자금 운영과 건전성 확보를 위한 노력]

이런 과정을 통하여 각국 정부는 지불 준비금 제도라는 것을 만들어 금융업자들이 지나치게 낮은 준비금 비율로 운영하는 것을 막는 방법으로 자금 운영의 양적 건전성을 지키려 하고 있다. 그러나 앞으로 설명하겠지만 세계 모든 금융기관은 의회의 입법 기능을 이용하여 자기에게 유리한 준비금 비율을 달성하기 위하여 감독기관을 속이고, 불법을 자행하고, 회계를 조작하고, 심지어 테러까지 한다는 고발이 자주 들린다. 그러나 이것은 어디까지나 양적 건전성 유지 정책에 불과하고 자금 운영의 질적 건전성에는 속수무책이다.

자금 운영의 질적 건전성이라는 것은 무엇일까. 쉽게 말하면, 우리나라 저축은행들의 일부 PF(Project Financing) 같은 무모한 대출, 또는 레만 브라더즈를 도산시킨 비우수(실은 불량 담보인데, 비우수 담보라 불렀다) 주택담보 대출(Sub−prime Mortgage Loan)의 무모한 남발, 리스크를 분산시킨답시고, 전 세계 금융 영역에 이 비우수 담보권을 대량으로 유통시킨 파생상품들 같은 것들을 어느 선 이상은 초과하지 못하도록 하자는 취지로 미국의회는 파생상품 영업관리 제도를 도입코자 하였으나 성공하지 못했다. 그런데 이 파생상품 유통을 관리하여 자금 운영의 질적 건전성을 지키는 제도나, 법도, 규정도, 세계 어느 나라에도 아직 없다. 거의 무한대의 숫자로 거래되고, 교환되고, 합의되고, 발행되는 그 많은 파생상품을 어찌 감독한단 말인가? 앞으로 설명할 도드-프랭크(Dodd-Frank) 법에서는 일반 예금 수탁 은행들만이라도 이 파생상품 거래를 금지시키려 하는데 이것도 쉽지 않다.

그래서 필자는 그런 득보다 실이 큰 짓은 그냥 두고 조금 만용을 부려 아래와 같은 몇가지 제안을 하려고 한다. 불평은 누구나 할 수 있지만 시정안의 제의는 책임을 질 각오가 되어 있는 자만이 할 수 있다. 이런 것을 필자의 편견이라 부른다. 찬성하고 반대하는 것은 100% 독자의 권리다.

금융기관이 법을 어기면서까지 잡으려고 하는 무지개가 있다. 바로 지불 준비금의 하락 즉 운영자금의 추가 확보이다. 이것을 사탕발림 즉 조건으로 하여,

첫째로, 우리는 금융기관의 대출 프로젝트의 공인 안전성 지수를 요구하자. 이 지수가 높으면 운영자금의 비율을 기관별로 조금씩 높여 주자. 물론 모든 대출 프로젝트를 외부에서 다 심사할 수는 없으니까 크고 중요한 것만 골라서 제삼자에게 평가를 의뢰하는 평가 시장을 구축하자. 즉 무디스나 한신평 또는 주요 회계 법인 같은

기관에게 일거리를 더 만들어 주는 것이다. 그것을 통일된 평가 기준으로 지수를 개발해서 주요 프로젝트를 공인 평가시키면, 엉터리 프로젝트의 위험을 적어도 큰 대출 시장에서는 원천적으로 퇴출시킬 수 있다. 이를 거절하는 금융기관은 제외하고 협조하는 금융기관에만 지불 준비금을 내려주면 된다. 조사 대상 프로젝트는 수시로 평가 기관이 선정해서 자료 보고를 받게 하면 된다.

둘째로, 현재는 자금의 장단기 성격에 따라 이자율 차이로만 성격을 구분하지만, 일단 문턱을 넘어 은행의 손에 들어가면 모든 자금은 꼬리표도 없이 모두 한통속에 넣어 은행의 자금 형편에 따라 처분된다. 정부는 부록에서 자세히 설명하는 대로 자금의 성격적 차이를 좀 더 자세히 구분하여 운영할 것을 요구할 수 있다. 우리는 일반적으로 이자율이라는 말을 자주 쓰고 이자율이 높다, 낮다고 말을 하지만 "어느 이자율이 높다는 겁니까?"라고 물으면 말이 막힌다. 그 이유는 이자율은 같은 날에도 한 달짜리, 3개월짜리, 6개월짜리, 1년짜리 등등 20년짜리까지 있고 빌리는 자의 신용도에 따라 매기는 이자율이 다를 수 있다. 그러니 이자율이 몇 %라고 말하는것은 황당한 답이 되는 것이다. 어느 한 시점에서 이자율은 한 세트로 움직인다. 소위 이자율의 조건별 구조다(Term Structure of Interest). 그런데 이 이자율 구조는 채권의 유효기간(돈 갚는 날)의 길이에 따라서만 구분되고 다른 조건에 따라서는 구분되지 않는다. 예를 들어 변씨가 제의하는 프로젝트의 위험도가 표씨가 제출하는 프로젝트의 위험도에 비해 50% 더 위험하다면 은행은 변씨의 프로젝트에 대출하려면 50% 더 높은 이자를 매기는 것이 상식이다. 그러나 현실은 변제 기간의 길이만 따져 이자율의 차이를 낸다.

　이렇게 모든 프로젝트의 위험도를 인위적으로 계수화 하자는 뜻은 아니다. 그 뜻을 반영하여, 안전 선호 자금을 위험도가 높은 프로젝트에 투자하는 행위는 견제해야 한다. 적어도 단기 예탁 자금을 주택 건설이나, 주택 보험 같은 장기 대출에 활용하는 몰상식이 한국은 물론, 미국, 영국에서도 항상 일어나고, 이것이 터져 가끔 불황을 초래하는 비극은 막아야 하지 않겠나. 우리는 지금 이러한 미스매치를 무슨 금융업의 효율 향상 척도라도 되는 양 눈감아 줄 뿐 아니라, 심지어 수익률을 극대화했다고 상을 준다. 필자가 너무 무식한 건지, 금융정책 당국자들의 상식이라는 것이 그들만의 상식, 즉 금융 기관들이 이익을 많이 내는 것이 정부 정책의 성공 척도이며 이를 위하여 질적 건전성 같은 것은 무시해도 되는 것이 전문가들의 상식인지 아리송하다.

5.5 유로 단일 통화라는 함정

[우리가 세계적 금융기관을 만든다고?]

우리나라의 금융 산업이 국제 금융계의 자이언트들과 겨루어 우리의 고용 문제를 해결해 줄 만큼 성장할 수 없는 이유는 여러 가지가 있다. 그것은 중국의 거대한 정부 소유 금융기관들이 일격에 Fortune 500대 기업의 10위 안에 들어가는 것을 보면 알 수 있다. 우리처럼 인구가 작고, GDP가 작고, 저축이 적으며, 남의 나라 사람들의 저축이 우리나라 금융기관에 예탁될 만큼 신용력도 없는 상태에서 무엇으로 우리가 세계적 은행이 되고, 언제 산업 은행이 얼마 전까지도(레만 프브라더즈의 몰락 직전까지) 장래 성장과 변화의 목표로 삼고 있던 모델인 골드만 삭스(Goldman Sachs) 같은 세계적 대형 투자은행(Investment Bank)이 되겠는가. 설혹 세계적 금융기관이 된다 한들 그것이 우리나라의 실업 해소와 무슨 상관이 있겠는가. 투자 프로젝트의 수익성은 따지지 않고 억지로 우리나라 안의 프로젝트에만 집중적으로 융자해 준다면 실업 해소에는 도움이 될지 모르지만, 그래서는 처음부터 세계적 은행으로 클 수가 없다.

우리의 후발 금융회사들이 세계적 기관으로 클 수 없는 더 큰 이유는 앞서 간 유럽계와 미국계(실은 그게 그거지만) 금융기관들이 끝없는 성장을 위하여 보여 준 수익률의 극대화, 위험한 자산 운영 전략 및, 지불 준비금 축소를 위한 투쟁을 보면 알 수 있다. 여기에 대하여 각국 정부는 금융업자들의 고객 자산의 안전한 운영과 자산 운영의 건전성을 강력히 요구하게 되고, 이 정부의 안전성 확보 노력과 은행의 끝없는 욕심이 충돌하여 초래한 엽기적 역사는 TV 드라마를 능가하는 흥미로운 내용들을 담고 있다. 여기서는 최근 유러 단일 통화제 가입을 전후해서 골드만 삭스가 그리스 정부를 어떻게 농락하였는지에 관한 스토리를 밝히고, 또 하나는 미국의 금융계가 정부의 안전한 지불 준비율 확보를 위한 노력을 어떻게 정치적으로 무력화시켰는지를 설명한다.

[그리스의 무리한 유러 단일 통화 가입]

그리스가 유러통화클럽에 가입할 때 그리스 정부는 단기 채무가 너무 커서 유러 통화 가입의 조건을 충족시킬 수가 없었다. 여기에 국제 투자은행인 골드만 삭스가 그리스 정부의 단기 채무를 대량 장기 채무로 교환하여 주고 그 대가로 그리스 정부가 골드만 삭스 발행 채권을 대량 고가에 매입하여, 골드만 삭스가 일거에

$10billion 이상의 이익을 올리게 해 준 것은 뉴욕 타임즈, 월스트리트 저널, 파이낸셜 타임즈 등 국제적 신문이 보도하여 세상이 널리 다 아는 사건이다.

즉 남유럽의 재정 취약국가들은 이와 같은 속임수로 EU에 가입이 허락되었고, 이들은 일찍이 세계 최고의 통화인 유러화를 자국 통화로 사용함으로 EU 회원 간 관세 철폐와 더불어 고소득 단일 통화 국가군에 합류할 수 있었다. 그러나 문제는 이들이 단일 통화에 가입하는 것을 특권으로 착각하는 데 있었다. 서로 다른 능력을 가진 국가들이 통화만 단일화함으로 가치상승이 기대되는 우량 통화인 유러가 불량 통화인 드라크마와 교환됨으로 그리스 등 빈곤 국가에게 일시적으로는 자산 증가 효과를 가져다 주고, 정부는 EU로부터 막대한 보조금을 받았다. 국민은 크리스마스와 산타클로스가 온 것으로 착각할 정도 였다.

그러나 통화의 단일화로 빈곤국이 자동으로 산업화를 이루는 것은 아니다. 오히려 독일, 프랑스를 축으로 하는 뛰어난 국제 산업 경쟁력 국가들에게 고스란히 안방 살림 자체를 내어 준 꼴이 되었다. 그 대가로 서부 유럽 고소득 국가의 국민들이 남부 유럽 저소득국에서 관광 등 소비를 많이 해주면 후진 회원국의 소득이 계속 올라갈 수는 있으나 그게 이론대로 되지 못했다. 독일 국민은 불황만 오면 소비 절약을 하여 남유럽국가나 고소득 유럽국가나 모두 같이 불황에 들어갈 때는 같이 고통을 겪었다. 그러나 어려움이 닥칠 때마다 그리스 국민과 정부는 호·불황을 가리지 않고 빌려다 써대고, 불황에는 오히려 더 빌려다 쓸 수 밖에 없으니, 재정적 위기와 구조적 불황에 빠져드는 것은 시간 문제였다. 즉 시간이 흐를수록, 고통스러운 불황이 휩쓸고 지나갈수록, 남유럽의 상대적 빈곤 회원국들의 적자 경제는 더욱더 심화되었고, 북서부의 고소득 회원국들은 더 탄탄한 경쟁력을 갖출 수 있었다.

그리스는 유러단일통화 가입으로 발생한 경제적 주권 포기가 얼마나 중요한 것인지를 지금까지 잘 모르는 것 같다. 단일통화 채택은 첫째, 회원 국가가 고정환율제를 강제로 채택하기로 합의한 것과 같은 것이고, 둘째는 자국 스스로 통화를 발행하는 기능을 포기한 것이고(이 이유 때문에 영국은 아직도 유러 통화 가입을 거부하고 있다) 셋째로, 잘 지켜지지는 않지만 재정 적자 규모를 GDP 대비 5% 이내에 묶어 둘 것을 약속한 것이다.

첫 번째, 단일통화를 통한 고정환율 효과는 변동환율의 자동조절 기능을 완전히 포기하는 행위인데 독일은 과잉 수출을 계속하고, 그리스는 과잉 수입을 계속하면 정상적인 상태에서는 환율의 변동(독일 통화 가치는 상승하고, 그리스 통화 가치는 하락함)으로 독일의 경쟁력은 그만큼 하락하고 그리스의 경쟁력은 그만큼 상승 회복한다. 그러나 환율 자체가 없는 단일통화 체제하에서는, 이 자동조절 기능이 완전히 소멸되고 성공하는 독일 기업은 아무리 수출을 늘려도 화폐 절상 염려 없이 계속 수출을 증가시킬 수 있다. 기업이익의 누적으로 경쟁력은 오히려 더 강화되고, 경쟁력이 없는 그리스 기업은 환율 평가절하의 도움도 없이 계속 고전만 하다가 도산 퇴출하고 만다. 자동조절 장치가 소멸됐기 때문이다. 즉 빈익빈 부익부만 진전되고, 결국 약자의 그나마 남아 있던 산업 기반을 싹쓸이 당하고 만다. 그것이 단일통화다.

우리나라 수출 상품의 대부분이 5% 이상의 마진을 못내고 있다. 증권시장에 상장된 회사들의 영업이익이 10%를 넘는 회사는 극히 소수이고, 상품 판매 이익으로 이자도 못내는 회사가 절반이 넘는다. 그런데 환율이 달러당 1,200원에서 1,100원으로 9% 절상했다고 해 보자. 이것 하나만으로도 우리나라 상장기업의 반 이상이 영업 이익 제로 또는 마이너스로 떨어지고, 이자와 감가상각을 감안하면 대부분의 기업이 적자로 돌아선다. 중소기업의 부품 공급가격 쥐어 짜기, 회사의 일반 경비 50% 줄이기 등 상당 기간 조정을 해야 수출 이 원상 복귀할 수도 있고 못 할 수도 있다.

[국제 경쟁력 변화와 환율]

한 나라 경제의 대외 경쟁력이 환율의 변화에 따라 민감하게 변 하는 사실을 경제 학자들은 잘 인정하려 하지 않는다. 우리 기업들 이 원화 환율이 달러당 850원 이하로 내려(평가절상) 경쟁력을 잃 는다고 비명을 치면 경제 학자들은 이것을 기업의 떼쓰기나 엄살쯤 으로 본다. 그래서 1996년 경제위기 직전 우리나라 대외 지불 준비 금이 260억 달러일 때 수출 실패와 수입 초과로 인한 무역 적자가 일 년에 230억 달러가 되어 일시에 외환 고갈 현상이 왔다. 이때의 우리나라 환율은 일 달러당 820원 내지 830원 하였고, 누가 보아도 이는 우리 통화의 심각한 고 평가 상태였다. 그 뒤 IMF 관리 체제에 들어간 후에 우리 원화 환율이 달러당 1,800원까지 급등하고 무역 수지는 1년 내에 흑자로 전환하고, 우리 GDP는 위기 직후 일 년 만에 12% 이상의 실질 성장을 달성하는 데 중심적 역할을 했다. 이런 사실에 대하여 경제학자나, 정부는 꿀먹은 벙어리들이다.

일본의 쏘니, 마쯔시타(파나쏘닉), 샤프 같은 세계적 대 전자 회사들이 가만 있다가, LED 기술에서 삼성에 10년 이상 뒤진 것이 아니다. 그 뒤에는 국제 시장에서 1997년 경제 위기 시에 비하여, 39%나 낮게 평가된 한국 통화와 그때에 비하여 우리 원화 대비 15% 이상 절상된 일본 엔화의 차이가 양국 산업의 국제 경쟁력에 미치는 효과가 도사리고 있다. 일본 전자 업계가 가장 경쟁을 많이 해야 하는 한국의 전자 산업에 비하여 50% 이상의 상대적 비용 상승을 소화하고 경쟁하라면, 일본 기업의 투자 의욕은 없어진다. 그런 악조건하에서 한국 기업이라면 몇 개나 살아남겠는가. 유러 단일 통화는 이 경쟁력의 자동 조절 장치를 없애 버려 패자 부활의 기회를 박탈한 것이다.

[통화 정책의 포기]

둘째로, 그리스 경제가 약화되면 정상적인 상태에서는 그리스 정부는 통화 증발정책과 금융 완화정책을 써야 한다. 이 둘은 유동성을 확대 공급할 권리가 있어야 가능한데 각국의 개별적 통화 발행이 금지된 단일통화 체제하에서는 누구도 독자적으로 금융정책을 통한 경기 부양을 할 수 없다. 불황을 겪는 나라가 하나둘이 아니기 때문에 각국이 경쟁적으로 통화 발행을 확대하기 시작하면 모두가 인플레 체질에 함몰할 것이기 때문에 불가피하게 각국의 금융완화 정책을 원천 봉쇄해 버린 것이다. 그러니 당장 실업이 급증하고 나라가 붕괴 적전에 가도 회원국은 손을 쓸 수도 없이 당하게 되어 있다.

셋째, 그나마 조금 열린 곳이 재정 적자 정책 도구다. 물론 각국이 공통기준에 따라 재정의 건전성을 유지해야 되지만 회원국으로 가입할 때도 재정 건전성을 속인 나라들이다. 시간이 갈수록 이 재정건전성 조작의 기술이 더 늘어나기만 했다. 그러다 보니, 환율 평가절하도 못하고 금융완화정책도 못하고, 조용히 남몰래 정부 빚만 잔뜩 늘어났다. 재정적자의 구조조정을 할 때도 잘되는 나라는 실업수당, 복지수당비들을 줄이거나 그 증가율을 억제하지만 그리스에서는 이 실업, 복지비용들이 불황이 지속됨에 따라 불가피하게 오히려 계속 폭등한다. 즉 재정건전성도 부익부 빈익빈이다.

경제학자들은 환율의 물가상승률 차이를 반영하는 실질 환율은 알아도 인위적 통화가치 저평가의 힘을 모른다. 경쟁력 하락을 반영하는 적정 환율도 거부한다. 역사적 현실로 1980년부터 1990년대 초까지의 일본은 경쟁력 대비 저평가된 환율을 정치적으로 고집하며 전 세계를 상대로 높은 무역 흑자체질을 익혔다. 일본의 무역흑자는 전 세계 최고의 수준이었고, 지금의 중국처럼 세계 최고의 외화 보유고를 확보하고 있었다. 그런데도 일본 엔화의 환율은 소폭의 상하 변동만 하며 횡보를 계속하고 있으니 누구나 의아해하지 않을 수 없었다. 그 비밀 아닌 비밀은 자본계정의 적자 유지에 있었다. 즉 무역흑자로 외화가 흘러 들어오기가 무섭게 해외로 재 반출시켜, 국내 인플레를 막고, 막대한 무역흑자를 상쇄하며, 외국 특히 미국 내의 일본 국민과 기업의 소유 자산을 계속 늘려간 것이다. 어쩌다가 미국 환율이 대폭락이라도 하면 미국 실물자산(건물, 토지 등)에 투자한 일본의 금융 자산은 대손실을 입는다.

　바로 그런 일이 1980년대 말에 일어났다. 미국의 단기예탁금으로 장기 주택 모기지(담보)에 융자해주던 Savings and Loan Association 들이 연쇄 도산을 한 것이다. 희한하게도 그때도 이 불량 주택담보 융자은행의 줄도산이 문제였다. 게다가 2000년초의 기술 벤처회사들의 줄도산, 2008년의 서브 프라임(Sub-prime) 모기지와 레만 브라더스를 위시한 금융기관과 대형 자동차 회사의 줄도산 등 세계적 불황이 다가오자 일본의 경쟁상대국들의 환율이 대폭 절하하게 되었고 일본의 엔화는 밀려서 자동적으로 평가절상되어, 저평가의 방어막이 무너져 버렸다. 일본 스스로 인위적으로 만든 저평가의 방파제로는 경쟁력 상실을 막지 못해 장기 침체에 들어갔고 지금도 상대적 고환율에 시달리고 있다. 그게 일본의 세계적 대전자 회사들이 기술 투자와 설비 투자를 주저하게 만든 제일 큰 원인이다. 당장 자기 회사의 원가와 삼성과 경쟁하기 위하여 바이어에게 제시해야할 출고가 비교에서 타산이 안 맞는데 어떻게 투자를 결정하겠는가. 못 믿겠거든, 직접 쏘니나 샤프에게 물어보시라. 현재 중국은 집요하게 인위적 저 평가 정책을 고집하고 전 세계를 상대로 상식 이상의 무역 흑자를 유지하고 있지만, 자신의 수출시장인 고객국들의 통화가 누적된 불황과 구조적 약점으로 인해 평가절하되면, 자동적으로 위안화가 평가절상되어 중국의 일방적 수출 초과 상태는 끝나고 고속 성장은 침체되어 갈 것이다.

　그러나 독일이나 프랑스는 단일통화의 덕으로 일본이나 중국과 같은 환율 방어선 붕괴의 운명을 겪지 않을 것이다. 환율 자체를 없애 버렸기 때문이다. 아무리 수출 초과가 이어지고, 유럽의 모든 돈이 독일이나 프랑스 사람의 주머니로 집중되어도 그들의 경쟁력은 계속될 것이고, 남유럽의 상대적 빈곤국은 하나씩 재정 위기에 들어가 지불 불능 사태에 갈 것이다. 아무리 유럽 채권을 발행해도 누가 그 채권을 사주지 않으면 의미가 없고, 언젠가는 유럽 채권 자체가 독일인이나 프랑스인도 사지 않는 부실 채권이 될 것이다. 빌려가는 채무자가 부실한데 앞으로 계속 나올 그 많은 국가의 부도 위기를 유러 채권으로 막아지겠는가. 드라기 유럽은행 총재의 고집과 메르켈 독일 총리의 정치력으로 불량 국가 채권을 지금 사주면, 유러화는 인플레 통화가 되어 가치 하락을 겪고 유럽은 서서히 침몰을 시작한다.

[단일 통화 탈퇴]

최근 그리스가 결국 단일 유러체제에서 탈퇴하는 것 아니냐는 논란이 한참이다. 그리스는 긴축은 가능한 한 조금만 하고 유럽 중앙은행이나, 기타 부유 회원국 정부 또는 세계적 민간 은행에서 자금을 더 빌려 주기를 바라며 기 싸움을 하는 것 같다. 그중에 민간 은행들은 지난번 제1차 부채 탕감시 2,000억 유러 가까이 탕감해 주었고(소위 헤어 컷) 손실 처리했기 때문에 더 이상 적어도 단기간 내에는 추가의 손실을 감당할 수가 없다. IMF는 그리스의 재정 위기 탈출을 위해 후진국이 대부분 회원인 IMF의 자금을 대량으로 후진국 기준으로 보면 선진국인 그리스에 투입하는 것은 어려울 것이다. 게다가 스페인, 이탈리아 등 대형 자금 수요 국가들이 대기하고 있는 점을 감안하면 IMF로부터의 큰 도움은 기대하기 힘들다. 결국 그리스의 탈퇴를 막는 마지막 도구는 유럽 자체 내의 자금 동원력인데, 지난번 제1차 탕감 때 이미 유럽 중앙은행만 해도 1,700억 유로를 빌려 주었고(그리스 국채 매입) 현재 그리스의 대 유러 국가들에 대한 빚이 2,900억 유러에 달하는데 이제 무슨 수로 추가의 자금을 동원하겠는가.

앞으로 구제 금융을 기대하는 이탈리아와 스페인을 고려하면 그리스는 결국 유로를 탈퇴할 수 밖에 없다. 이번에 어떻게 넘어가더라도 이러한 사태는 계속 불거질 것이고 결국은 탈퇴한다. 유럽의 공공 자금이 그리스 국민 자신이 긴축을 거절하는데, 타 회원국 국민을 어떻게 설득하여 그리스 지원 자금을 만들겠는가. 일단 탈퇴하면, 그리스는 통화 정책, 환율 정책, 재정 정책의 독립적 운영을 할 수 있으므로, 관광 수입, 올리브유 등 농산품 수출 증가와 부동산 매각의 효과가 반드시 나온다. 지금은 아름다운 지중해의 섬을 내놓아도 안 팔리지만, 앞으로 한껏 절하된 자국 통화가치는 결국 평가 절상될 것이라는 기대가 형성되면, 얼마든지 팔릴 것이다. 그 기회를 그리스인들이 얼마나 효과적으로 잡느냐는 오로지 그 국민의 민족적 역량에서 나온다. 지금 그리스의 유러 탈퇴는 재앙이지만, 통제와 회복이 가능한 재앙이다.

그러나 그리스 문제를 못 푼 상태에서, 스페인과 이탈리아의 구제를 위한 작업이 시작되면, 그리스 은행과 남유럽 은행의 몇 곳의 뱅크런(대량 자금 인출)으로 막을 것을 전 유럽의 대부분의 은행의 뱅크런으로 이어질 수 있어, 급기야 유러존의 전체의 재앙으로 연결된다. 그리스 탈퇴가 가져오는 문제는 어렵지만 회복이 가능하다. 더 문제를 확대시키면, 유러 통화 지역은 와해될 수 밖에 없을 것이다.

금융권의 보고만 듣고 글 쓰는 사람들은 그리스의 유러통화 탈퇴가 그리스 뿐 아니라 남유럽 전체의 뱅크런으로 이어질 것을 걱정한다. 이것은 기우다. 그리스 이외의 남유럽 국가들이 유러통화 탈퇴나 대외 채무 불이행의 위험에 당장 처해 있는 것이 아니고, 유럽의 지도자들이 그리스 사태의 역내 전염을 원치 않기 때문이다. 그리고 이탈리아나 스페인 사람들이 긴축을 통한 조정보다 유러통화 탈퇴를 더 싫어하기 때문에 그리 쉽게 뱅크런이 전염되지 않는다. 그리스 자체도, 탈퇴 직후에는 상당한 금융적 혼란이 예측되지만 곧 가라앉을 것이고 자체 통화로 다시 안정을 찾을 것이다. 우리나라도 1998년 초 통화가치가 2.5분의 1로 급격히 절하되어 대외적으로 우리 소득과 자산의 가치가 그만큼 떨어졌지만 그것이 실제로 우리 국내 소득과 토지 및 기타 자산의 가치를 없앤 것은 아니다. 이는 장부상의 손실이지 우리 발전소, 도로, 건물이 없어지는 것은 아니다. 그리스가 유러 통화 탈퇴와 모라토리엄을 동시에 선언하면 받을 빚을 못 받아 가는 외국계 은행들에게는 대단한 손실이지만 그리스 국민들에게는 새로운 희망의 시작이다.

현재 유러 단일 통화의 핵심적 문제 중의 하나가 바로 반쪽짜리 통합에 있다. 쉽게 이해하려면 우리나라의 지방자치 단체와 중앙 정부의 관계와 비교하면 잘 보인다. 전 유럽이 단일 통화를 쓰려면 환율의 자동조절 장치를 대신하여 약자를 구제하거나 스스로 회생할 수 있는 장치를 마련하여야 한다. 우리는 그것을 중앙정부 예산의 지방교부금이라 부른다. 즉 통화정책을 강제로 단일화하였으면 거기서 발생하는 약한 회원국에 대한 경제적 타격, 즉 경쟁력의 구조적 상실에 대한 대책이 있어야 한다. 또 취약 회원국에게 지원을 하려면 남은 한 가지 매크로 정책 도구인 재정 정책으로 지원해 줄 수 있어야 한다. 그렇게 하려면 중앙정부의 재정 통합이 선행되어야 하고 이는 브뤼셀의 관료와 유럽 의회가 회원국의 재정 지출권과 조세권을 직간접으로 박탈하여 재정 자원을 나누어 주거나, 재정 경비의 최종 재배분 권한을 가지는 것을 의미한다. 지금까지는 유럽 통합이라는 정치적 목표를 위해 그 코스트를 통화정책의 포기라는 주권 훼손에 그치도록 잘 운영해 왔으나, 앞으로는 조세권과 경비 지출의 간섭 내지는 통제 같은 뼈아픈 코스트를 내야 하는 단계에 들어가는 것이다.

유럽의 단일 통화에 따른 문제들은 유럽과 미국의 은행들의 이익 극대화를 위한 무리한, 때로는 불법적 자금 운영의 죄가 크다. 금융업의 양적 건전성 확보를 위한 노력은 예탁자에게는 기본적 요구 사항이다. 그러나 미국의 금융권은 이 노력을 다음과 같이 무력화시켰다.

5.6 금융의 건전성 확보를 위한 투쟁

[건전성 세력과 수익성 세력 간의 투쟁]

미국이나 영국의 금융 역사를 보면 금융기관의 자산운영의 안전성과 건전성을 확보하기 위하여 피 흘리며 투쟁하는 세력과, 금융회사의 이익 극대화를 위하여 자산운영을 될수록 자율화하려고 목숨을 걸고 싸우는 세력 간의 대결이 끈질기게 이어지고 있다. 경제가 안정적으로 성장할 때는 이익 극대화 측이 금융 자율화에 성공하여 돈을 더 쉽게 돌도록 만들어 경제를 더 번영하게 만들었고, 이 번영은 머지않아 기업과 금융회사들의 거품을 대량으로 만들어 줄도산으로 이끌어 대공황으로 가면, 예외없이 안정화 측의 발언권이 강화되어 강력한 금융 규제가 지배하게 된다.

미국의 경우 1933년의 글라스−스티걸법(Glass−Steagall Act)과

1956년의 금융지주회사법(Bank Holdings Company Act), 그리고 2008년의 도드-프랭크법(Dodd-Frank Act: 오바마 대통령 주도)이 금융 규제와 안정화 및 건전화 세력의 작품이고, 1999년의 그램-리치-블라일리법(Gramm-Leach-Bliley Act: 같은 민주당의 빌 클린턴 대통령 주도)는 글라스-스티걸법을 철폐함으로, 금융자산 운영의 규제를 법적으로 봉쇄하는 자율화 세력의 작품이었다. 그 이름도 금융산업의 근대화법이라 불렀다. 물론 그놈의 근대화 때문에 2008년의 금융 대공황이 도래하여 오바마 정부가 4조 달러(우리나라 GDP의 4배)의 자금을 투입하여 금융회사들을 살려 냈던 것은 다 잘 알려진 역사다.

[대공황 시의 예금은행의 투기 금지법]

실제로 1933년 대공황 시 경제 구제법이라 불러도 합당한 글라스-스티걸법이 제정되었는데, 이 법은 제2차 대전을 지나며 경제가 회복되는 동안 꾸준히 뜯기고 밝혀 왔다. 이 법의 중요한 규정 중의 하나인 예금 수탁은행과 투기적 업종인 투자 은행 간의 합병을 금지하여 보관성 수탁금의 안전 운영을 해야 하는 은행과 고 리스크 자금 수탁기관의 고 리스크 운영을 서로 섞지 못하게 한 것이다. 1960년대 이후 30년에 걸친 '역사상 최장기의 경기 상승'을 구가하던 미국의 금융 지도층(그린스펀 의장, 로버트 루빈 재무장관, 래리 섬머즈 백악관 고문 및 전 하바드 대학교 총장, 빌 클린턴 대통령) 등이 이 안전성 보존법을 하나씩 무력화시키다가 1999년에는 급기야 실정법인 금융지주회사법의 사각지대를 활용하여 시티

은행과, 트래블러즈 솔로먼(Travelors Solomn), 스미스 바니(Smith Barney) 같은 투자은행들의 합병을 허락하여 실제로 이 법을 무력화시켰다.

1988년에는 세계 모든 주요 예금 수탁 은행들이 바젤 협약을 통하여 자기자본 비율 최소 유지선을 요구 받게 되었는데, 그중에 부동산 담보대출은 그 기간이 길어서 리스크가 커, 자기자본으로 평가받지 못하고 이에 대한 추가의 준비금을 요구받게 되었다. 그래서 각 은행들은 자사 보유 부동산 장기 대출채권을 유동화(Securitize)하여 증권으로 시장에서 매각이 가능하도록 만들었다. 이로서 은행의 투자자산의 건전성 평가가 자산의 질보다 자산의 유동화 가능성으로 평가받는 시대가 되어 각종 스왑과 파생 상품의 붐을 가져오게 되었다. 여기에 대하여 금융안전 우선파는 당연히 스왑과 파생상품의 규제를 요구하였지만, 미 상품선물거래소 이사장이었던 웬디 그램(Wendy Gramm: Phil Gramm 상원의원의 한국태생 부인) 여사가 모든 스왑과 파생상품을 규제 대상에서 제외시키는 데 성공하여 미국 금융서비스 산업의 근대화(?)에 큰 성과를 올렸다.

[2008 금융위기와 은행 구제]

드디어 2008 레만 브라더스를 필두로 미국 금융산업의 줄도산이 시작되자, 오바마는 부실 자산과 준비금 부족 불량 자산들을 몇 군데에 모아 집중 관리하기 시작하였다. 대형 은행들을 구제하여 예탁자를 보호하기 시작하였는데 그 결과 은행은 살고 투자은행은 투자자 리스크에 맡기도록 되었다. 즉 은행은 정부의 보조금을 받아 살아날 수 있고, 투자 은행은 여기서 제외되었다. 그래서 이 보조금을 타먹기 위하여 수많은 투자 은행들이 은행으로 전업하거나 은행과 합병하거나 은행을 인수하는 방법으로 국민이 낸 세금으로 지급되는 보조금의 수혜자가 되었다. 망해가는 베어 스톤즈사(Bear Sterns Co.)는 제이피 모건 체이즈사(JP Morgan Chase & Co.)에, 이미 망한 레만 브라더즈와 메릴 린치는 뱅크 오브 아메리카(Bank of America)에, 그 유명하던 골드만 삭스와 모건 스탠리는 합병을 통하여 은행이 되었다. 한 시대 세계 투자를 종횡무진으로 지배하던, 우리 금융회사들이 그리도 부러워하던, 산업 은행이 흉내를 못내어 그리도 샘나하던 미국의 투자은행들(IB: Investment Banks)은 역사에서 사라지고 말았다.

이렇게 나누어 받은 정부의 자금으로 대형으로 합병한 은행들은, 그리고 금융산업 근대화법에 의하여 각종 규제 대상에서 해방된 미국의 은행들은 어디로 가야 하나. 현재 상태라면, 즉 빌 클린턴의 은행 근대화법이 그대로 있는 한, 지금까지 적용해 온 룰을 그대로 적용한다면, 투자은행의 후예들은 2004.4.28의 증권거래소 결정에 의하여 각기 자사 내의 내부 평가모델을 통하여 자기 보유자산의 위험도를 스스로 결정하게 되어 있다. 이차 담보자산, 미납세 금융자산, 거래할 시장도 없는 증시 퇴출 증권 및 각종 혼혈(Hybrid) 불량 자산을 건전 자산으로 스스로 평가하여 순 자본에 편입시킬 수 있도록 되어 있다. 이런 상태는 자사 발행 채권의 가치를 실제 가치보다 과대평가하여 회사에게 높은 수익을 가져올 수 있고 규제 기관은 이를 막을 방법이 없다. 아무리 회사의 자산 구조를 더 위험하게 유지해도 제약이 없으니 이런 과대평가가 나오고, 회사는 더 큰 리스크를 걸어도 딱히 벌점을 받지를 않으니 직원들은 점점 더 위험한 운영을 하게 되고, 엉터리 가치평가를 할수록 수익이 좋아지니 보너스를 더 받게 되고, 상사들(보너스의 수혜자)도 이를 더 부추기게 된다. 여기서 "월가를 점령하자"는 데모대가 나오고, 3,400페이지에 달하는 도드-프랭크(Dodd-Frank)법이 나오고, 미국의 금융 구조를 전반적으로 그리고 획기적으로 뜯어 고치려는 대변혁이 시작된 것이다. 의당 도드-프랭크법이 여기에 소개되어야 하나, 본 저서의 목적에서 너무 이탈하는 것이어서 그 역사적 의미만 여기에 소개하고 도드-프랭크법에 의하여 예금수탁은행의 파생상품 거래 금지, 은행의 투자은행 업무 금지 등 광범위한 자금 운영의 건전성 향상 조치가 취해졌다는 점만 설명한 것이다.

그렇게 보면 한국의 금융부문이 가야할 길은 그리 밝지가 않다. 다른 것은 몰라도 한국이 현재 가진 역량을 쏟아 부어 금융 부문의 세계화와 대형화를 추구하는 것은 시대적 착오인 것 같고, 거기서 장래 대형의 고용이 창출되기를 기대하는 것은 크게 잘못되어 보인다. 런던 시티의 은행 및 금융기관 종업원의 수는 30만 명이고, 뉴욕 월가의 종업원 수는 32만 명에 불과하다.

지금까지 우리는 사회에서 고통과 분노를 유발하는 가장 큰 원인을 고용의 어려움 즉 실업이라 분석하였다. 사람의 먹고 자는 기본 문제인 고용을 해결 못하면 어떤 이념도, 어떤 이론도 가난한 다수가 투표권을 가진 민주주의 사회에서는 불용지물이된다. 또 한편으로 인류의 문명 발달을 촉진하는 데 기본적 역할을 한 잉여라는 힘은, 원천적으로 비인간적이고 잔인하여 수많은 전쟁과 파괴를 유발하였음에도 불구하고 기술 발전과 엄청난 경제 성장을 촉발하여 인류에게 역사상 최대의 번영과 고용을 제공하였다. 그러나 제2차 대전 종식 후 인류는 역사상 처음으로 글로벌 경제를 만들었고, 불행하게도 이 상태에서는 아무리 기술이 발전하고 경제가 성장해도, 고용의 증가는 기대할 수 없는 특이한 상황을 가져왔다. 즉 글로벌 경제의 고용 없는 성장이다. 경제 개방과, 무역 및 경제의 성장이 고용 문제를 해결하여 주던 20세기와는 전혀 다른 판이 차려졌다. 우리는 앞서 간 미국, 일본, 독일 등을 모방하여 금융 산업을 일으켜 고용 문제를 해결할 수 있나 검토하였으나 그 대답도 극히 부정적이다. 이제 고용 문제를 해결하는 데 있어 우리만 가지고 있고 남들이 못 가진 재벌이라는 한국적 현상을 검토해 보자. 어차피 재벌은 우리나라에서 가장 큰 고용의 공급자들이고, 많은 젊은이들이 들어가고 싶어 하는 곳이다.

◆ 다음 섹션은 〈그림 1〉에서 사용한 금융 공급선의 원리를 설명하였는데, 고등학교 기하학이 불편한 분들은 이를 건너 뛰고, 다음 재벌문제를 다룬 장으로 넘어 가도 됩니다.

5.부록 금융 상품 시장의 작동 원리

위에서 우리는 현재 각국의 금융 산업은 본질적으로 서로 상충되는 양대 목표를 달성하기 위해 경쟁적으로 제도를 개선하고, 생산성을 증진하여 국제 금융시장에서의 주도권 확보를 위하여 다방면으로 노력하고 있는 것을 보았다. 그 첫째 목표는, 예탁자의 자금을 안전하게 보관하였다가 주인에게 위험 없이 돌려주는 안전성 확보의 목표(제로 리스크 목표)다. 둘째는, 예탁자의 자금을 잘 운영하여 운영과실 즉, 이익을 극대화함으로 예탁자의 자산도 늘려 줄 뿐 아니라 금융기관도 높은 수수료와 이익 참여를 통해 부를 축적하는 것이 목표다. 전자는 예탁자금의 운영을 최소화할 때 달성하는 것이고, 후자는 예탁자금의 운영을 극대화할 때 제1차 필요조건이 달성되는 것으로, 양자가 상충되는 것은 피할 수 없는 운명이다.

또 한 가지 유념할 점은 예탁 자금을 잘 운영해서 운영 수익이 극대화 되면, 그 과실을 누가 받아가는 것이 옳은가 하는 금융 회사의 이익 배분의 문제도 있다. 원칙대로 하면 예탁 자금 운영과실은 주식 투자 펀드처럼, 운영상의 실제 비용을 제하고 나머지를 모두 예탁자에게 돌려주는 것이 옳다. 그러나 현재 어느 나라건 대부분의 금융 기관 특히 예금 수탁이 허용된 시중 은행들은 매년 년말에 집계되는 손익계산서 상의 단기 이익을 대주주가 이사회를 통해 결정한 비율로 자기들끼리(주주와 운영자) 나누어 가진다. 이것은 수천년 전부터 금융업을 일으켜 온 유럽과 유태인들의 제도를 그대로 모방한 것으로 당연히 그렇게 되어야 하는 것으로 알려져 있지만, 만일 국가가 지정한 공공 기관이 수탁 금융기관이 되면 대주주건 소주주건 주주 자체가 없기 때문에 실제 운영 비용을 제한 모든 수익은 예탁자의 몫으로 돌려주는 것이 옳다. 유럽형 금융 주식회사가 사회적 물의를 일으키지 않고 예탁자의 자금을 횡령하거나, 과잉 배당하거나 과욕으로 위험한 융자를 해서 은행들이 도산하지 않으면 그런대로 현재의 유럽형 제도로 갈 수는 있으나, 한국의 저축은행처럼 실제로 그 정반대의 현상이 상식화되어 버렸고, 금융회사들이 그 규모를 불문하고 사고를 칠 때에는 이 제도의 정당성은 그 뿌리부터 흔들려 버린다. 새로운 대체 제도가 필요한 것이 분명하다.

다시 본론으로 돌아가 예탁 자산의 안전한 관리와 안전한 반환을 목적으로 하는 제도는 국방의 혜택을 개인적으로 분할해서 나누어 줄 수 없듯이, 금융기관의 안전한 운영과 관리에서 발생하는 금융업의 안전한 발전이라는 사회적 혜택을 수혜자별로 나누어 수혜의 크기를 잴 수는 없다. 자금의 안전 관리형 사회를 향한 제도 개선 비용을 1억 원 예탁자와 100만 원 예탁자에게 예금액에 비례하여 나누어 배정할 수 없는 것이다. 즉 안전 관리를 보장하는 서비스는 공공재로서의 성격이 강하다. 반면에 운영 수익은 운영 결과로 벌 어들인 금액이 예금의 20%가 되면 1억의 예탁자는 2,000만 원의 수 익을, 1,000만의 예탁자는 200만 원의 수익을 올리는 것이므로 시 장재적 혜택 분할이 발생하고, 따라서 이는 확실한 시장재적 성격 이다.

다시 말해 어느 국가든지 금융 산업이 이 시장재적 목표와 공공 재적 가치를 어느 수준에 맞추어 놓느냐 하는 정책조율의 과제를 안게 된다. 너무 안전 위주의 정책을 펴면 그 나라의 금융 산업은 국제 경쟁력을 상실하고, 지나치게 제로 리스크를 추구하면 금융 산업은 마비되고 만다. 반대로 너무 수익 극대화 방향으로 제도를 운영하면 예탁자금의 회수가 불가능해지고, 예금 반환은 불가능해 지며 금융회사 자체가 도산하고 만다. 오늘날 서유럽 선진국, 특히 미국 금융까지 바로 이러한 병 즉, 지나치게 수익추구형 금융제도 의 폐해를 앓고 있는 것도 주지의 사실이다. 위의 정책적 선택과 조 율을 알기 쉽게 표현하기 위하여 〈그림 2〉를 이용하여 설명하기로 하자.

가로줄에는 금융상품의 안전성을 표시하고 세로줄은 자금운영의 수익성을 표시하자. 만일 예탁금을 안전한 자금 보관업 형태로 운 영하면 점 ①에 위치한다. 즉, 리스크는 하나도 없고, 수익도 하나 도 없는 상품에 들게 하는 것이다(위탁료가 붙으면 약간 마이너스

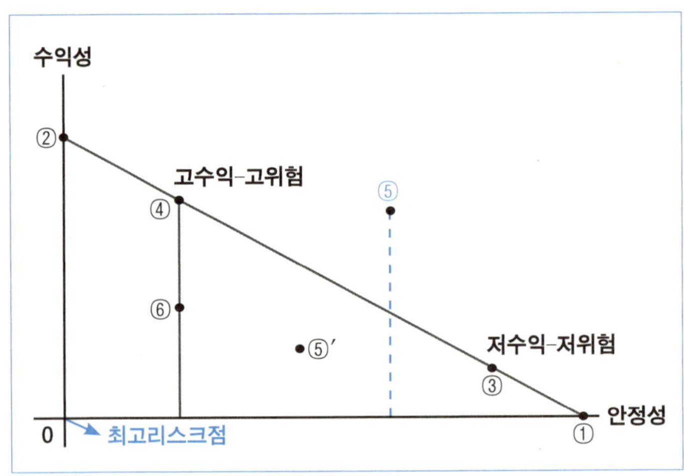

〈그림 2〉 금융 상품의 공급선

수익성이 될 것이지만). 반대로 점 ②에 위치하면, 최고 수익성에 최고 리스크(제로 안전성)의 상품을 금융기관이 파는 것이므로, 이 두 점은 이론적 양극을 말한다. 점 ③은 저수익-저위험(고안전) 상품이고, 점 ④에 투자하면 고수익-고위험 투기 상품에 투자하는 것이다. 이 선을 금융 상품의 공급선이라 부른다.

〈그림 2〉에서 이 금융 공급선은 고수익 투기 상품과 저수익 안전 상품을 점 ①에서 시작하여 점 ②까지 여러가지의 안전성과 여러 가지 수익률의 콤비네이션(조합)을 만들어 상품을 파는 것을 연결한 선이므로, 한 시점에서 그 사회의 금융기관들이 집단으로 국민에게 공급하는 모든 금융 상품을 성질별로 분포하는 하나의 공급선이며 동시에 현실적 제약이다. 즉 어떤 금융회사도 그 선보다 위의 점에 위치한 상품(예. 점 ⑤)을 내놓지 않는다. 그것은 같은 위험도

의 상품에 경쟁사들이 낮은 금리를 약속하기 때문에 나홀로 점⑤처럼 높은 금리를 약속할 필요가 없다. 그 선 밑의 점들은 존재할 수 없는 것이, 점⑤′처럼 같은 안전성에 낮은 수익률의 상품을 내어 놓으면 소비자가 선택을 안 할 것이기 때문이다. 즉 특별히 바보 같은 사람들이 없는 한, 한 국가의 금융 산업은 이 선 상에서 작업할 수밖에 없다. 그 다음으로 같은 그림에서 예금자의 행태를 살펴보자.

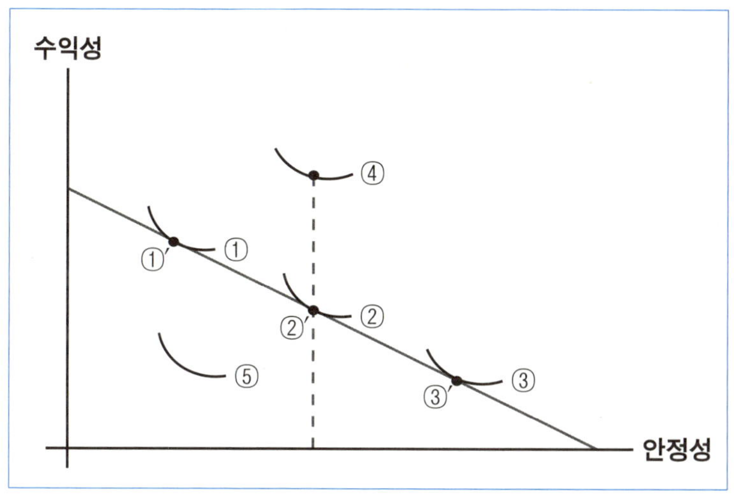

〈그림 3〉 금융 상품의 수요와 거래점

〈그림 3〉에서 각 개인은 곡선 ① 등으로 표시하고, 이는 경제학에서 사용하는 만족의 등고선(같은 만족의 수준을 주는 리스크와 수익의 조합, 즉 무차별 곡선)을 사용한 것이다. 즉 개인의 취향과 상품 공급원이 서로 맞닿은 점들에서 이 개인들이 자신의 금융자산 투자를 위험－수익별로 선택하는 것이다. 이 곡선들이 아래로 배가

불뚝하게 나온 것은 그 이유가 간단하다. 곡선의 배꼽 정점(가장 원하는 위험과 수익의 조합)보다 왼쪽으로 옮겨 가려면(즉 리스크가 커지면) 사람들은 더 높은 수익을 원하는 것은 당연하고, 좀 더 좋은 수익을 주어야 이 추가의 리스크를 받아들일 것이다. 반대쪽으로 갈 때도 마찬가지다. 약간의 수익을 포기해도 더 많은 안전성 증대의 보상을 원할 것이다. 이 두 가지가 다 공급선을 벗어난 곳에 위치하고 있어서 실현이 불가능하다. 그래서 이 배가 나온 등고선은 공급선에 배가 닿을 때 거래가 발생하는 것이다.

이제 이 그림의 기본 개념을 익혔으니 한번 활용해 보자. 일단 균형점 ①′을 한 개인의 선택이 아니고 여러 개인의 동일한 또는 유사한 선택이라고 보자. 약 50만 명 정도의 선택이라 보자. 마찬가지로 ②′, ③′ 같은 많은 점들도 수십 수백만의 선택이라고 보고 이런 점이 한 시점에 수천 개 있다고 생각하자.

즉 우리는 설명을 쉽게 하기 위하여 개인의 선택과 금융 기업의 공급의 교차점(엄밀하게는 접점)을 찾았지만, 실제로는 누구나 다 같은 선택을 해야 하고, 금융 공급도 한 사회, 한 시점에서 한 줄 밖에 없으므로(직선이 약간 곡선이 될 수는 있으나), 같은 그림으로 이제부터 한 사회의 금융 산업과 개인들의 선택 및 그 발전을 설명하는 도구로 사용한다.

개인 ①′은 투기를 좋아하는 고수익－고위험 투자자이고, 개인 ③′은 그 반대로 저수익－저위험 상품을 좋아하는 안전 투자형이고, 개인 ②′는 그 중간 쯤 되는 사람일 것이다. 개인 ④는 금융 회사가 줄 생각 안하는 수익을 원하는 사람이므로 이 나라에서는 금융 투자나 예금을 못 할 사람이고 개인 ⑤는 주는 것도 못 찾아먹는 사람이니까 무언가 좀 모자라는 사람일 거다. 그러나 이것도 웃을 일이 못 되는 게 저축은행에 예금한 자금은 5,000만 원까지는 보통 은행처럼 원금 보장이 되는데도 불구하고 5,000만 원 안 되는 자금을 굳이 일반 은행에 예탁하여 저축은행보다 훨씬 낮은 금리를 받는 사람들을 생각하면 과연 누가 좀 모자라는 사람인지 잘 모르겠다. 이것은 일반적으로 정보의 부족 때문에 발생하는 사회적, 개인적 비용이라고 하는데 과연 일반 은행의 정기 예금에 예금한 사람들이 정보가 부족해서 그러고 있을까. 분명한 것은 이 정보 부족 비용은 금융기업의 이익으로 나타난다는 점이다.

위에서 이 금융 상품 공급선은 연결된 선이 아니고, 한 국가의 금융 산업들이 어느 시점에서 공급하는 모든 상품을 수익률－위험률 순으로 나열한 수천 개의 상품들이라고 했다. 여기에서 이 나라 사람들은 과연 어떤 상품에 투자하고 집중할 것인가를 분석할 수 있다. 역사적으로 고 인플레시대에는 국민들은 고수익 상품들을 선호한다. 물가상승률을 명목 이자에 반영해 예탁금의 실질 가치를 회복해야 하기 때문이다. 여기에 따라 공급선도 가파르게 일어선다. 45°선이 80°~85°선으로 일어난다. 즉 이자율도 월 10% 이상으로 오르고 그 위험도는 극도로 증가한다. 뿐만 아니라 이러한 현상은 고도성장 시대에서 비슷하게 일어난다. 국민들이 일반적으로 경제의 장래를 낙관하고, 전자 제품 대리점이든, 국밥집이든, 부동산 투기든 차리기만 하면 성공률이 50% 이상이 되면, 자금의 수요가 폭발적으로 늘어나 금융 공급 곡선이 위로 가파르게 일어서고 약간의 리스크 증가에도 엄청난 추가의 수익률을 요구한다.

　반대로 저성장 저 인플레 시대에는 금융 공급선이 평퍼짐하게 가라앉는다. 금융기관도 대형화 장기 연금 보험 같은 안전성이 높은 상품, 세금 면제 상품 등 다양한 선진형 상품이 출시되어 ②와 같은 선의 이동이 일어난다. 인플레율이 낮으면 명목 이자도 낮아지고 산업 투자의 기대 이익 수준도 낮아지고, 사회 전체가 안전 지향적 사회로 이동한다. 당연히 이동 전의 공급한 여러 곳에 집합되어 있던 균형점들은 대부분은 사라지고 이제는 월 10% 이자를 요구하면 형사 고발당한다. 공급선의 이동에 맞추어 새로운 금융 상품의 선택점들이 만들어지고 그 사회의 금융자산은 이 점들 주변에서 배분의 균형을 결정할 것이다. 그러면 우리는 이제 소위 금융 산업의 발전이라는 개념을 〈그림 4〉로 설명할 수 있다.

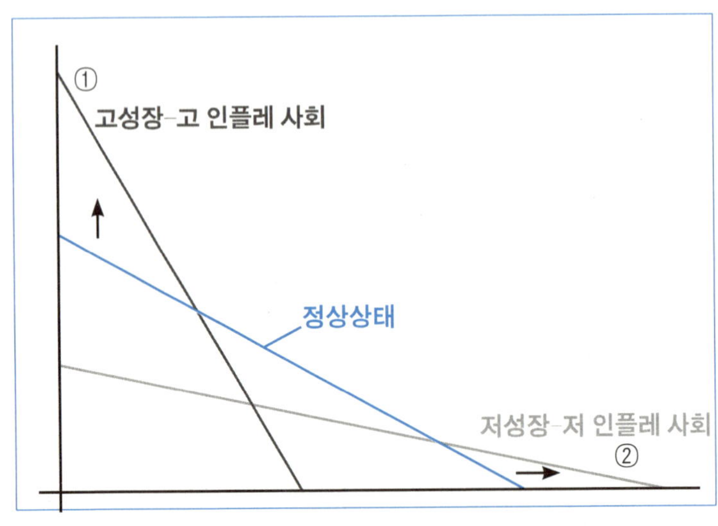

〈그림 4〉 금융 상품 공급선의 이동

제6장

한국 경제의 특징인 재벌과 그 생태계

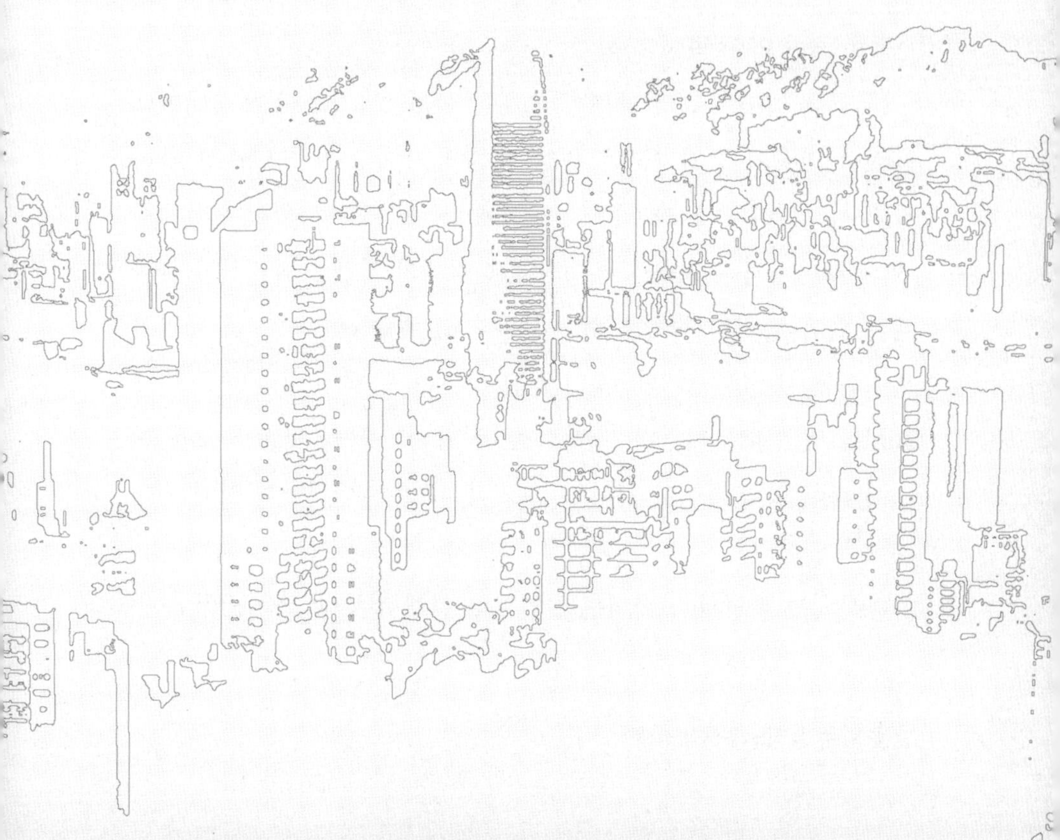

6.1 진보가 변화를 거부하는 역설

[불황 탈출과 유동성 함정]

이 땅에 마르크스의 망령이 고개를 든다. 그가 산업예비군이라 불렀던 대량의 실업자군이 우리 경제에 필수 고정 요인으로 자리 잡기 시작했다. 마르크스는 이 산업예비군의 기존 사회질서와 체제에 대한 반항과 부정이 자본주의 시장경제의 기반을 파괴하고 사회적 분열과 정치적 혁명으로 진전된다고 예측하였다. 그의 예언이 틀렸다는 사실은 맞지만, 틀리게 된 것은 이 문제에 대한 좋은 대책들이 있었기 때문이었다. 정부와 금융 당국의 불황 탈출과 고용 확대 정책이 먹혀 들어간 것이다. 그러나 이 좋은 대책들이 이제는 한계에 부딪혔다.

반복되는 불황과 누적되는 실업으로 인해 정부와 금융 당국은 주기적으로 경기 활성화 대책을 활용하였다. 대책의 도구는 금융완화 정책과 재정 정책이 대부분이다. 금융완화 정책은 돈을 풀고 이자를 내리는 방법인데 이 방법을 너무 오래 사용하면 일본처럼 제로 금리 상태에 들어간다. 인플레를 감안하면 실질금리는 마이너스 상태다. 즉 돈을 빌려주고 이자소득을 얻는 것이 아니라 보관료만 내는 것이므로 소비자는 더 가난해지고 소비를 자제하여 불황만 계속될 뿐이다. 케인즈는 이미 이것을 유동성 함정 현상이라고 불렀다.

그렇게 말해본들 무엇하랴. 과잉투자, 과잉생산은 산업체들이 주기적으로 저지르는 실수이고, 때문에 공급과잉이 발생하는데 밀튼 프리드만은 이것을 선택의 자유라고 미화하고, 경제는 자꾸 불황에 들어간다. 이때 정상적인 사람들은 생산 설비 가동률을 줄이고, 신규 설비 투자를 줄여서 과잉 공급을 처리해 버린다. 돈을 벌려면 불황에 설비 투자하고 호황의 정점에 감원 준비를 해야 하는데 한국뿐만 아니라 전 세계 모든 기업이 그 반대로 행동한다. 이익이 날 때(호황 끝에) 설비 투자 확대하고 손실이 날 때(불황 속에서) 투자를 줄인다. 이익의 증가보다 매출 확대와 업계 순위 상승을 경영의 목표로 추구하기 때문이다. 때로는 시장 점유율을 이익률보다 더 열심히 추구한다. 기업만 그런 것이 아니다. 언론도 기업의 매출액 순위 등수까지 매겨가며 경쟁을 부추기고 있다. 1997년 경제 위기에 빠지기 직전까지도 우리나라 언론은 어느 재벌 그룹이 은행 융자를 가장 많이 썼는지 주기적으로 보도하였다. 국가는 GDP 성장률을 매년 발표하여 확대 생산을 자랑거리로 삼는다. 불가피한 산업조정을 거부하고, 정부금융기관 모두 유동성 확대 공급으로 불황을 벗어나려다가 위의 과잉 유동성 공급 함정에 빠지고 만다.

[재정 적자 함정]

물론 불황 타개 대책으로 재정정책, 엄밀히 말하면 재정적자정책이 있다. 불황 때마다 추가로 발행하는 국채를 손쉽게 중앙은행에 반강제로 팔아 그 돈으로 재정지출을 확대하여 유동성을 확대시킨다. 추가 재정지출은 고용을 직접 창출하는 효과가 있다. 그러나 매년 같은 금액의 국채를 추가로 팔아 같은 양의 고용을 유지하지 않는 한 재정적 고용 창출은 일회용으로 끝난다. 추가의 고용을 창출하려면 더 많은 국채를 파는 수밖에 없다. 그렇게 일본 정치인들처럼 고집을 피우며 GDP 200%를 넘는 공공채무를 축적해 나가다 결국은 장기 디플레에 빠지고 만다. 이것을 '재정 적자 함정'이라고 부르자. 케인즈같이 뛰어난 학자도 정치인들이 케인즈의 이름을 빌려 국가 부채를 계속 늘리다가 재정 적자 함정에 빠질 줄은 몰랐다. 그래선지 그도 재정 적자 함정이라는 말은 사용하지 않았다. 이것이 자본주의체제와 민주공화정치의 혼합물에다 케인즈적 재정관리법을 합치면 불가피하게 나타나는 구조적 병이다. 이제 우리는 두 개의 함정에 빠져 민주주의적 정부의 역할이 마비된 상태에 들어간 우리 경제의 현실을 인정하지 않을 수 없게 되었다.

그보다 더 웃기는 일은 케인즈라는 걸물을 만들어 낸 직업적 경제학자들이다. 이들은 두 개의 파벌로 나뉘어 한쪽은 소위 신고전주의 또는 신자유주의라는 이름으로 또 한쪽은 케인즈 학파, 또는 케임브리지 학파라 불리운다. 신고전주의는 우리 경제에 반드시 필요한 산업조정은 정부가 나서서 할 일이 아니니 제발 정부가 경제를 건드리지 말라고 한다. 특히 재정 적자 운용이나 직접 고용 창출 같은 짓은 하지 말고 3년이 걸리든 5년이 걸리든 경제가 스스로 조정하도록 내버려두자고 주장한다. 재정적자 말소는 기본이고 세금도 줄이고, 정부도 줄이고, 공무원도 줄이고, 선생도 줄이고, 군인도 줄이고, 경찰도 줄이고, 사회복지도 의료보험도 줄여 순수 자본주의 체제로 가잔다. 민주주의 사회에서 이게 과연 가능한 것일까.

한편에서는 세금 안 내겠다고 데모하는 '이긴 자'들의 폭동인 티파티와, 또 한편에서는 각종 사회보장 장치로 생계를 보장해 달라는 스스로 '졌다고 생각하는 자'들인 진보 세력이 서로 유혈 충돌할 때 이 사회는 과연 어디로 갈 것인가? 거기다 부모 유산으로 배도 안 고픈 자가 기득권 세력과 산업자본가에 비하여 배가 몹시 아프다는 이유로 소위 '강남 좌파'까지 만들어 가난한 패배자들의 이름을 도용하며 개인적 정치 활동을 하는 것을 보면 정말 역겹다.

[한국의 총체적 변화 거부 시대]

그러면 21세기의 산업예비군이 국내에만 4백만 명이 넘고 매년 15만 명이 늘어나고 있는데 이 젊은 실업자군은 앞으로 희망이 전혀 없는 것인가. 국제경쟁에서 이기지 못하면 퇴출당하는 한국의 제조업 중심의 대기업은 이제 고용 창출에 기여할 능력을 박탈당했다. 크레인 꼭대기에 올라가서 한 명이 아니라 천 명이, 한 달이 아니라 일 년을 데모해도, 글로벌화된 세계 시장에서 경쟁에 이기지 않으면 생존이 불가능한 대기업들은 인위적으로 고용을 늘릴 힘이 없다. 정부나 중앙은행의 재정정책과 금융정책은 이미 벽에 부딪혔다. 고용 유발효과가 높다는 서비스업도 제한된 지역 내에서 외국인들만 영리 병원을 설립하여 운용케 하자는 법안 하나도 국회 문턱을 넘지 못하는 나라에서 무슨 서비스 산업의 고용 유발 효과를 기대하겠나.

전신이 마비된 식물인간과도 같은 우리 정치 때문에 서비스업 진흥이 그림의 떡이 되고 있다. 관광산업 하나 키우거나 경제 자유지역 하나 육성하는데 '전례'를 국가의 헌법보다 더 중요한 원칙으로 보는 공무원들의 무사안일주의 밑에서는 우리는 한 발짝도 앞으로 못 나간다. 여기에 진보 정치 이념으로 무장한 환경단체들이 모든 변화에 대한 전방위적 거부로 인해 우리 사회는 이제 총체적 동맥경화증과 전신마비증에 걸렸다. 그냥 우리 있는 그대로만 가잔다. 우리는 바야흐로 변화의 총체적 거부 시대에 진입하고 있다. 변화는 진보 사상의 기본 목표다. 그러나 우리나라의 진보의 탈을 쓴 사람들은 보수주의자들보다 몇 배 더 변화를 싫어한다. 반세기의 고속성장이 가져온 변화 피로증이 이제는 변화 거부증으로 발전하여, 진보의 철학으로 변했다.

[블랙스완은 언제 오나]

그사이 생계를 마련하지 못한 산업예비군의 수는 날로 늘고 있다. 어느 선동적 정치인이 이 실업 대중에게 분노의 불을 지피면 우리 사회는 마른 풀처럼 곧바로 불바다가 될 것이다. 김정은이 필요 없다. 불바다는 우리 스스로 만든다. 촛불 행렬이 엉터리 정보에 근거한 선동에 속은 꼭두각시들의 행렬이었다면, 실업 대중의 분노의 불길은 절망에서 파생된 무서운 사회 파괴적 힘이 될 것이다. 이 불길의 크기는 분노의 정도에 달려있다. 분노의 크기는 기대와 성취 사이 갭의 크기에 달려있다. 날로 양극화되는 우리 사회에서 절제를 모르는 상류층 낭비와 전시주의는 기대를 한껏 키워주고, 반대로 날로 늘어나는 실업과 인플레는 성취의 크기를 계속 낮춰주고 있다.

지금까지 이 불길이 터지지 않은 것은 아무런 위안이 되지 못한다. 1년 후에 터지면 오늘 터질 것보다 2배 더 큰 크기로 터질 것이기 때문이다. IMF때도 그랬듯이 문제를 직시하지 않고 여러 가지 대응 방법이 있다고 믿었지만, 행동은 하지 않고 말로만 떠들며 무역적자 누적을 방치했을 때 외환 위기가 생각보다 훨씬 빨리 들이닥쳤다. 쓰지 않는 대책은 없는 대책과 같다. 이제 한국 사회는 수백만의 격분하는 대중, 여기에 불을 지르려는 선동적 정치인, 사회 전반에 걸친 구린내 나는 탐욕적 지도층, 절망을 확신케 하는 공공 분야의 동맥경화증 등을 모두 고루 갖추고 있다. 정치권, 사법, 관료, 학교, 문화계, 종교 예외가 있으면 말해봐라. 언제 터질지 알 수 없다. 온다면 예기치 않은 시간에 블랙스완처럼 온다. 일단 터지면 계엄령을 선포해도 해결이 안 된다. 어느 군인이 가난한 우리 백성들에게 발포하겠는가.

늦었다. 그러나 아무리 늦었어도 방법은 찾아야 한다. 놀랍게도 우리나라의 진보 세력은 블랙스완은 될지언정, 대량 실업의 해결에는 직접적 도움이 안 된다. 우리가 찾는 해답은 우리 경제의 마지막

보루인 재벌이 지배하는 대기업들일지도 모른다. 정말 역설적으로 들린다. 그러니까 하나씩 따져보자.

6.2 대기업과 재벌

자연인 재벌과 법인
정부와 기업의 분업과 경제성장 기여
대기업과 중소기업의 경제성장 기여

[자연인 재벌과 법인]

우리나라에서는 재벌과 대기업이 동의어로 사용되고 있다. 그러나 재벌은 자연인이나 자연인의 집단이지만 대기업은 법인이다. 자연인과 달리 법인은 그 생존권이 탄생에서 발생하는 것이 아니고 법에 의하여 인위적으로 정의하고 부여 받은 권리다. 따라서 법이 정한 불법행위를 하지 않는 한, 또는 채권자나 대주주들이 해체를 결정하지 않는 한 법인은 영구히 존속할 수 있다. 그래서 재벌이라는 자연인과는 완전히 다른 존재다.

자연인이 의사결정을 하듯 법인도 의사결정을 한다. 자연인과 다른 것은 법인은 법인의 지속적 생존을 위한 의사결정을 계속해야 하고 그 결정을 계속 실행해 나가야 생존이 유지된다. 영원히 살 수도 있지만 잘못 결정을 내리고 자기 보호를 소홀히 하거나 생존에 위협이 되는 행위를 하면 법인도 당장 죽을 수도 있다. 실제로 모든 법인은 이 자기 보호와 생존을 위한 결정과 실행을 계속하면서도, 경영이라는 생태계의 존속 원리에 의하여 본의 아니게 도태될 수 있고 실제로 도태된다. 그래서 법은 법인의 구성원들에게 법인의 생존을 위한 합리적 결정과 실천을 하라고, 의사결정 과정과 의사 결정권자의 선출에 많은 법적 규제를 두고 증권시장 상장사에게 강제로 적용하는 일반적 규준까지 만들어 두었다. 물론 법인도 범죄를 저지를 수 있다. 법인의 의사결정권자들이 법인의 생존을 위협하는 행위를 할 수도 있고 법인 관리자들이 자신의 이익을 위하여 법인을 이용해서 불법적 또는 부조리한 행위를 할 수도 있고, 또 실제로 한다. 이때 법인과 법인의 의사 결정권자들은 법의 제지와 벌을 받는다.

요는 법인은 원래 재벌과 다르고, 별도의 목적과 논리 및 법 규정에 의해 존재하지만, 재벌이 법인을 위법적 목적으로 사용하면 법인은 제지를 당하고 재벌도 처벌을 받아야 한다. 그러나 우리 일반 국민의 반기업적 정서는 재벌과 법인 즉 기업을 뭉쳐서 구분 없이 반감을 보이고 있다. 재벌에 대한 반감 때문에 법인을 나쁜 것으로 인식할 때가 많다. 법인과 재벌을 차별해야 하는 더 큰 이유가 있다. 재벌은 개인을 위해 살지만, 법인 특히 대기업은 대주주뿐만 아니라 종업원, 임직원, 정부(세금 징수), 국민(각종 소비재 공급 및 취업의 도구)들을 위해 존재한다.

우리나라 GDP 중 정부는 약 30%(지방재정포함)를 기여하지만 나머지는 대부분 법인이 생산한다. 정부의 재정지출을 국민의 소비와 같이 총 수요의 일부라고 보면, GDE(국민총소비)에는 정부도 참여하지만 GDP(국민총생산)에는 따로 정부가 생산하는 것이 없으므로 그냥 총수요 기여도 30%를 총생산 기여도로 해석할 뿐이다. 실제로 국방, 경찰, 법질서 유지, 국가의료보험산업 운영 등 필요한 서비스를 생산 공급하지만 그 부문의 생산액을(예. 국방서비스의 가치) 추정할 수 없어서 그냥 총사용 비용을 생산 가치로 유추하는 것이다.

교육 같은 시장재인지 공공재인지 불분명하고 애매한 분야에서도 정부가 억지로 세금을 거두어 강제로 공급하고 있다. 뿐만 아니라 우리나라는 정부가 공적 교육서비스 공급을 독점하고 있고, 그 중 일부를 사교육 기관에 하청 생산시켜(각종 사립학교) 국민에게 교육을 공급하고 있다. 그러다보니 선거 때마다 가치관이 삐뚤어진 교육 관료들과 교육 정치인들이 이러한 정부의 교육 독점체제를 강화하는데 혈안이 되어 교육서비스 공급을 정치의 도구 또는 표 모으는 장치(集票機)로 전락시키고 있다.

교육 서비스 공급의 효율성과 질은 완전히 무시되고 교육의 공공성만 강조한 나머지 교육처럼 중요한 서비스는 정부가 세금을 거두어 무료로 공급해야 된다는 억지 논리가 지배하게 되었다. 이승만 박사의 초등학교 의무교육 제도는 6년으로 족하다. 세계 최빈 국가에서 경제 성장의 엔진을 시동시키는 역할로 족하다. 이제는 시장재인 교육을 시장에 돌려줄 때가 되었다. 매년 한두 가지씩 교육 서비스를 무료 공급화시키는 장기 교육정책까지 들고 나오는 것은 우리나라를 사회주의 빈국으로 되돌려 놓겠다는 시대착오 현상이다. 이대로 가다간 사교육비까지 정부가 보조해 주겠다고 나올지 모르겠다. 내가 내어야 할 세금으로 말이다.

그런 논리라면, 농업, 식품 가공업처럼 중요한 생산과 서비스는 왜 시장에 맡기는가. 이것도 모두 정부가 운영하고 무료로 공급해야지. 그뿐인가 주택처럼 중요한 산업을 왜 민간에 맡기나. 모두 정부가 직접 건설하고 무료로 공급해야지. 유통산업, 건설산업, 교통(철도에서 해운, 항공까지), 에너지사업 그리고 우리가 지금 국제경쟁에서 구글과 애플을 꺾고 이겨야 하는 통신산업, 소프트웨어산업, 하드웨어산업 모두 정부가 독점해야지. 그런 걸 공산주의 사회라고 부른다. 공산주의 사회를 만들지 않을거라면 억지로 정부 독점체제를 키우는 것 보다 각 분야의 발전 방향만 정해주고, 그 실천은 민간부문에 맡겨 우리나라의 장기적 번영의 책임을 지게 하는 것이 더 빠르다.

실제로 우리나라 경제의 70%는 민간 부문이고, 그 민간 부문의 GDP기여율 기준으로 70%는 대기업이 차지하고 있다. 그것은 우리나라 수출의 90%를 대기업이 수행하고 있기 때문이다. 우리나라 제조업의 비중은 GDP의 25%도 안되지만, 우리제조업이 우리 수출에 차지하는 비중은 95%를 넘는다. 즉 대부분의 수출은 대기업이 한다는 말이다. 나머지 부품 공급업체와 영세 독립 기업들은 제품 시장가격에 비하여 매입 원재료 값이 너무 높아 그 차이에 해당하는 부가가치를 별로 못 내고 있다. 이는 중소기업과 영세기업의 구조적 적자 경영을 초래하여 구매 자재 비용을 뺀 GDP기여도가 극도로 왜소해진다.

[대기업과 중소기업의 경제성장 기여]

반면에 대기업이 수출한 최종 매출 가격은 국제시장경쟁에 따라 결정되므로 우리 대기업도 수동적으로 이를 인정하고 받아들일 수밖에 없다. 제조원가와 영업비 이자, 감가상각비, 세금 등을 여기에서 제하고 나머지가 잉여가 된다. 이 잉여도 대기업과 중소기업이 나누어 가져가서 각기 이익 또는 잉여로 기표된다. 즉 수출 시장을 주 시장으로 삼고 생산에 매진하는 우리 경제는 국제 시장가격과 우리 대기업이 달성하는 이익을 나누어 먹고 사는 극히 수동적인 시스템이다. 국제 경쟁에서 대기업이 수동적으로 국제 가격을 수용하듯이 국내 경쟁에서는 중소기업끼리 다시 경쟁하며 납품 권한을 획득해야 되므로, 최종적으로 이 잉여의 대부분은 대기업(과점적 매입자인 대기업)에게 유리하게 전개된다.

이렇게 열악한 중소기업의 활동 무대는 우리나라의 기업 생태계로서 피할 수 없는 현실이다. 우리나라의 대기업도 국제경쟁이라는 생태계에서 제가 살아남기 위해 국내 생산 공급 체인인 또 하나의 생태계를 계속 악화시키는 악순환을 거듭하고 있다. 이 생태계의 악순환을 개선하는 대책은 추후에 논의하기로 하고, 지금은 재벌과 대기업을 구분하고, 그 역할도 다르며 그 생존 방법도 다르다는 점을 인식해두자. 설혹 이 열악한 국내 기업 생태계가 재벌들에게만 도움이 되는 것이 현실일지라도 우리가 가진 번영 창출의 기계이며 해외에서 외국 기업과 맞붙어 이겨주는 대기업의 역할과 공로를 인정해 주고, 대기업과 중소기업이 같이 번영하는 시스템을 구축하는 데 지혜를 모아야 한다. 그리고 적지 않은 국민이 그리도 미워하는 재벌 자체의 변화에 대해서는 이 책의 끝에서 다시 논하기로 하자.

6.3 재벌과 전문 경영인

[전문 경영인으로서의 재벌]

그러면 재벌은 뭐냐? 재벌은 전문 경영인인가. 이건희 회장은 회장 취임 후 첫 사장단 회의에서 "나는 전문 경영인이다"라는 인사말로 시작했다. 그때 필자는 속으로 당신이 무슨 전문 경영인이오, 재벌이지라고 생각했다. 그런데 돌이켜보면 이회장이 생각한 전문 경영인의 뜻과 필자가 생각한 전문 경영인의 뜻이 전혀 달랐던 것이었다. 이회장은 주주총회서 이사들 중에서 대표이사를 선임해서 최고경영자(CEO)를 만들고 그 법인을 끌고 나가게하는 제도하에서 대표이사로 선택된 사람이 바로 전문 경영인이라고 생각한 것이다. 본인도 그 자리에 대주주로 앉아 있는 것이 아니라(물론 그럴만한 충분한 힘을 가지고 있지만), 이사회가 선임한 최고경영자로 왔다는 뜻이었다. 하나도 틀린 데가 없다. 반면에 필자는 재벌의 상속자가 재벌기업의 최고경영자로 온 것인데 어떻게 전문 경영인이라고 할 수 있느냐는 일반 통념적 생각을 하고 있었던 것이다. 즉 전문 경영인을 그 기능적 측면에서 정의한 것이 아니고, 출신적 측면에서만 본 것이다. 이것이 우리나라 일반 대중이 가지고 있는 일종의 선입견이 된 것이다. 따라서 지금 역으로 다시 질문하면 재벌의 상속자는 이 사회에서 최고경영자로 뽑으면 안 되는 것이냐고 물을 수 있다. 법적으론 아무 문제가 없다. 도덕적으로는 문제가 있나? 능력이 현저히 모자란 사람이 한국의 최대 회사의 최고경영자가 되어 만일 큰 실수를 하거나 잘못된 의사결정을 내려 삼성그룹뿐 아니라 한국 경제에 심각한 타격을 입힐 가능성이 있으면 그 인사는 도덕적으로 하자가 있다고 보는 게 통념이다. 그럴 수 있다는 개연성만으로도, 그 인사의 정당성은 의문을 일으키기 충분하다. 또한 그 역도 진리다.

재벌이란 단어는 역시 부의 상속자라는 뜻이 일반적이고, 재벌이 최고경영자가 되면 그때부터 그는 전문 경영인이다. 그 순간부터 그 전문 경영자는 재벌(대주주)만이 아니라, 전 임직원, 전체 주주, 전체 소비자, 국가 경제발전과 고용의 기여라는 폭넓은 책임을 지게 되는 것이다. 전문 경영인으로 역할과 책임에 충실해야 하고, 경영적 결정의 결과를 책임져야 하고, 실패했을 때는 가차 없이 책임지고 물러나야 한다. 그래서 다른 전문 경영인과 똑같이, 똑같은 조건에서 일을 하되 객관적 평가에 겸허해야 한다. 다시 말해서 재벌이 경영자가 되면 다른 모든 전문 경영인과 마찬가지로 좋은 경영자와 나쁜 경영자로 구분되고, 그 구분은 완전히 자신의 성과와 실적에 의해 결정된다.

나쁜 재벌과 좋은 재벌은 그 사회에 미치는 영향 측면에서 차이가 별로 없다. 그것은 어찌됐거나 개인 또는 집안의 일이기 때문이다. 재벌이 경영자가 되면 당장 나쁜 경영자 또는 좋은 경영자로 평가를 받지 않을 수 없다. 그것은 스스로 초래한 자업자득인 셈이다. 뿐만 아니라, 전문 경영인이 된 재벌이, 그것도 한국 최대 기업이나 그와 견줄 만한 기업의 CEO가 된 재벌이 경영 의사결정이 잘못 돼서 회사가 실패할 경우에는, 거기서 나오는 국가적 손실은 재벌 개인의 문제를 훨씬 넘는 거대한 국가적 문제로 발전할 수 있다. 대기업의 최고경영자는 공인이다. 우리나라에서 누구보다 중요한 공인이다.

[전문 경영인의 능력과 자격]

오바마 대통령이 대통령 후보가 되기 전에 미국의 대표적 재벌인 워렌 버핏의 초청으로 오클라호마 래피드 시티의 그의 버크서 해서웨이 사무실을 찾아갔다. 아주 검소한 그의 사무실에서 둘이 마주 앉아 많은 이야기를 나누었는데, 그중에 버핏은 자신의 재산과 경영권(재벌 자격과 전문 경영인의 자격)의 상속 문제에 대한 견해를 이야기하였다. 그는 재산의 상속을 긍정적으로 생각하고, 자식들이 가난하지 않게 살 수 있을 충분한 재산을 상속하겠다고 하며, 그래 봐야 그 금액은 자신이 보유한 총 개인 자산의 극히 작은 일부밖에 안 될 것이라고 했다. 그 이유는 한 가족이 풍요롭게 일생을 사는 데 무슨 큰돈이 필요하겠나, 몇 백만 달러, 몇 천만 달러라 해봐야 버핏이 소유한 재산의 천분의 1도 안될 것이라는 뜻이다.

　반면에 경영 승계에 대해서는 단호히 거부했었다고 한다. 버핏은 주식투자의 성공으로 투자자들의 신임을 얻어 대형 금융투자회사를 만들었다. 이 성공의 뒤에는 나름대로 미국 경제와 세계경제의 어느 분야의 산업과 기업이 더 성공할 가능성이 높은지를 판단해 내는 능력을 키운 그 자신이 있었다. 그 결과, 자신의 주식투자가 실패한 경우보다 성공한 경우가 더 많은 결과를 내었다. 이는 바로 미국 경제가 필요로 하는 미래 승리 사업에 자금을 몰아주는 지원 역할을 해서 오늘의 미국 경제 번영에 적지 않은 기여를 한 것이라고 믿고 있었다. 미국 정부의 자원 배분 능력보다 자기의 자원 배분 능력이 훨씬 작지만, 자기를 믿고 따라오는 미국 전체 투자자들의 방향을 정해 주는 점을 고려하면 정부보다 더 큰 자원 배분 역할을 하고 있었다고 보는 것이다.

　그런데 버핏의 말을 그대로 인용하면, 만일 아버지가 올림픽 100m 경주의 금메달리스트였다면 아들도 100m 경주의 금메달리스트가 되는 확률은 아주 작다. 따라서 미국의 자원 배분 효율을 극대화하는 능력은 100m 경주의 금메달과 마찬가지로 대단히 어렵고 많은 노력 끝에 얻은 능력의 결실이다. 그 아들에게 같은 자원 배분 권한을 주면, 그때 발생할 수 있는 위험은 자기로서는 개인과 국가가 감당하기 어려운 수준의 위험을 초래할 가능성이 크다고 보는 것이다. 이것이 경영인의 사회적 책임이고, 재벌 개인의 책임과는 현저히 다른 중대한 책임인 것이다.

이것은 오바마가 '아직도 희망을 가질 용기(Courage to Hope)'에서 기술한 것을 필자가 살을 좀 붙인 것이다. 이 논리를 받아들이거나 거부하는 것은 개인의 자유다. 최소한 돈 많이 가지고, 자식에게 경영적 권한을 인계할 생각을 가진 이들은 한 번씩 심사숙고해 볼 만한 논리다. 여기서 나타난 중요한 교훈은 뛰어난 경영능력은 누구의 자식인가에 따라 보장되는 것이 아니라는 점이다. 어떤 회사에게는 경제적 자원을 몰아주어 사업에 성공하게 도와 주고, 어떤 회사는 국가 경제에 기여가 별로 없을 것으로 판단되어 자금의 흐름에서 이탈시켜 사업에 실패하도록 내버려 두는 것은 투자자의 의사결정이 한 나라의 경제발전을 위하여 얼마나 중요한 것인가를 잘 보여 주는 것이다. 경제와 산업의 구조는 저수지의 물과 같아서 항상 계속해서 새 물을 주입시키고, 밑에 괜 썩은 물을 뽑아 내 주어야 그 안에 각종 생물이 살게 된다. 그래야 생태계가 보존되고 경제가 풍요로워지는 것이다. 억지로 빼내야 할 물을 저수지 상층부로 펌프질해 올리면 그 저수지는 온통 쓰레기통이 되고, 생태계는 부패하고 경제는 망한다. 억지가 원래 안 통하는 것이 경제다. 재벌이 잊어서는 절대로 안 되는 것은 자신도 그 생태계의 한 부분이라는 점이고, 그 생태계가 썩으면, 저효율 후진 경제처럼, 국가 경제도 시들고 만다는 점이다.

6.4 기업과 정부에게 경제성장은 무엇인가

경제성장은 지출 개념
지출 개념과 성장의 문제
기업과 정부의 고용 확대 능력
재벌과 한류의 묘한 분업 체계

[경제성장은 지출 개념]

쉽게 말하면 경제성장은 정부를 포함한 모든 경제주체들이 경제활동을 더 많이 하는 것이다. 정치인은 별로 경제활동을 안 하는 것 같지만 그가 자신의 활동 대가로 봉급 같은 보상을 받으면 그 금액만큼의 경제활동을 하였다고 보자고 전 세계 경제 통계관들이 합의하였다. 따라서 예술가, 교육자, 기자, 모든 분야에 종사하는 사람들이 모두 돈을 번 만큼 경제활동을 하고 있다고 보는 것이다. 같은 소득을 받더라도 경제활동을 더 많이 하는 사람과 덜 하는 사람이 분명히 있다. 그래서 성과급제도가 있지만 그것으로 경제활동의 양 차이를 나타내기에는 너무 부족하다.

더 나아가 한 사람의 경제활동이 커지면 다른 사람의 경제활동이 줄어들 수도 있다. 예를 들어 연 3,000만 원의 소득을 내는 사람이 병이 나거나 사고가 나서 한 달 동안 일도 못하고 봉급도 못 받으면 그 사람의 경제활동은 250만 원만큼 줄어들 것이다. 그러나 이 사람이 병원에 다니느라 사용한 금액이 교통비, 음식비, 진료비(보험 수가 포함), 입원비, 간병인비 등 합쳐서 250만 원 들었으면 다른 사람의 소득이 늘고 국가적으로는 경제성장이 하나도 줄어든 것이 아니다. 더 코믹한 것은 이 사람이 한 달 쉬지 않고 직장에 다 나가거나, 아니면 유급휴가를 받아 월급을 다 챙기고 그 외에 250만 원의 치료 관련 비용을 지출했다면 그만큼 더(500만 원) 경제가 성장한 것으로 잡힌다. 즉 사고나 병이 안 나면 경제성장에 보통 정상적인 기여를 하지만 사고가 나면 성장 기여도가 늘어나는 구조다.

다시 말해서 다른 사람의 경제활동을 촉발하는 나의 모든 행위, 상태, 경험(사고나 연극 관람 같은)은 경제성장을 촉발시키는 것이다. 한 사람이 받는 소득은 누군가의 지출이기 때문에 전국의 모든 이들의 지출을 다 합친 것이 국민 총소득의 약 70%에 해당한다. 여기서 정부가 세금을 걷거나 빌려서 지출한 것을 다 합치면 나머지 30%의 지출이 채워져서 그 총합이 국민총생산이 된다. 이것은 국가나 국민이 외국에서 수입하기 위해 지출한 것도 합쳐서 말하는 것이며 경제성장이라는 것은 이 총 지출의 증가를 말한다. 그래서 처음에 이야기한 모든 거주자의 더 많은 경제활동은, 실은 모든 경제주체의 더 많은 경제활동과 더 많은 지출을 의미한다. 물론 이 모든 경제주체는 정부, 기관, 기업, 개인, 외국인 거주자, 한국을 방문 중인 외국인도 다 포함한다.

이러한 지출 증가형 경제성장 개념은 실제로 문제가 많다. 좀 극단적인 예로 국민들은 아무것도 생산하지 않고 필요 물자를 전량 수입해서 사용한다면 이 수입의 증가를 경제성장이라 볼 수 있을까? 실제로 국민의 4분의 1만 어업이나 약간의 농업에 종사하고 나머지는 공무원, 의사, 관광업, 주택 건설 등 서비스업에 종사하고, 국내에서 제조업은 환경 보존 조건을 까다롭게 만들어 발을 붙이지 못하게 하면서, 정부가 외국자본시장에서 국채를 대량으로 팔아 모든 국내 거주자와 경제주체의 지출을 올렸다면 그것은 확실히 경제성장이다.

문제는 제조업, 어업, 농업의 생산은 늘지 않고 외국 자금의 국내 유입으로 주식가격, 부동산 가격 등이 폭등해 물자의 수입도 급등하고 국민들은 더 많은 돈이 유통되니까 경제가 잘되는 줄 알고 펑펑 쓰다가 급기야 더 버티지 못하고 주식가격과 부동산 가격은 폭락하고 수요는 전반적으로 사라져, 사람들은 원래 하던 어업으로 돌아가고, 중앙은행 총재는 다시 고기잡이 배를 타고 바다로 나간 나라가 있다. 바로 아이슬란드라는 대서양 서북쪽 끝에 바이킹의 후예들이 사는 얼음 나라다.

국내 생산이 수반되지 않고 물자의 대량 수입 증가로 국민 총지출을 늘리는 어처구니없는 상황이 실제 존재한다. 그만큼 돈이 잘 돌기 시작하면 국민은 바보가 되기 쉽고, 인플레를 걱정 안 하고 돈을 마구 빌리는 정치가도 놀랍게 많다. 마치 기적이 일어난 듯 외국의 자본과 물자가 몰려오기 시작하면 물욕에 눈이 멀어가는 국민에게 "정신 좀 차립시다."라고 외칠 지혜로운 사람이 너무나 부족하다. 그 똑똑한 외국 자금들이 몰려오기 시작하면 마치 자기 나라가 자기도 모르는 무슨 노다지라도 발견한 듯이 착각하기 쉽다. 그런데 그 똑똑한 외국자금은 부동산과 주식가격이 확실히 위로 뛰니까 들어온 것이고 그마저 외국 자금의 유입 때문에 부동산과 주식가격이 올라가는 것이니까 일부러 더 올렸다가, 내국인들이 덩달아 주식과 부동산에 대량 투자를 하면 즉 부동산, 주식가격 불패신화가 먹히기 시작하면, 즉시 다 팔아 치우고 도망가는 것이 습성이다. 이 나쁜 국제 자금의 속성은 자금을 대량으로 유입했다가, 대량으로 유출시키는 방법으로 호황과 위기를 반복하는 것이고, 200년 동안 반복적으로 이런 위기를 겪은 나라들이 중·남미 국가들이다.

결론은 의외로 단순하고 촌스럽다. 아이슬란드나, 중·남미 국가의 교훈은 경제가 호황을 겪을때, 자기 국내에 충분한 산업 기반이나 기술 기반을 구축하지 못하면 불황이 들이닥칠 때 국가 경제가 원점으로 회귀하고, 국민은 어업이나 농업으로 돌아가는 수 밖에 없다는 점이다. 자본이나 자금은 언제든지 다시 돌아 올 수 있다. 그러나 그 나라 국민들이 산업 기반, 기술 기반, 제품 시장을 개발해 놓지 않으면 다시 자금이 돌아와도 투기밖에 할 일이 없을 것이다.

약 300년 전에 프랑스에 프랑스와 께네라는 이름의 경제학자가 있었다. 이 사람은 영국과 독일 경제학자들이 시장의 오묘한 균형 달성 원리와 적정한 가격유지 원리에 매혹되어 미시적 경제학에만 파고들고 있을때, 남과 달리 경제 전체의 흐름에 관심을 가지고, 재화의 경제 전체적 순환표를 작성한 천재였다. 이것만 해도 천재적

인데, 그 당시 각국 정부의 경제 정책가들이 누가 더 수출을 많이 하여 금과 양곡을 더 많이 확보하여 거대한 부를 축적하고, 그 힘으로 다른 나라를 공격할지 궁리하고 있을 때, 금은 경제 발전 목적이 아니고, 무역으로 금을 축적하는 것은 경제의 올바른 운영이 아니라고 설파하며, 상업 중심 경제보다 실물경제인 농산물 생산의 증대를 주장하여 조롱도 받은 인물이다. 그 뒤에도 왠지 경제학자들 사이에는 이 실물 중시 사상을 경시하는 풍토가 계속 유지되고 있다. 요는 대부분의 정부 기능은 경제 성장과 관련이 거의 없다. 군대를 늘리고, 교사 채용을 늘리고, 빈곤층의 복지를 대폭 늘리면 성장한 것처럼 보이나, 이것은 민간 경제의 진정한 성장을 훼손해야 달성되는 방법일 뿐이다. 산업화 과정 없이 선진국이 되는 것은 사상 누각이다.

[기업과 정부의 고용 확대 능력]

위에서 국민 총지출에 정부가 30% 정도 참여하기 때문에 정부가 마치 생산에도 참여하는 것으로 보인다고 설명하였다. 프랑스와 께네의 실물 중시 사상에는 위반되지만 고용의 측면에서는 정부도 전체의 30% 정도 되는 고용을 기여하고, 국방과 사회질서 같은 각종 비시장재를 직접 공급하고 있으니, 중요한 역할을 하는 것은 틀림이 없다. 그러나 지금처럼 신규 고용의 창출이 힘들고, 기존의 취업자들은 자리를 굳건히 지키고, 청년 실업은 날로 증가하는 상황에서 정부는 신규 고용의 창출에 어떤 역할을 할 수 있나. 불행하게도 정부는 직접적으로 신규 고용을 창출할 수 없다. 해봐야 임시 취로 사업 정도지, 지속적 고용 기회 창출을 공공부문에 기대하기 어렵다. 따라서 재벌이든 중소 기업이든, 민간 부문에서 더 많은 고용 기회가 만들어져야 하고, 정부의 고용 증가는 민간의 고용 증대와 부가가치 창출의 결과 세금을 더 낼 수 있으면, 그때 지속적 신규 일자리가 공공 부문에도 생기는 것이다. 즉 정부가 만드는 일자리는 일시적이거나 간접적인 파생적 고용효과밖에 안 된다.

직접적으로 고용을 창출하여야 하는 민간 기업 부문은 매출의 성장이나, 신규 사업으로의 진출과 투자가 수반되어야 하는데, 문제는 옛날과 달리 이제는 일부러 고용 증대를 목적으로 투자를 하지 않는 한, 신사업, 신기술, 매출 증대 모두 고용 증가를 자동적으로 수반하지 않는다. 정부의 고용 보조나 세금의 특별 감면 같은 특별한 이유가 없는 한 고용의 증가는 아예 없거나, 있어도 최소한으로 줄이는 것이 기업의 생존 전략이 되었다. 이러한 상태에서는 전 국가적으로 경제 논리를 초월하여 고용의 증대를 추구하는 것이 시대적 과제가 되었다. 그것이 재벌기업에서 나올 것인지, 중소 기업에서 나올 것인지, 아니면 정부와 공동으로 추진할 과제인지는 후에 다시 토의하자. 그러나 어느 민간 부문이 이 과제를 떠맡든 이익이 나지 않는 분야에서는 투자가 없고, 투자가 없으면 신규 고용도 없다.

[재벌과 한류의 묘한 분업 체계]

요는 우리 국민이 좋아하고 싫어하는 것과 무관하게 우리나라의 경제는 수출 중심으로 생존하고 있고, 그 수출의 95%를 재벌형 대기업군이 담당하고 있다. 중소기업의 수출 기여나 성장 기여는 극소액의 직접 수출이란 예외를 빼고는 대부분 대기업의 최종 제품의 가치 속에 내포되어 있다. 물론 재벌이 너무 미워서 해체해 버릴 수는 있다. 그러나 그럼으로써 얻는 것은 잃는 것보다 훨씬 적다. 재벌 기업들의 존재와 역할을 우리가 어떻게 국가 경제와 국민의 삶에 가장 잘 활용할 것인가를 연구하는 것이 상식이다. 실제로 재벌 기업들이 전문으로 하는 사업은 대부분(예외가 가끔 생겨서 야단을 맞기도 하지만) 작은 기업들이 엄두를 못 낼 규모와 기술을 요구하는 사업들이다. 세계 대부분의 개발 도상국과 심지어 중급 규모의 최고 소득 국가들도 우리나라에 재벌기업들이, 그것도 하나둘이 아니고, 충충히 존재하고 서로 경쟁하고, 세계 시장을 누비는 것을 대단히 부러워한다. 우리의 재벌을 제대로 이용하여 우리를 세계 최고 수준의 국가로 끌고 가는 데 엔진 역할을 시킬지, 아니면 이들의 손과 발을 묶어 서서히 세계시장에서 도태시킬지는 우리 국민과 지식인들이 결정할 역사적 과제이고, 그 결정을 내릴 때가 다가오고 있다.

우리 국민은 예로부터 노래와 춤을 좋아하고, 감성이 풍부하고 예술을 숭상하는 평화로운 국민이었다. 그러나 우리는 한번도 우리의 국가적 힘과 국민적 역량을 밖으로 뻗어 남을 지배하려 하거나, 중국을 넘어 그 당시 세계 최고의 자리를 넘본 일이 없다. 다행스럽게도 지금은 우리는 한류라는 문화적 힘의 분출과, 국민의 반을 직간접으로 엮은 재벌 기업들의 힘으로 국제경쟁이라는 21세기 무기 없는 전쟁의 승자 중의 하나로 참여하고 있다. 더 큰 잉여 창출력을 확보하려는 피땀나는 21세기 글로벌 경쟁에서 우리 챔피언들이 이기고 있다. 이런 문화적 힘과 기술적 역량이라는 양 날개를 달고 겁 없이 세계를 향해 치고 나간 일이 과거에는 없었다. 우리의 이 힘은 정부의 계획에서 나온 것도 아니고, 국민 중의 누가 기획해서 나온 것도 아니다. 각자 자기가 처한 상태에서 최선을 다하다 보니 여기까지 온 것이고, 누가 동원령을 내려서 가는 것도 아니다. 국민 각자가 스스로 자신감이 커지고 자기 활동의 영역을 불가피하게 세계로 확대하는 과정에서 일어난 일이다. 이것이 어디까지 우리를 끌고 갈 것인지는 아무도 모른다. 그러나 한 가지는 분명하다. 여기서 우리가 그냥 앉아 버릴 수는 없다. 갈 데까지 가 보아야 한다. 지금까지 어느 외국인도 한국인을 위대한 국민이라고 한 적은 없다(한껏 높여 유능한 국민이라고 하는 경우까지는 있지만). 이제 그것이 바뀔 수도 있다.

6.5 건강한 생태계

생태계의 오묘한 균형
병든 한국 경제라는 생태계
우리 생태계 병의 올바른 진단

[생태계의 오묘한 균형]

자연에서 건강한 생태계란 무엇을 말하는가? 우리 스스로를 하나의 산짐승이라 생각해 보자. 더 말할 것도 없이 이 산짐승에게 가장 중요한 점은 자기 자신과 새끼들의 건강한 생존일 것이다. 이를 위해서는 몇 가지 생태계적 조건이 충족되어야 하는데, 첫째는 자기와 가족이 먹을 수 있는 양식인 더 작은 동물과 나무 뿌리와 과일이 충분히 공급되어야 한다. 그러려면 같은 음식을 먹는 다른 동물의 숫자가 너무 많으면 안 된다. 그렇다고 다른 경쟁 상대 동물이 다 없어져도 안 된다. 그러면 자기 자신이 먹이 사슬의 차상위의 동물에게 최초의 목표물이고 유일한 먹잇감이 되어 즉시 멸종의 위기를 맞게 되기 때문이다. 그렇다고 차상위의 동물이 너무 많으면, 자기와 자기 경쟁상대 동물이 모두 잡아 먹혀 사라질 터이니 차상위 동물도 적당한 수만 생존해야 한다. 그렇다고 자기 차상위의 동물이 다 사라져도 곤란하다. 그러면 자기 수준의 동물들이 너무 늘어나 자기가 먹는 식량을 모두 멸종시켜 버릴 터이고, 결국 자기도 죽고 만다. 따라서 동물의 세계에서 적당한 개체 수의 경쟁동물과 차상위 동물들이 공존하는 숫자는 자연이 만들어 준 기막힌 균형의 숫자다. 누가 그렇게 하라고 명령한 듯이 이 생태계 균형 현상은 모든 동물과 식물 사이에 천만 년을 두고 유지되고 존재하며 그중 어디서든지 사슬이 끊기면 전체가 위험을 겪는다. 이를 생태계의 균형(Ecological Balance)이라고 한다. 먹이사슬의 최고의 위치에 있는 맹수들이 새끼를 낳아 건강하게 기르기가 그토록 힘들어 항상 멸종의 위기에 처한 것도 자연의 오묘한 섭리다. 천적이 없는 먹이사슬의 최고위 동물이 너무 많이 번식하면 자연은 쉽게 균형이 깨진다. 전 세계 동물원들이 정성스럽게 이들을 교미시키고, 성체 맹수들을 비싼 값을 주고 교환하는 것도 바로 이러한 생태계의 균형을 잘 증명해 준다.

둘째로 내가 산짐승이라면 생태계 경쟁자의 개체 수나 차상위 포식자의 균형적 수치도 중요하지만 자기가 사는 산림 자체가 풍요롭고 건강해야 한다. 해마다 나무가 잘려 나가거나, 말라 죽거나, 불타 없어지면 내가 살 공간은 머지않아 사라진다. 그래서 인간은 원시시대부터 습관적으로 자연을 파괴하고 약탈하던 생활 방법을 정반대로 바꾸어 이제는 자연 생태계의 건강을 유지하고 자연을 보존하고, 육성하고, 확대하고, 삼림과 나무 개체의 건강을 지키려 노력하고 있다. 여기에 만일 황소개구리나 이스라엘 향어처럼 외래 종자가 국내 종자들을 멸종시키려 하면 우리는 주저하지 않고 이들을 박멸하여 재래의 생태계 균형뿐 아니라 전체 자연환경의 건강상태를 지키려 한다.

셋째로 나는 내가 살고 있는 이러한 환경이 항상 조금씩 변하고 있다는 사실을 의식적으로 무의식적으로 알게 되고, 이 자연 환경의 변화에 미루어 나와 내 새끼들의 생활 방법을 서서히 맞추어 간다. 그래서 반세기가 지나면 정원의 꽃이 키가 작아지기도 하고, 까마귀가 맹금으로 변하기도 하고, 멧돼지의 주 생활공간이 인간 부락의 부근으로 바뀌기도 한다. 이것은 자연이 수억 년 동안 변해 온 것과 별로 다를 바가 없고, 우리 모든 짐승들은 이에 잘 적응하고 진화해 왔다. 그러나 내가 감당할 수 없는 변화, 즉 급격한 변화에는 나는 속수무책이다. 날씨가 연평균 영하 20℃ 정도로 내려가면 인간은 불도 지피고 가죽 옷도 입지만, 산짐승인 나와 내 가족은 굶어 죽거나, 얼어 죽거나 하지 적응을 못한다. 나는 변화를 거부하지는 않으나 내가 감당 못할 변화에는 멸종할 수 밖에 없다. 그러면 우리 생태계의 큰 고리가 끊어지고 그 차상위의 동물은 다 굶어 죽고 그 외의 동물들도 같은 이유로 차례로 죽어 버려, 호랑이가 나무에서 사과를 따먹지 않으면 굶어 죽고 마는 예기치 못한 변화를 겪을 수도 있는 것이다.

[병든 한국 경제라는 생태계]

이제 한국 경제라는 생태계를 보자. 이 생태계에는 국민이라는 자연환경이 있고, 기업이라는 산짐승들이 살고 있고, 숲을 관리하는 정부가 있고, 이 생태계의 산짐승들이 더 건강하게 생존하는 정책을 펴고 밀림이 더 울창해지고 풍요로워지면 소비자들에게 더 좋은 수풀을 제공하고, 더 많은 산짐승들이 건강하게 생존할 수 있는 환경을 만들어 주고 있다. 정부라는 관리자는 이 숲 속에서 세련되게 가꾸어진 구성원 객체 간의 균형이 파괴되지 않도록 잘 감시, 관리하고 필요에 따라 가지를 자르고 퇴비를 주어 모든 소비자와 기업이라는 플레이어들이 부침을 반복하면서도 전체의 균형과 건강을 지키도록 도와주고 있다.

그런데 이 조용한, 평화로운 숲 속에 분란이 일어났다고 하자. 동물들의 일부가(중소기업들) 갑자기 호랑이(대기업과 재벌) 보고 네가 언제부터 호랑이라고 자꾸 우리를 물어 죽이느냐. 먹을 만큼 잡아 먹었으면 됐지 왜 새끼 호랑이들까지 이를 번뜩이며 나와 어린 다람쥐, 여우, 너구리 새끼들을 다 잡아먹느냐고 항의하고 나섰다. 그랬더니 이 생태계의 관리자인 정부, 및 중소기업들과 대기업들의 팔다리(노조)들이 본체와 상관없이 집단행동에 들어가 호랑이들을 모두 잡아 매거나(투자 업종 제한), 작은 짐승을 사냥하는 것을 최소화하거나(중소기업 보호), 자제하라고(공정거래법 적용)주장하며, 정부라는 관리자가 이를 제대로 안 하면 팔다리 연맹의 주동자를 정부에 관리자로 투입하여 아예 호랑이의 피를 마르게 하겠다고(재벌 해체) 나섰다.

한마디로 한국경제라는 생태계는 병이 들었을 뿐 아니라 강육약식(强肉弱食)의 양상을 보이고, 생태계 관리자인 정부는 각종 처방을 다 써보아도(케인즈의 간섭주의와, 신자유주의식 방임주의) 경제의 주 구성원인 기업과 소비자, 국민인 나무와 풀들까지 못 살겠다고 아우성이다. 그것도 모자라 정부라는 국외적 관리자가 어제는 호랑이 편을 들었다, 오늘은 여우, 너구리, 토끼 편을 들었다 변화를 반복하고, 더 나아가 그 팔·다리 편에 들었다가 두뇌 편에 들었다 하며, 국외적 관리자가 아니라 관리자 스스로 하나의 동물처럼 행동하기 시작했다. 그것도 모자라 이제는 생태계 기초인 나무와 풀들에게 각종 달콤한 약속을 쏟아 부으며, 자기에게 관리자가 될 권한을 달라고 유혹한다. 그동안 이 숲 속에 숨어 있던 희귀한 동물들을 밀렵꾼에게 팔아 넘기고, 놀랍게도 그 이익을 자기편끼리 나누어 먹기도 한다. 그러면서도 자기는 이 숲의 국외적 공정한 관리자라고 주장한다.

이 생태계 구성원들이 정부와 일부 국민의 나누어 먹기식 낭비에도 불구하고, 또 금융이라는 이름으로 불리는 잉여관리자들(금융기관)이 남이 맡긴 귀중한 저축을 눈감고 아무 데나 투기를 하는데도 불구하고, 구성원들의 비윤리적 개인주의 행태 때문에 모든 동물 사회가 거의 다 병을 앓고 있는데도 불구하고, 관리자들은 이 대한민국이라는 경제 생태계는 아주 튼튼하다고 착각하고 있으며, 숲 속의 맹수들은 생태계의 병을 외면하고 있다. 상황이 이러니 생태계의 기초 구성원인 국민과 소비자는 무척 분노해서 무언가 보복을 하겠다는 결의에 차 있는데, 그 내용을 들여다 보면 "왜 너희끼리다 해먹느냐"라는 불평이다. 아무래도 우리 국민은 문제를 잘못 짚은 것 같다. 목전의 미운 것만 문제로 보이지 진짜 문제는 잘 안 보이는 곳에 있기 때문이다.

[우리 생태계 병의 올바른 진단]

이제 산짐승 그만하고 사람으로 돌아오자. 다만 건강한 생태계는 현재 우리의 자산이므로 그 안에 우리가 가지고 있는 장점을 찾아보고 약점을 보완해보자. 우리 국민이 분노하는 원인을 보면 문제의 핵심은 고용 없는 성장, 즉 실업의 장기적 누적과 미래 희망의 부재라는 비관적 전망이 핵심적 과제다. 이것은 호랑이가 과잉 사냥을 한 때문도 아니고, 환경 활동가들의 과잉 데모 때문도 아니고, 여당과 야당의 보수-진보 이념 간 대결 때문도 아니고, 정부의 과잉 개입이나 과잉 방임주의 때문도 아니다. 그들의 과오는 대형 누적 실업의 부분적 이유밖에 안 된다. 이는 현재 기술발전과 노동의 생산성 향상을 기초로 글로벌시대에 세계적 대기업들이 생사를 걸고 경쟁하는 20세기와 21세기의 첨단산업 구조의 특징 때문이다. 진보정당이 집권하여 재벌을 해체하거나 기능을 현저히 약화시키면 우리 경제는 국제경쟁에서 탈락하고 말것이다. 보수정당이 집권하여 현재의 코스대로 가면 우리 속의 누적적 실업자들이 체제 자체를 바꾸겠다고 나올 수 있다.

불과 8년 전까지도 대만은 여러 가지 이유에서 우리의 선생님 역할을 했다. 그러나 우리의 세계적 대기업들이 세계의 정상을 향해 위험을 무릅쓰고 기업의 존망을 걸고 국제경쟁의 한복판을 치고 들어갈 때, 대만의 중형 기업들은 세계 경쟁의 주변에서 다른 나라의 대기업들이 주는 부품의 하청 생산만 하는 리스크 없는 사업만 하다가 아직도 부품의 생산 기지 역할만 하고 있다. 세계 최고라고 불릴 수 있는 어떤 산업이나 제품은 없다. 한국은 선진국 대비 비교적 낮은 1인당 소득수준에서 우리의 챔피언 기업들이 세계무대에서, 그것도 스마트폰 같은 최첨단 산업에서 1등을 두고 자웅을 다투고 있다. 이런 챔피언을 가진 나라는 전 세계에서 미국, 일본, 독일 프랑스 정도이고, 중국과 인도는 저 임금과 대형 인구 때문에 자동적으로 규모가 커진 금융 기업과 에너지 기업은 몇 개 있으나, 기술적 우위로 세계의 정상을 다투는 기업은 아직 없다. 이런 챔피언 기업들을 몇 개나 보유하고 있다는 것은 우리의 복이지 절대로 화가 아니다. 챔피언들이 필요없는 고용을 많이 해서 1인당 생산성을 떨어뜨리면 우리 기업들이 세계 첨단시장에서 경쟁이 되겠는가. 아무리 부럽고 약 올라도 김연아를 욕하며 깎아 내리지 말아야 하듯이, 우리의 경제적 챔피언들도 더 강한 챔피언으로 만들어야 하지 않겠나.

반면에 챔피언들도 국내 경제라는 좁은 생태계에서 마구잡이 사냥으로 힘없는 꼬마 짐승들을 너무 많이 잡아먹어 생태계가 붕괴 위험에 도달하면 어찌할 건가. 호랑이에게 선택은 다른 산으로 옮겨가서 다시 새로운 자리를 잡고, 그 생태계를 지배하거나 아니면 지금 속한 생태계를 더 건강하게 만들어 자신과 새끼 호랑이들이 장기적으로 번성할 수 있는 환경을 만들거나 둘 중에 하나다. 즉, 문제는 호랑이들의 근시안적 행태로 인해 국민의 신뢰를 잃었고, 이제 국민은 고용도 제공 못하는 이 호랑이들의 피를 뽑아야 우리 경제가 산다고 착각하기까지 되었다. 즉 문제는 중소기업이나 대기업이나, 정부나 이를 쳐다보는 국민이나 모두 문제의 핵심을 잘 못 보고 있는 점이다. 호랑이는 자숙하고, 자기의 본래 주어진 과업에서 더 성공하고, 실업문제의 해결은 국제경쟁을 본업으로 하지 않아도 되는 분야에서 해결을 찾아야 한다. 국민은 감정을 억제하고, 나는 불만족이어도 내 자식들이 앞으로 실업자가 되지 않게 하는 사회의 건설을 위해 협조하여야 한다.

제7장

고용 증대를 위한 국내 경제의 역할

7.1 비교역재와 하층 경제

[한국의 선택과 응원석 경제의 역할]

인류 역사상 초유의 글로벌 경쟁 시대에 한국은 다시 소라 껍데기 속으로 숨어들어 20세기형 국가로 전락하거나, 아니면, 능동적으로 참여하여 주역 역할을 하는 몇 안되는 국가군에 속하거나 선택하여야 한다. 문제는 한국뿐 아니라, 미국과 모든 선진국 가릴 것 없이, 자국 경제의 모든 부분이 다 이 챔피언들의 국제적 대결에 주역으로 참여할 수는 없다는 점이다. 결국 우리는 아직까지는 부족한 점이 많이 있지만, 그런대로 우리의 챔피언 역할을 잘하는 몇 개 안 되는 국제적 수준의 기업들을 가지고 있다. 말도 많고 탈도 많은 우리의 재벌기업들이다. 우리가 좋거나 싫거나 관계없이 이들은 우리의 대표로서 국제경쟁에 참여하고 있다. 이들의 선전이 우리의 희망이고, 이들이 패할 때 우리는 당장 수출 축소와 GDP의 축소, 실업의 상승, 재정의 적자를 겪어야 한다.

어쩌면 좋은가. 사실 답은 의외로 가까운 곳에 있다. 키워 주기는 왜 키워 주는가. 누가 키워 달라고 했나. 그냥 내버려 두자. 우리 경제성장 초창기에 한국의 재벌은 정부가 육성하고 지원해서 키운 것은 맞다. 재산도 없고 신용력도 없는 독립 초기의 상업 자본을 국가의 신용 보증으로 외자를 유치하고, 산업 자본화시켜 각종 지원과 보호로 국제적 기업으로 성장하는 것을 보장하여 오늘의 대기업을 만든 것은 세상이 다 안다. 우리의 이 초기 기업 육성 모델을 중국 정부가 그대로 배워서 실천한 것이 오늘의 중국 경제다. 필자도 바로 그 경제 성장의 가정교사 역할을 여러차례 했기에 잘 안다.

우리 재벌기업들은 이미 국제적 경쟁력을 잘 갖추고, 세계적 수준의 경영능력을 가진 회사들이다. 키워주고 말고 할 형편이 아니다. 삼성전자나, 현대자동차같이 알아서 잘 나가면 그대로 두면 된다. 그들만큼 못 쫓아가면 스스로 구조 조정하여 세계적 회사로 거듭날 때까지 기다리면 된다. 그러다가 정말 망하면 어찌하랴. 그러나 망해 봐야 기업주 한 사람과 그의 일가 친척뿐이다. 기업의 주인은 바뀌지만 새 주인이 들어가면 기업은 유지되고, 고용도 대개 유지가 되며, GDP 기여도 전과 큰 차이 없이 계속된다. 때려잡기는 왜 때려잡고, 키워 주기는 왜 키워 주느냐. 그냥 두고, 잘하면 세금을 세법에 따라 두둑히 매기고 잘 못하면 시장이 어련히 알아서 처리할까. 그러다가 어느 집 애들이 좀 지나치다 싶으면 한 번씩 경고만 주어도 빵 가게처럼 잘 정리되지 않느냐.

불행하게도, 이 챔피언들이 우리 국내 경제에서 그동안 이미 해 오고 있는 역할 이외에 더 할 역할이 별로 없다. 앞에서도 말했지 만 그들의 존재 목적은 존재 바로 그 자체다. 죽지 않고 계속 잘 싸 워 주어야 한다. 그래야 거기서 흘러 나오는 국내 경제 파급효과가 계속된다. 물론 그 트리클 다운(Trickle Down) 효과가 좀 더 컸으면 얼마나 좋으리. 그러나 그것은 자칫 챔피언들의 생존 자체를 위협 할 수 있다. 그들이 살아 있어서 국가 경제에 대한 기여를 계속하는 것이 그중 몇이 없어져 기여를 아주 안 하는 것보다 비교할 수 없이 좋다.

그러면 나머지 응원석 경제는 무엇을 하여야 하나. 글로벌 경제 가 실업문제를 해결해 주지 못하면, 우리나라의 가장 앞선 대기업 들이 충분한 고용의 증가를 가져오지 못할 때 나머지 경제는 무엇 을 하여야 하나. 한마디로 비교역재 부문의 성장을 촉진시키는 수 밖에 없다. 이 문제를 집중적으로 다루어 보자.

[우리 경제의 이중구조와 신토불이]

그런데 이 응원석 경제와 챔피언들의 경제 관계를 보면 실제로는 응원석 경제가 전체 경제의 기초이고 국민 대부분의 사람들이 먹고 사는 국가 경제 그 자체이고, 거기서 불과 30~40년 전에 현재의 챔 피언들이 태어났다. 지금은 장기간에 걸친 성장의 차이와 축적 기 술의 궤리 때문에 전혀 다른 경제처럼 보일지 모르지만, 실은 아주 동질적인 옆집, 옆 동네, 잘 아는 이의 친척쯤 되는 사람들이 서로 다른 길, 다른 생활 궤도를 달리다 보니 이젠 별로 상관없는 남처럼 보일 뿐이다. 아직도 자세히 보면 챔피언 경제에 사는 사람들도 다 우리와 같은 식사와 요리(뜨거운 삼계탕, 생선 초밥과 우동 등)를 먹고 상표만 떼면 다 똑같은 옷을 입고 산다.

다시 말해서 우리는 지금 서로 떼려야 뗄 수 없는 경제의 2층 구조 하에 살고 있다. 마치 넓은 바다 위에 높은 돌덩어리가 하나 보이는데, 한쪽은 물 아래에 있는 기초 경제이고, 또 하나는 물 위로 머리를 내밀고 국제적으로 가시적 경제 역할을 하는 상층부일 뿐이다. 당연히 아래의 기초 경제가 무너지면 위의 상층 경제도 같이 무너지게 되어있다. 중국의 산업화 된 지역의 고소득 시장이 이미 우리 내수 시장의 두 배를 넘었고, 앞으로 우리의 10배 정도로 성장하는 것이 별 무리가 없어 보이는데, 우리나라 재벌기업들은 중국에 준 독립적 본사나 지사를 두고 공장을 운영하고 있을 뿐, 서울의 본사 자체가 북경이나 상하이로 이사 갈 생각은 꿈도 꾸지 않는다. 즉 기업경영에도 신토불이(身土不二)의 법칙이 작용하고 있다. 왜 그런가. 기업이 아무리 국제화 해도, 중국 경제가 아무리 대형화해도 우리 기업이 중국인 가운데 최고 수준의 인재를 확보하여 이들이 우리 기술을 세계 최고 수준으로 만드는 데 선도적 역할을 할 수는 없다. 청와대나 여의도와의 관계가 껄끄럽다고 하지만 그래도 우리 대기업들이 어려우면 기댈 수 있는 벽 역할을 해주고, 서민 우선정책을 해도 지금의 시장 경쟁주의라는 기본 철학에는 변함이 없다. 청와대에서 가끔 초청도 하고, 상호 정보 교환도 하고 때로는 행정 전산화 같은 국가운영체계를 통째로 개발 의뢰하는 기회도 있고, 극비리에 잠수함, 전투기 개발을 신무기를 개발하도록 자금도 대주고, 서로 한 가족처럼 잘 생존한다.

정부와 우리 민간기업 간의 이러한 속 깊은 협력 관계는 우리가 같은 언어를 쓰고, 김치를 먹는 소위 '같은 민족'이기 때문이다. 미국이나 중국이 아무리 사업 환경이 좋아도 이런 특별한 정부 대 기업의 관계를 중국 정부나, 미국 정부와 가질 수는 없다. 어디까지나 북경의 삼성, 현대 등은 GE, 폭스바겐, 도요타처럼 외국계 기업에 불과하고, 언제든 중국 정부가 필요 없으면 쉽게 내보낼 수 있다. 지금 중국은 전기가 모자라 전국 중소기업주들이 공장 가동율이 하락하고, 경영 악화와 임금 체불로, 중국인 외국인 불문하고 기업주가 야반도주하는 일이 빈번하다. 외국계 기업 소유 공장에게 전기 공급을 통제하는 것도 언제나 가능하다. 이것 외에도 중국 정부는 우리 기업을 손보아 주기 위한 도구를 한없이 많이 가지고 있다. 이것이 우리 대기업 본사의 전략적 위치 선정에 있어 잊으려야 잊을 수 없는 신토불이의 철칙을 낳았다. 즉 물밑의 기초 경제에서 벗어나려야 벗어날 수가 없다.

그렇다고 이 이중 경제 구조의 구분선이 그렇게 명확한 것은 아니다. 규모의 차이부터 임금의 차이, 이익률 차이, 금융시장 점유의 차이, 해외 진출 가능성, 인재와 구성원의 교육과 능력의 차이, 국제화 수준의 차이, 어느 하나 다르지 않은 게 없다. 우리의 물밑 기초 경제가 모두 우리 대기업 수준만큼 모든 면에서 발전하면 우리가 선진 경제가 되는 것으로 보아도 무방하다. 그게 미국 경제, 서유럽 경제의 특징이고, 또 우리의 약점이기도 하다.

[비교역재와 하층 경제]

　이 이중경제 구조의 상하층 간에는 차이가 많다. 그중 필자가 가장 중요하게 활용하고자 하는 차이가 해당 산업의 개방 정도의 차이, 또는 교역 부분이 지배하느냐, 비교역 부분이 지배하느냐 하는 차이다. 왜 한국의 상층 경제는 하층 경제보다 경쟁력이 뛰어날까? 왜 삼성전자는 세계 최고의 반도체 메모리와 4세대 스마트폰을 세계에서 가장 값싸게 생산하는데, 하층 경제의 사람들은 세계적 수준의 제품생산 자체가 대부분 불가능하거나, 만들어도 품질 경쟁력이 일본보다 현저히 떨어지고 품질을 맞추려면 생산비가 엄청 드는 것일까. 이 책은 대중적 호소를 위한 분석이므로 건전한 상식을 가진 사람들이 가장 잘 알아듣고, 수긍할 수 있는 설명 방법을 택하기로 한다.

　한마디로 우리 상층 경제의 기업들이 세계적 경쟁력을 가지게 된 것은 바로 그들이 세계시장에서의 반세기 정도 피나는 경쟁을 했기 때문이다. 경제성장 초기부터 우리 대형 산업들이 국제 수준의 품질을 갖춘 제품을 국제 수준보다 비싸게 생산해서 국내에서만 팔았다면, 그들은 아직도 중소기업 수준에 머무르고 있을 것이다. 수많은 후발개도국의 권력자와 군인들이 내수시장을 점령해 독점 수입권, 독점 생산권(대부분 제품 조립권 수준)을 정부로부터 받아 쉽게 많은 돈을 벌었지만 그들은 거의 100% 아직 우리의 중소기업 수준에 머물고 있다. 그러나 우리 대기업들은 박정희 정부의 팔 비틀기로 대부분의 제품을 수출해야 했고, 그 대가로 국내시장에 일부 참여할 수 있는 기회를 받았다. 독점적 국내시장 지배는 처음부터 아예 금지되었다. 처음부터 국제시장에서 경쟁에 이길 수 있는 생산 비로 투자나 생산을 준비시켰다. 그것이 여의치 않으면 일정 기간 수출용 원자재를 조금 넉넉히 수입하게 하여 이를 국내시장에 비싼 가격으로 유통시키도록 하여, 수출에서 발생하는 손실을 보완하도록 허용하였다. 그러나 이는 어디까지나 일정 기간 동안뿐이었다. 전두환 정권하에서 김재익 박사가 다 제거해 버렸다. 수입 원자재 내수 유통이라는 보약만으로 허약한 체질을 운동을 통해 개선하지 않고 골골하며 살아남던 대기업 중 상당수가 1978년부터 1982년 사이에 퇴출당하였다. 그때도 IMF 대기차관(Standby)을 쓰고, IMF 감독관이 우리 경제기획원에 앉아 한국의 매크로, 마이크로 경제정책을 좌지우지했다. 제2차 유가 폭등으로 발생한 경제 위기를 잡기 위해 모든 부문에서 피나는 긴축정책을 추진하였고, 그 결과 물가 상승률은 년 42%(1979년)에서 10% 이내로(1983년) 휘어잡았다. 이 긴축과 조정 과정에서 살아남은 기업들은 예외 없이 국제경쟁에서 이길 수 있는 기업과 품목들뿐이었다.

그 후 우리의 상층 경제는 그 힘으로 1980년대의 급격한 환율의 변동과 미국 내 주택담보 융자회사들의 줄도산으로 인한 위기와 기회를 잘 넘겼고, 1990년대 인터넷과 반도체 시대를 민첩하게 잘 이용하였다. 그러나 1996년에는 OECD 가입이라는 정치적 목적과, 당시 환율로 1인당 국민소득이 곧 선진국 수준(10,000달러)에 도달할 거라는 망상에 잡혀, 환율을 미 달러당 830원까지 고 평가하고, 수출을 붕괴시켜, 국내 기업들이 그동안 생산 설비의 과잉 투자와 부동산 과잉 매입으로 잔뜩 키워 놓은 거품을 일격에 터뜨리며, 우리 경제는 시중 은행 대부분의 주인이 바뀌고 재벌 그룹의 반이 문을 닫는 대 조정의 시대를 거쳐야 했다. 우리 사회와 경제를 근본적으로 바꾸어 놓은 이 대조정 이후 살아남은 우리 기업들은 20년간 제자리걸음 하는 일본 기업들을 하나씩 추월하였다. 그러다 보니 자기도 모르는 사이 이미 세계 최강의 경쟁력을 갖춘 기업들이 되어버린 것이다.

대기업만 아니라, 많은 중소기업들이 아직도 중견 기업과 대기업 수준의 사이에서 위로 올라가거나 아래로 내려갈 수 있다. 제품의 대부분이 해외로 수출되는 대기업에 안정적으로 부품을 공급하는 중소기업 가운데는 말이 중소기업이지, 매출액 일조 원을 넘보는 중견 기업이 많이 있다. 하지만 대기업을 고객으로 못 가진 불안정한 중소기업이 대부분이다. 대기업 고객을 둔 성공한 중소기업은 예외 없이 냉혹한 국제경쟁에 완벽히 노출되어 있어서 개념적으로 우리의 상층 경제에 해당한다. 반면에 국제 경쟁에 노출되지 않은 많은 국내 산업, 특히 서비스 산업에서는 수입의 증가가 불가능하기 때문에 일종의 자연보호 장벽의 혜택을 누리고 있다. 그러나 이 자연보호 장벽은 돌이켜 보면 자연 도태 장치에 불과한 것임을 알 수 있다. 반세기가 지나도 정부의 보조금이나, 국회의 특별법 없이는 경쟁을 못하는 영세 근린 상가나 재래시장이 좋은 예다.

따라서 이제부터 우리 경제의 상층부와 하층부를 해당 기업이나 개인이 국제경쟁에서 이겨야 생존이 가능한 교역재 부분과, 우리끼리 서로 팔고, 먹고 사니까 수출을 안 해도 망하지 않는 비교역재 부분, 두 가지로 나누어 고용 전략을 수립해보자. 예를 들면 LED

TV 산업이 상층 산업이라면, 육아원 또는 추어탕 식당 사업은 하층 산업으로 쉽게 구분된다. 비교역재 국내 공급에 수입자재가 들어 있을 수 있고, 모든 식당이 수입 고기나 양념을 사용할 수 있으므로 구분이 완벽하지 못한 부분도 있겠지만, 그런 문제는 일단 덮어두고 우리의 목적인 고용 창출 기회에 관하여 비교해 보자.

[비교역재 산업과 고용의 창출]

쉽게 말해서, 아무리 성장을 잘해도 고용이 늘지 않는 21세기형 고용 성장 불가능 산업에서 고용 문제의 해결을 찾으려 하지 말고, 국제경쟁 안 해도 먹고 사는 데 지장 없는 비교역재 부문에서 고용 문제의 해결의 답을 찾자는 것이다. 따라서 교역재와 비교역재의 구분은 그 제품의 '대부분'이 수출되는가 아니면 내수로 들어가는가의 차이로 보면 된다. 교역재 산업부문에다 대고 매년 "좀 더 투자하시오" 하는 정부 관료들을 보면 참 답답하다. 아마도 고용 증가는 느리고 실업은 계속 올라가고 있으니 투자할 힘이 남보다 큰 업체보고 사람 더 쓰라고 하지만, 100m 달리는 국가대표 선수에게 "무게 10kg 짜리 짐을 더 지고 뛰시오" 하는 것과 뭐가 다른가. 교역재 산업에 더 투자해서 고용의 증가를 찾으려 하지 말고 차라리 더 수출하라고 해라. 그러면 부품 공급업체의 매출이라도 올라갈 것이다.

그런데 문제가 있다. 비교역재 부문은 국제경쟁 노출도가 낮기 때문에, 고용을 좀 늘려도 교역재 산업같이 경쟁 탈락의 수모를 받지 않을 것이라는 전제가 성립되어야 한다. 쉽게 말해 비교역재 부문에서 고용을 증대시키려면, 그 부문의 업체들이 돈을 많이 벌어야 고용을 확대하고 생산을 증진할 것이고, 그러면 국내시장에서 자기 제품을 다 소화시키지 못하니까 수출을 하려할 것이다. 추가로 수출이 성공하면 그건 즉시 교역재로 재분류하면 된다. 즉 더 이상 신규 고용을 늘리라고 닦달을 안 받을 것이다. 중요한 것은 '고용이 늘었다'는 것이고 아울러 생산과 수출이 늘어난 것이다. 어떤 방법으로 하던지 이익이 더 나고, 그로 인해 고용을 늘리면 우리는 목적을 달성하는 것이다. 그 결과 이 산업이 국제화되어 더 이상 고용 창출에 기여를 못하게 되면 그것도 참으로 잘된 것이다.

이것이 고용 정책의 목적 아닌가. 어차피 선진국이 되어가는 과정에서 모든 비교역재는 하나씩 하나씩 교역재로 바뀌고 있고 우리 같은 절름발이 산업 선진국은 우리의 재벌이라 부르는 챔피언 섹터의 분투로 선진국처럼 보일 뿐, 실제로는 전통경제와 현대경제, 패쇄경제와 개방경제, 교역재 산업과, 비교역재 산업들이 뒤섞여 있는 중간 상태에 있다. 아직 국제경쟁에 노출되어 있지 않은 산업이 많이 있다는 것은 우리가 당분간 임시로 어쩌면 마지막으로 활용할 수 있는 우리의 힘이 남아 있다는 뜻이기도 하다. 요는 그 힘을 이 시대 최고의 문제인 무고용 성장 과제를 푸는 데, 어떻게 잘 사용할지 같이 연구하자는 뜻이다.

그러면 시간이 흐르면 모든 하층 구조 비교역 산업이 결국 다 교역재 산업이 되는 것인가. 그렇지는 않다. 추어탕 식당이 어찌 교역재가 되겠는가. 물론 머리 좋은 음식업자가 추어탕 가루와 각종 양념을 포장해서 위생 처리한 후 해외에 수출해도 안될 것은 없다. 아마 그게 훨씬 더 싸고 더 위생적일지도 모르겠고, 그 때문에 다른 국내 추어탕 식당들이 고생 좀 할 수도 있다. 그러나 이것이 추어탕 식당산업에 대세를 바꿀 수는 없다. 식당에 가서 추어탕을 사 먹는 다는 행위는 장소나, 거리나, 음식 맛이나, 서비스나, 가격이나, 인테리어나, 주인 아줌마의 웃음이나 모두 다 합하여 발생하는 오래된 산업이다. 추어탕 식당이 고용을 창출한들 몇 명이나 고용할까마는 우리 사회 10만 개의 식당이 한 명씩만 더 고용해도 10만 명의 추가 고용이 발생한다. 지금 우리나라에는 GDP의 반에 육박하는 500조 원의 금융 자산이 길을 잃고 헤매고 있단다. 그중 상당 부분이 재벌 가족의 소유란다. 이 음성적 지하의 자금이 올바로 투자되려면, 국가 경제에 도움이 되는 분야에 이익이 나게 하여 이 돈을 그리로 유도해야 한다.

우리가 반드시 기억해 두어야 하는 점은 사업에 돈이 벌려야 투자가 늘고, 이 사업이 비교역재라면 고용도 늘어난다. 이 사업이 잘되서 소문이 나면 외국인들이 돈을 싸가지고 들어와 추어탕집을 하든, 발전소를 건설해 전기를 더 공급하든 할 것이다. 돈 버는 행위에 대하여 우리 국민이 좀 더 성숙해져야 한다는 것이다. 고용을 지금보다 더 늘리려면, 비교역재 산업의 서비스나 제품 단가 인상에 우리는 더 관대하여야 한다. 설혹 내가 한 달에 전기료를 몇 만 원 더 내더라도, 내 자식, 조카, 이웃, 모든 한국인의 자식들이 정상적인 직장을 얻어서 미래의 한국을 더 강하고, 아름답고, 살기 좋게 만들 수 있다면, 우리는 도로 사용료든, 전기료든, 수입이 불가능한 제품과 서비스 가격 인상을 참을 줄 알아야 한다. 위대한 국민과 영리한 국민의 차이는 이런 데서 나타나는 것이다.

7.2 **전기료 인상과 고용의 창출**

[심하게 왜곡된 한국의 전기료 정책]

모든 비교역재에 대한 가격 정책을 이 책에서 다 분석할 수는 없고 가장 논란이 많은 전기료를 예로 들어서 설명해 보자. 요즘 기술이 발달해서 전력의 수출도 가능하다지만 우리는 북한을 빼고 우리가 필요한 전기를 수입할 곳이 없다. 그래서 우리나라를 에너지의 섬이라고도 한다. 겨울이건 여름이건 때를 안 가리고, 블랙아웃(대정전) 경고가 자꾸 나오는 것을 보면 전력 설비투자가 크게 모자라는 것은 분명하다. 왜 그리 되었을까. 전력 산업은 사실은 완전한 비교역재가 아니다. 대부분의 원료를 수입을 해야 하고, 전력 공급 가격이 너무 비싸면 우리의 챔피언들이 국제 경쟁에서 탈락하는 데 한몫을 할 수 있는 간접적 교역 산업이다. 우리나라 전력 산업의 문제는 언론에 보도되는 바로 판단하면 손댈 수 없을 정도로 복잡한 산업이다. 그렇더라도 간단히 요약하자면, 첫째는 전력 생산 및 송배전 회사들의 지배 구조가 너무 왜곡되어 있고, 둘째는 전력 가격 결정에 정부가 지나치게 개입하고 있고, 셋째는 전력 가격 자체가 본원적으로 왜곡되어 있고, 넷째는 국민들이 엄청난 오해 속에 살고 있다는 점으로 요약된다.

시작은 우리 산업화 초기에 수출산업의 발전을 돕기 위하여 산업용 전기료를 저가로 지원한 데서 시작되었다. 이는 발전 용량 확대를 위해서는 한전의 수익력 확보를 해야하고, 어디선가 수출산업용 저가 전기 공급으로 발생하는 손실 보전을 해야 하는데, 투표 인구가 많고 여당 지향적(소위 興農野都)이고, 막강한 정치적 영향력을 가진 농촌 농민들에게는 수출산업에 준하는 지원을 할 수밖에 없었다. 게다가 건물, 상가나 상업용 건물 같은 도시 업종도 '일반 산업'이라는 이름으로 지원을 하게 되어, 애꿎은 주택용 전력만 6단계 누진 요율에 가격차 최대 11배에 달하는 세계 최고의 징벌적 요금체계를 만들었고, 국민에게 우리나라 전기가 세계에서 가장 비싼 것으로 착각하게 만들었다.

OECD 계산에 의하면 각국의 전기료를 석유 1톤당 가격으로 환산하면(TOE: Ton of Oil Equivalent) 일본의 전기료는 1,835달러, 프랑스의 전기료는 1,241달러(유럽 최저) 미국은 796달러인데 비해 우리나라 전기료는 672달러에 달한다고 한다. 산업 선진국 가운데 가장 낮은 전기료 체계를 유지하고 있다. 이렇게 낮은 가격으로 전기를 몇십 년 동안 공급하니까, 한편으로는 전력 생산 투자는 경제성이 없어 민간 참여와 자발적 투자가 어려워지고, 또 한편으로는 농민과 산업과 상업 종사자들은 경쟁적으로 전기를 낭비하는 문화를 창조하였다. 그래서 우리나라는 높은 소득과 대량의 산업투자에도 불구하고, 고질적인 전기 부족 국가가 되었다.

엎친 데 덮친 격으로, 정부는 한전을 민영화하는 방법으로 전기 공급가격을 시장이 결정하게 하였다. 즉 가격을 인상하여, 발전소 설비투자를 활성화하고, 국민과 산업의 전력 절약 문화를 도입하고, 우리나라 전력 산업의 역사적, 구조적 왜곡을 뿌리 뽑으려 하였다. 그러나 노조의 강력한 반대로 발전 회사 6개만 따로 떼어내어 민영화하고, 한전의 민영화는 포기하였다. 대신 한전으로 하여금 이 6개 회사의 지배적 주주 역할을 하게 하여, 민영화된 발전 회사의 이익을 배당으로 20% 내지, 최근에는 70%까지 받아 가고 있다. 지경부가 고위 공무원 은퇴용으로 일곱 자리의 공기업 사장 자리를 만들기 위하여 노조와 손을 잡았다는 소리, 한전 간부와 노조가 발전 회사의 통제력 유지할 목적 등 여러가지 음모설도 있지만, 그보다 훨씬 더 중요한 것은 민영화된 6개 전력 생산 회사들이 단단한 이익을 내고 있다는 것이다. 그것도 지금처럼 고유가 고자원 가격 시대에 이익을 내고 있다는 사실이다. 그 이익이 한전의 배당이라는 채널을 통하여 소비자에게 전기료 보조금으로 낭비되지만 않았어도, 우리나라 전력 공급은 수요를 맞추는 데 문제가 없었을 것이다. 이것이 민영화의 묘미다. 기존의 보조금 제도를 그대로 두고 어느 부문의 보조금을 줄이고, 올릴 것인가를 놓고 고민하는 것은 스스로 정치적 협상에 전기 산업의 문제 해결을 떠맡기는 행위일 뿐이다. 그러지 않아도 정치적 간섭 때문에 심하게 왜곡된 가격체계를 현재의 의사결정 방법으로는 더 악화시키기만 할 것이다.

진정한 민영화와 문제의 해결

문제의 해결을 정말 원한다면 한전은 즉시 6개 발전 회사의 지분을 매각하여 완전한 독립을 시켜주어야 한다. 2010년에만 민간 발전설비 건설 계획 5,050MW 중 82%에 해당하는 4,650MW가 취소되었다고 한다. 물론 전기료가 비상식적으로 낮아서 투자 회수가 불가능해지니까 일어난 현상이다. 6대 민간 발전 회사와 POSCO 같은 잉여 전력 판매 회사들이 이익을 내도록 자율권을 허락하면, 그 이익을 근거로 포기한 발전소 건설 계획 뿐 아니라 다른 전력 사업도 추가로 만들어, 투자 대비 초과 이익이 소멸될 때까지 계속 추가로 투자할 것이다. 한전은 이들에게 이익 플러스 알파가 되는 가격으로 계속 매입만 해 주면 되고, 매입량은 각 발전 회사의 설비 용량 기준으로 배분하면 된다. 전력 거래 시장이라는 현 거래체제는 한전이라는 독점 매입(Monopsony)의 횡포를 위장하는 사기에 불과하다. 그러면 당장 각 전력 회사는 다투어 발전소를 건설할 것이고, 외국인도 찾아와 발전소 건설을 하겠다고 할 것이다. 이 설비 확장 경쟁은 발전사업 이익이 다른 사업의 일반적 이익율이나 은행 이자율 수준까지 내려가면 자동으로 멈춘다. 여기에는 정치가 개입할 수가 없고, 한전은 누구의 얼굴보고 전력을 매입할 수 없다. 요는 발전 배전 업무를 투명하고, 합리적으로 운영하기만 하면 요즘처럼 추위와 더위를 가리지 않고 찾아오는 블랙아웃 위협에서 벗어날 수 있다. 물론 전기 사용료는 가정용 요율은 현저히 내리고 그 누진 구조도 단계를 축소하여 전기료의 징벌성을 제거하되, 산업용과 일반 상업용 그리고 농업용은 가정용 대비 지원폭을 대폭 축소하여 전기료의 정상화를 추진하여야 한다.

이것이 바로 비교역재 산업에서의 고용 창출의 예다. 다른 나라에서는 전력의 수출입이 가능하지만 우리는 에너지 아일랜드로서 전력은 비교역재다. 따라서 발전 산업에서 이익이 좀 나도 누가 전력을 수입해 올 수 없다. 오히려 외국자본이 들어와 우리나라에 발전소 건설을 허락해 달라고 조를 것이다. 필자가 젊어서 경제 관련 데이터를 열심히 볼 때에는 한국의 외국 자본 유입액 중 5% 정도가 직접 투자이고, 나머지는 모두 금융기관 차관이나 포트폴리오 투자(증권등 단기 투기성 투자)였다. 그만큼 우리나라가 외국인들에게 사업하기 힘든 나라였다. 최근에는 외국인 직접 투자가 많이 늘었다고 해서 보았더니 이제 겨우 16.4%란다. 중국은 60% 이상이다. 이것은 너무 남미형으로 지나치게 대외 의존도가 높아진 경우다.

중국처럼 일당독재하는 나라에서는 그래도 큰 문제가 없겠지만, 남미 각국은 외자 과잉 의존으로 여러 번 자본의 동시 탈출과 대불황을 당해 보았다. 전력 생산 같은 비교역재 부문에 외국자본이 들어와 우리 전력 공급을 늘려 준다면 왜 거절하겠는가. 오히려 필자는 우리나라 전력 공급가격을 좀 더 올려서 발전회사들이 이익이 더 나게 하면, 더 많은 투자가 일어나고, 더 많은 고용이 늘어나고, 우리 내수 경제가 살아나는 데 큰 기여를 할 것이라고 본다. 그래서 돈 버는 이가 김 씨면 어떻고, 이 씨나, 박 씨나, 스미스 씨나, 르느

아르 씨나, 세고비아 씨면 어떠냐. 어차피 시간이 흐르면 초과이익이 소멸되어 투자 자금은 다른 곳으로 이동할 터인데. 요는 우리나라에 고용을 증가시켜 주는 모든 투자에 문을 활짝 열어야 한다. 자꾸 이래서 안 되고, 저래서 안 된다는 이유를 달지 말라. 이것은 공무원의 일거리만 키워주고 의사결정을 지연시키는 기본적 원인이다. 왜 이 나라에서는 공무원 수의 증가를 주기적으로 보도하지 않는지 모르겠다. 공무원 수의 감소를 정책의 목표로 삼는 대통령 후보가 필요하다.

물론 정치인들과 정부는 수출 산업과 농업에서 가격 인하의 압력을 계속 받을 것이다. 만일 그 결과로 한전이 계속 손실을 입으면 전기료를 우선 통합하여 불공평한 보조장치들을 없애고 서서히 올릴 수 있다. 동시에 한전은 보유하고 있는 송배전 설비의 일부 또는 그 사용권을 매각할 수 있다. 국민이 그걸 원하면, 그렇게 계속 팔다가 전국의 송배전 설비를 다 민간 업자에게 팔아도 국민의 입장에서는 아쉬울 것이 없다. 결국 전력 산업의 완전한 시장화가 이루어지기 때문이다. 오히려 스마트 그리드의 도입이 빨라져 효율 올라가고, 값도 싸질 것이다. 직원들은 설비의 새 주인이 된 회사로 전근될 것이며 전력 산업은 계속 발전할 것이다.

[지적 오만과 과잉 계획]

KDI가 보고한 우리나라 에너지 관련 계획의 틀을 보면, 고려 사항이 기후변화 대응 기본 계획, 지속 가능한 발전 기본 계획, 온실가스 감축 기본 계획, 에너지 이용 합리화 기본 계획, 에너지 자원 기술 개발 기본 계획, 전력수급 기본 계획, 천연가스 수급 계획, 신 재생 에너지 기본 계획, 석탄 사업 장기 계획, 석유 비축 기본 계획, 해외 자원 개발 기본 계획, 해저 광물자원 기본 계획 등 엄청난 계획들을 다 감안해서 전력 계획을 만드는 모양인데 이런 것을 두고 과잉 계획이라고 한다. 장관이나 대통령이 질문을 할 때 대답하기는 참 좋겠지만 국민이 원하는 것은 이런 완벽을 가장한, 과잉 계획이 아니다. 정부가 결정할 수도 없고, 해도 안되는 일들을 미리 기본 계획에 정해 놓고, 시장더러 여기에 맞추라는 억지는 부리지 말았으면 한다. 우리 경제는 시장경제이다. 지식인과 엘리트들의 지적 오만은 잘해야 시장의 현실과 상식에 접근하는 것이고, 잘 안되면 시장을 비틀어 국민 생활에 피해를 준다. 노조가 전력 산업은 시장 실패의 위험이 있어서 민영화하면 안 된다고 주장한다. 지금 바로 우리 눈앞에서 보이는 온통 왜곡된 우리의 전력 산업이 시장실패의 본보기다. 한 나라 안에 한전 같은 전력회사가 한 개만 존재하는 것이 바로 정책적으로 만들어 낸 시장 실패다. 민영화하여 경쟁을 시키는 것이 시장 실패냐, 아니면 지금과 같은 인위적 독점이 시장 실패냐 따져 볼 일이다.

이것이 어디 전력 산업뿐이겠는가. 공정 가격을 올리거나, 국제 경쟁에 노출되지 않은 산업의 시장 가격 상승을 통하여 추가 고용의 기회를 인위적으로 만들 수 있는 산업은 한없이 많다. 이 책에서는 그 예를 다 분석할 수 없어 이 정도로 그치겠지만, 앞으로 아래와 같은 소위 고용 집약적인 비교역적 서비스 산업에서 시장 왜곡의 해소와 정부 정책의 합리화 및 시장 가격의 자유화와 가격의 상

승을 통하여 투자, 생산, 고용, 소득의 상승을 만들어 내고 국내 경
제의 활성화에 크게 기여할 수 있다.

통계청이 사용하는 산업 분류를 보면,
- 전기, 가스, 증기, 수도, 공기조절 사업
- 하수, 폐수, 폐기물, 수집 재생, 환경 정화, 복원 사업
- 종합건설업, 전문직별 건설업, 설계, 하청
- 도소매, 상품중개
- 부품 판매, 자동차 관련 서비스
- 육상 운송, 파이프라인 운송, 수상 운송, 창고 운송
- 창고와 서비스
- 숙박업, 음식업, 주점업
- 출판업, 영상, 기록, 제작, 배급, 방송, 통신, 컴퓨터
- 시스템 통합 관리, 정보 서비스
- 금융업, 보험, 연금, 관련 서비스
- 부동산 임대업
- 연구 개발업, 전문 서비스업, 건축 기술, 과학기술 서비스
- 사업 시설 관리, 조경 서비스, 사업지원 서비스
- 교육 서비스업
- 보건업, 사회복지 서비스
- 의료 및 관련 서비스업
- 창작, 예술, 여가, 관련 서비스, 스포츠, 오락, 서비스
- 수리업, 개인 서비스
- 가구, 가구와 재화의 서비스

등이다.

우리가 노력만 하면 추가 고용 창출을 해 줄 수 있는 산업이 수두룩하다. 머리만 잘 쓰면 우리 주위에 널려있는 고용의 보물섬이 보일 것이다. 우리 국민은 우리가 대단히 머리가 좋은 국민이라고 믿고 있다. 그렇다면 위에 널린 투자 기회와 고용 기회를 어떻게 잘 활용할 수 있는지 머리로 증명해 보아라. 누가 돈 좀 있으면 고용 발전 연구원을 차려 비교역, 서비스 산업 분야별로 시장의 실태 분석과 관련 정책의 효과 연구를 하고, 각 분야에서 최대의 고용 확대 방법을 연구하면 많은 정책 컨설팅 기회와 기업 자문 기회가 올 것이다.

7.3 왜곡된 가치 거울

[국부의 증가와 소유 및 채무]

자본주의 체제하에서 사회 총 부채는 국가 사회적으로 특별한 의미를 가진다. 한 해에 2,500조 원의 총 거래를 창출하고, 1,000조 원의 부가가치(GDP)를 생산하고, 그중 600조 원을 소비하거나 수출하고, 정부 예산으로 300조 원 집행하고, 나머지 100조 원을 저축하였다면, 그 나라는 그해에 100조 원만큼 더 부자가 된 것이다. 국가의 부의 변화를 기록하는 국가의 재무제표를 기업의 경우처럼 만든다면, GDP의 계산은 기업의 손익계산서를 닮을 것이고, 국가의 대차대조표는 너무 복잡하고 일이 많아서 만들 엄두도 못 낼 것이다. 만일 누가 국가 전체(정부, 민간과 합하여)의 대차대조표를 만든다면 왼쪽에는 각종 실물자산이, 오른쪽에는 모든 국민과 모든 민간 및 공공기관의 실물자산을 소유하는 데 동원된 자금의 가치(실물자산의 소유권을 확보하는 데 동원된 차입금이나, 자기 소유자금의 처분)로 나타날 것이다. 이 소유권의 확보를 위해 다른 자산을 론스타 같은 외국 자본에게 팔았다면, 국가 대차대조표의 좌변에는 팔아 넘긴 실물자산의 소유의 감소로 나타나고, 우변에는 원래 그 자산을 사거나 건설할 때 빌린 돈 즉, 채무의 감소로 나타날 것이다. 어느 해에 국가 전체로 100조 원만큼 더 자산이 늘었다면, 그것은 사회 총체적 잉여의 증가이고, 그 나라는 그것만큼 부자가 된 것이다. 동시에 우변의 사회적 총 부채도 똑같이 늘어날 것이고, 이는 국민에 대한 사회적 총 채무임과 동시에 좌변의 실물자산의 소유권과 그 이동으로 나타난다. 이렇게 보면 국가의 총자산은 그 크기가 국가의 총 부채와 같고, 이 총 부채는 바로 국부의 기초가 된다.

물론 자기 자신의 저축 없이 외국 자본을 빌려다가 경제 건설 자금으로 100% 조달했다면 그 국민은 이 자금의 투입으로 발생한 경제활동 흐름의 증가만큼 일 년 동안 더 잘 먹고 살 것이다. 하지만 다음 해에도 또 같은 금액을 빌려다 경제순환을 창출해야 하며 여기에서 실패하면, 경제가 당장 침체하기 시작하므로 고단하기 그지없는 상태가 될 것이다. 그래서 놀기 좋아하는 남미 국가들은 세기가 두 번 바뀌어도 선진 산업국가로 부상을 못하고 있고, 지도자 층과 대기업이 돈을 몽땅 해외로 빼돌리기만 하는 그리스 같은 국가의 국민은 남 탓만 하며, 공짜로 먹고 살려다가 1997년 우리 IMF 위기 때에 비하여 10배에 가까운 자금을 투입해 줘도 살아남기 힘든 처참한 상태에 들어갔다.

우리처럼 대부분의 경제성장과 필요한 투자를 거의 모두 자기 자금으로 조달하고 외자를 투입해도 자금을 차입해서 이자만 내고, 국가 산업과 자산의 국민 소유권을 지키는 나라는 차입금의 이자만 제대로 내면 성장이 지속된다(이자도 못 낼 정도로 자금을 낭비하면 우리도 언제나 침체에 들어갈 수 있다). 그러나 중국처럼 경제성장에 필요한 자금의 60%를 외자에 의존하거나, 외국계 기업의 전년도 잉여의 재투자로 조달하는 나라는 겉으로는 국부가 축적되는 것처럼 보이지만 실은 한 해, 한 해, 고성장의 훈풍 때문에 피부에는 못 느껴도, 외국계 기업들이 중경이나 성도 같은 중국 내륙 지방에 계속 투자해 주지 않고, 하노이나, 자카르타 부근으로 투자 방향을 돌리면 쉽게 정체 상태에 진입할 수 있다.

[국민 자산 가치와 국민 채무라는 거울]

그보다 더 중요한 것은 우리 눈앞에 즐비하게 늘어서 있고 날로 그 규모와 가치가 커져만 가는 각종 실물 자산을 보라. 공장, 기계, 생산설비, 대형건물, 아파트, 선박, 잘 정비된 토지, 발전소, 도로, 이루 헤아릴 수 없이 많은 이 실물 자산은 바로 국부이다. 그 국부가 늘어날 때마다 우변의 채무가 늘어나고, 이것은 누군가의 채권으로 살아 있는 것이다. 결국 경제적으로 잘산다는 것은 국부가 축적이 되고, 이 한반도 남쪽 반의 국토에 있는 우리의 실물 자산들의 가치 증대를 말한다. 이 실물 자산의 그림자가 바로 우변에 나타나는 빚, 바로 채무이다. 좀 이상하게 들릴지 모르나 우리의 빚이 많다는 것은 바로 우리가 그만큼 더 잘살게 되었다는 뜻이다. 어느 중소기업의 총 부채가 500억 원에 달하고, 잘 나가는 어느 대기업의 총 부채가 50조 원에 달하는 것과 똑같은 이치이다. 몽땅 남의 돈을 빌려다 짓고 만든 것이 아니라면 또는 반 이상이 외국인의 채권이고 우리의 채무가 아니라면 크게 문제 될 게 없다. 빚을 걱정하지 말라는 것이 아니다. 빚을 많이 내서 산 아파트도 한편으로는 그 매입자의 생활을 편하고 윤택하게 하고 또 한편으로는 그를 건설한 회사와 납품업체들, 하청 공사 업체들의 임직원의 소득이 되어 한 번의 건설기간 중 잘 살게 한 건 말 할 것도 없고, 거기서 저축한 잉여는 앞으로 자자손손 우리 생활 향상에 기여할 것이다. 빚이 늘고, 재산이 늘고, 생활이 윤택해지는 것은 자본주의 체제의 기본 생존 방식이니 너무 걱정할 필요가 없다는 말이다.

그렇다고 한국 경제의 가계 빚 1,000조 원이 아무런 문제가 되지 않는다고 주장하는 것은 아니다. 빚이 너무 늘어도 그것은 국민이 너무 갑자기 잘살게 되기를 원해서 그리된 것이다. 그러나 가끔 아주 희극적인 예외가 존재한다. 위에서 설명한 대로, 국가 대차대조표의 오른쪽 우변의 채무는 왼쪽의 실물 자산의 거울과 같다. 가장 좋은 거울은 그 거울 속의 이미지가 왼쪽의 실물과 완전히 동일하여야 한다. 이 거울은 가치의 거울이므로, 건물 몇 동, 고속도로 몇 개를 합한 것이 아니라 각기 그 시장 가치를 평가하여 그 가치의 합을 금액으로 기록한 것이다. 그런데 가끔 정부가 이 거울을 의도적으로 찌그러뜨릴 때가 있다.

[실물 가치와 거울 속 가치와의 괴리]

가장 쉽게 이미지를 찌그러뜨리는 방법은 좌변의 실물과 실제 가치 보다 더 크거나 또는 더 작게 보이게 해서 시장을 교란시키는 행위이다. 이는 마치 거울의 등을 휘고 허리를 구부려서 실물 자산의 가치를 작게 보이도록 만들거나, 반대로 거울의 배를 앞으로 내밀어 거울의 이미지를 실물보다 더 크게 보이도록 만드는 것과 같다. 예를 들어 이런 방법으로 어느 정부가 부동산 시가를 느닷없이 인위적으로 하락시켰다고 가정해보자. 그것도 특정 지역뿐 아니라 전 국토를 상대로 부동산 가격을 하락시키고 특정 인기 지역은 더 하락시켰다 하자. 그러면 3년 전에 사업계획서를 만들어 거기서 나온 수익성을 기초로 은행 돈을 빌려다 건물을 지은 사람과, 회사, 그리고 그 계획을 신뢰하고 돈을 빌려준 은행은 일시에 바보 아닌 바보가 되고 만다. 건설 계획에 사용한 부동산 가치 상승 예상은 일반적으로 인플레율 정도로 가정한다. 그것을 넘는 기대 가격 상승치를 근거로 수익률을 계산해서 계획서를 만들었다면 은행도 쉽게 돈을 빌려줄 수가 없다. 그런데 이 이상한 정부는 인플레율만큼 상승하는 부동산 가격은 고사하고 아예 절대 가격 수치를 억지로 내려 버렸다. 대기업이 발주한 부품 가격에 대하여 그 따위 짓을 하면 독점적 횡포라고 제재 당하지만 정부는 그런 경쟁자가 없는 유일한 정부이며 서민의 주택 정책을 한답시고, 실제로는 선거에서 표를 얻기 위한 정치적 목적으로 부동산 가격을 일제히 내려도 누가 막을 사람이 없다. 그런데 문제는 이러한 인위적 부동산 가격 하락은, 우변의 채무를 지탱해 주는 좌변의 실물 자산 가치, 즉 담보 가치를 일시에 칼로 베어버린 것과 같은 행위이다. 즉 거울 속의 이미지에 해당하는 가치를 인위적으로 축소 왜곡하여, 오른쪽의 실제 실물의 평가 가치를 칼로 베듯이 축소시켜 버린 것이다.

1조 원 가치는 9,000억 원으로, 2천만 원 나가던 가치는 1,800만 원으로 잘라 버리니 모든 금융기관의 부동산 담보물의 가치가 일제히 하락하여 부실화되거나, 될 가능성이 큰 상태에 도달하였다. 이건 참 황당한 일이고 한심한 일이다. 부동산 가격 상승을 막는다는 국가정책의 본래 목표와는 달리 부동산 시장 가격을 전국적으로 일제히 하락시켰기 때문에 앞으로 일어날 수 있는 작은 경제 불황에도 수많은 가정이 대출 상환 요청을 당할 것이다. 또한 취약한 저축은행들은 연쇄도산 위험에 처하게 되고 미분양 아파트 재고를 대량으로 안고 있는 수많은 건설회사들 역시 대량도산 위험에 처하게 되었다. 하우스 푸어라는 이상한 유행어를 가져와 거주하는 집 값이 내려 가뜩이나 은행으로부터 융자 조기 상환을 강요받는 중산층에게 이번에는 정부가 그 융자금을 떠안고, 그 대신 수백만 가구로부터 임대료를 받겠단다. 정부는 국내 최대 임대업자가 되고, 공무원 숫자는 엄청 늘겠구만.

우리는 물가라는 말을 자주 쓴다. 그런제 자세히 보면 물가는 수백만 가지의 재화와 서비스의 가격들이 서로 유기적으로 연결되어 있는 상대 가격들 간의 하나의 체계임을 알 수 있다. 한 가지의 가격이 달라지면 모든 상대 가격은 모두 변한다. 예를 들어 벼농사에 흉년이 들어 쌀값만 오르면 나머지 모든 재화와 서비스의 상대가치가 내려간다. 그만큼 쌀의 가치가 올라간 것이다. 시장은 이러한 상대가격의 자동적 조절을 항상 겪으며 존재한다. 확실한 것은 이 상대가격체계는 어느 시점의 모든 재화와 서비스의 수요·공급에 의한 자연적 가치를 그대로 반영하고 있다는 점이다. 더 중요한 점은 이 가치 체계는 투자계획을 세우는 데 필요한 만큼 예측이 가능한 것이다. 100%는 아니지만, 지금의 가격체계에 근거해서 3~5년 뒤의 가치 체계를 예상해서 투자 계획을 세워도 크게 틀리지 않을 것이라는 신뢰와 예측성이 전제되어 있다.

따라서 어느 사회에서나 이 예측성이 없으면 투자와 경제 성장은 바로 정지하고 회사는 손실이 겁나 투자를 멈추고, 설비는 낡아 경쟁력이 사라지고 개인은 실업의 누적으로 길거리에 나서게 되고 건물과 도로는 보수를 못해 초췌해지고, 사회는 지속적 불황으로 생기를 잃고 경제는 장기 불황의 악순환에 빠지게 된다. 우리나라에서는 5~7년 전에 강남의 부동산 가격이 너무 빨리 오른다고, 우리 가치 거울의 허리를 앞으로 굽혀, 우리나라 금융기관이 보유한 모든 부동산 담보물의 가치를 인위적으로 폭락시킨 일이 있었다. 그 뒤 2년 만에 건설업체의 줄도산과 미분양 주택의 누적이 시작되었다. 그나마 건설업체들의 자구 노력에 의하여 그만큼 버틴 것이다. 그 뒤 2년 만에 프로젝트 파이낸싱에 매달리던 저축은행의 줄도산이 있었고, 또 그 뒤 2~3년 만에 전 국민의 가계 부채가 1,000조 원(한국의 GDP에 근접)에 도달해서 이제는 정부가 직접 나서서 국민의 부채를 인수해주고 부동산 임대업을 하겠단다. 병 주고 약 주기는 이런 것을 말하는 것이다. 그럴거면 부동산 건설업을 국가 독점업으로 하시지. 안 걷어도 될 세금 걷어다 공무원 업무와 숫자를 계속 늘려서 국민의 생업도 다 국영화 하자는 것과 무엇이 다른가.

모든 것이 다 그렇겠지만, 특히 경제에 관한 한, 제발 정치인과 관료들 그리고 학자들은 더 겸허해져야 한다. 목전의 효과만 보지 말고, 모든 정책의 잠재적 문제점들은 분석(PPA: Ppotential Problem Analysis)할 줄 알아야 한다. 실패하면 당장 기업이 사라지고 자기 직장이 사라지는 민간경제에서는 이 PPA가 상식이 되어 있다. 그러나 평생 신분이 보장된 관료들과, 당장 선거에서 이겨야 하는 정치인들은 PPA 같은 소리를 하면 코웃음을 친다. 이러한 정치적, 관료적 관성을 이겨내는 것이 청와대를 차지한 사람에게 국민이 거는 기대다. 균형 있고, 절제된 자세로 심사숙고한 결과를 행동에 옮기려면, 무언가 자기 임기 내에 크게 혁신을 하겠다는 자세로는 안 된다. 공무원 기강, 법치주의의 창달 같은 실권자들의 행위 변화를 필요로 하는 곳에서는 혁신적으로 변화를 시도하라. 그러나 경제에서는 제발 지름길을 찾지 말라. 콩을 심어야 콩이 나오고, 이익이 나야 투자가 나오고, 투자가 있어야 고용이 나오고 그 한참 뒤에 번영이 온다.

도대체 서민 주택정책이 왜 전 국가적 부동산 가격의 하락이어야만 하는가. 주택 가격만 하락시키면 서민의 주택 구입이 일어나는가. 돈 없어 집도 못사는 사람이 갑자기 주택채권 매입할 능력이 생기고, 취등록세를 내고 매년 재산세를 낼 힘이 발생하는가. 서민 주택정책의 목표는 가난한 일반 서민들이 심한 경기 변동에도 불구하고 자기가 살고 있는 주택에서 최소의 부담으로 살며, 강제로 퇴출당하지 않고 가능한 한 장기간 안정된 비용으로 살게 하는 것이 목표다. 그런데 우리나라 정부는 서민의 부동산 소유 비율을 90% 이상으로 올리는 것을 부동산 정책의 확고한 목표로 삼아 역대 정권을 운영해 왔다. 한때 우리나라에는 고속성장의 여파로 부동산 가격이 주기적으로 대폭 상승하여 많은 사람들이 부동산 투기로 돈을 벌었다. 이러한 주택 가격 상승 혜택을 서민에게 주어야 한다는 것인가. 그러나 주택 투자 수익은 극히 일부분 국민들의 경우이고, 대부분은 자기가 거주하고 있는 주택의 가치 상승으로 은퇴할 때 유동성의 편의를 제공 받는 수준이었다. 그리고 이것은 어디까지나 고속성장 시대의 산물이고, 지금은 경제의 실질 성장률 자체가 2~3%로 안정이 되어 극히 일부 지역을 제외하고는 전반적 부동산 가격의 상승과 거품의 재형성은 다시 발생할 수 없다. 여기에 인구 노령화와 신생아 출산 기피현상으로, 앞으로 주택 가격 폭등은 물리적으로 불가능하게 되어 가고 있다.

그런데 우리나라 역대 정부는 가난한 사람들이 자기 거주 주택을 '소유'하는 것을 정책 목표로 삼고 이를 위하여 다른 경제 정책의 목표를 희생시키는 오류를 오래 범하고 있다. 제5장에서 설명한 대로, 소위 아메리칸 드림을 정책의 목표로 삼아 부실 또는 불법 고객에게 장기 주택융자를 마구 퍼주고, 그에 수반한 리스크를 분산한답시고 미 연방 주택 금융공사, 즉 패니 메이(Fannie Mae)와 프레디 맥(Freddy Mac)들이 비 우량 주택채권(불량 주택채권을 미화해서 부르는 속임수)을 전국에 흩어진 주택융자 소매 은행들로부터 마구 사주었다. 이 연방 주택금융공사들은 미 의회가 행정부의 반대를 무릅쓰고 일방적으로, 순전히 정치적 목적을 위하여 반세기 전에 입법하고 설립한 기관들로서 오래 전부터 최소 4조 달러의 부실을 안고 있다고 걱정해 오던 중이었다. 결국 미국 정부는 이 불량 주택채권인 서브 프라임 모기지론의 부실화로, 2008년 이후 주택시장의 동시 붕괴와 은행의 대량 부실화는 물론 미국경제를 거덜냈으며, 그것도 모자라 전 세계를 금융위기에 몰아넣었다.

주택 가격이 오를 때는 서민들의 주택 소유를 일시적 목표로 잡아 촉진하여도 불가능한 것은 아니고 큰 문제를 발생시키지 않지만, 지금처럼 주택 가격 자체가 침체되고 앞으로 대폭 상승이 불가능한 상황인데도 왜 정부는 서민 주택 소유를 정책목표로 고집하는가. 그보다 원래대로 서민 주거 문제 해결을 주택 정책의 기본 목표로 삼고, 무리한 소유 촉진은 버리는 것이 천만 번 옳다. 지금처럼 어렵고, 세금 부담도 크고, 은행 융자도 어렵고, 그 상환도 어려울 때 누가 빚을 내서 주택을 사겠는가. 서민 주택 소유의 확대는 세계 어느 나라나 자기 당대에 지상 낙원을 만들겠다는 정치인들의 허구와 위선에서 나온 것이다. 그런 목표도 서민 주택정책의 본래 목표를 일탈한 것이다. 이 위선적이고 비현실적인 목표를 위해 국가의 전체적 자산 가치를 인위적으로 왜곡하여 경제를 침체에 빠뜨리는 것은 극히 부도덕하고 무식한 행위이며, 국가 경제를 단시간 내에 연쇄 도산의 위험에 빠뜨릴 수 있는 자살적 행위이다.

[정부 의사결정자의 월권]

더 놀라운 것은 이 국가 대차대조표 상에 인위적 불균형과 그 후속 대책이 매크로 경제정책 부처도 아닌 국토해양부에서 연일 만지

작 거리는 아파트 건설 정책이나, 금감원의 은행자산 건전성 관리의 한 부분으로 만들어지고 있다는 사실인데 아무도 여기에 대하여 불평을 안 하는 것이다. 우리나라 경제 평론가들도 문제지만, 이 정부에는 아마도 경제의 근본적 불균형과 그것이 가져오는 엄청난 재앙에 대하여 깊이 있게 생각하는 사람이 없는 것 같다. 역대 관료조직이 스스로 만들어 놓은 '규제와 반복되는 대책'의 헝클어진 실타래의 속박에서 벗어날 생각은 못하고 있는 것 같다. 지금 우리의 문제는 매크로 경제의 위기이기 이전에 반세기 동안 엉켜버린 우리 시스템 문제이고, 그 이전에 눈에 보이는 현상과 역사를 깊이 있게 생각하고 국가 발전 근본 방향을 생각하는 지혜의 부족, 생각하는 힘의 부족이 문제이다. 우리의 구제불능으로 엉켜버린 규제의 실타래는 알렉산더대왕이 칼로 베어버린 고디안의 실타래처럼 일단 잘라 버리고 다시 새시대에 맞고 목적에 맞는 합리적 규제체제를 새로 만들어야 한다. 임기 초의 전봇대도 빼고 대못도 빼던 것은 결국 쇼였나. 아니면 통치 철학의 부재와 시대적 소명에 대한 무지인가.

그리고 올바른 주택 토지 정책을 요구하는 사람들을 자꾸 건설업자나 부동산 투기꾼의 앞잡이 정도로 매도하지 말고 좌변의 거울을 펴서 우리 국부의 가치가 자연 그대로 반영되게 하라. 쓸데없이 자꾸 거울을 비틀지 말고, 멀쩡한 자산의 가치를 인위적으로 축소시켜 은행들의 담보자산 가치를 칼로 베어내어 은행의 부실화를 촉진하지 말라. 담보자산의 부실화를 염려하는 은행들이 그러지 않아도 궁핍한 서민들에게서 주택융자, 생활자금 융자를 중도회수할 수 밖에 없는 상태를 억지로 연출하지 말라. 우리 경제에 무슨 거품이 그다지 크다는 거냐.

정부와 국민이 합리적으로 깊이 생각하고 개혁을 두려워 하지 않으며, 관료들의 관성으로부터의 탈출을 적극적으로 요구하면 우리나라에 앞으로 추가 고용을 창출할 수 있는 기회는 얼마든지 존재한다. 우리가 의료 산업, 교육산업, 건설업, 토목업, 환경 산업, 치수 산업 외에 인간적, 문화적 소프트웨어 부문, IT 네트워크 부문, 반도체 산업, 나노관련 산업, 줄기세포 관련 의료 기술과 서비스 산업, 조선 해양플랜트 등 이루 헤아릴 수 없이 많은 산업에서 세계 일등이 되자. 그 외에도 세계 5위 안에 드는 산업으로 키울 것은 방위산업, 건설자재 사업, 기계 중장비 산업, 자동차 산업, 관광산업, 원자력산업, 고속철도 산업, 화학 산업, 의약 산업, 유통산업, 영상 산업, 등 무수히 많다. 이에 대해 우리가 잊어서는 안 될 것은 시장경제체제를 유지하며 고용을 창출하려면, 투자자가 이익을 많이 내게 하지 않고서는 절대로 고용이 안 늘어난다는 점이다. 좀 더 합리적이고 관대한 열린 경제를 만들자.

필자는 우리가 고용 부족 문제를 21세기 모든 국가의 핵심 과제로 보고 여기에 초점을 맞추어 대책을 만들면 해결책은 반드시 존재한다고 본다. 답을 구하기 전에 답의 외연조건(Boundary Condition)을 설정하자. 모든 고용 대책은 자유시장의 유지·발전을 기초로 이루어져야 하고, 국내에서 고용이 일어나야 한다. 어떤 대책이든 기존의 이념적 경직성에서 자유로워야 한다. 이런 전제하에 필자는 비교역재 산업, 즉 우리 대책의 고용 증대 효과가 외국제품의 수입 대체로 상쇄되지 않아도 되는 산업에서 시장 자체를 간섭하지 말고, 시장의 최대 동력인 이익의 소재를 관리하자는 것이다. 즉, 선정된 산업에서 이익이 잘 나게 하여 투자를 그곳에 집중시켜, 고용을 증대하자는 안을 앞에서 설명하였다.

이것은 막스의 시장 파괴 전략도, 신자유주의의 시장방임 주의도, 케인즈의 시장 보완주의도 아닌 '잉여 관리주의'로서 필요한 양의 투자를 고용 효과가 크고, 수입상품의 수요 상쇄가 없는 산업에서 인위적으로 유도하자는 안이다. 신고전학파는 공급중심주의, 즉 수요의 종속 이론이고, 케인즈 학파는 수요 창출주의, 즉 공급 무능의 이론이지만 우리의 주장은 '이익 관리주의'이다. 시장에서 가장 강력한 자원배분 도구인 잉여를 우리가 원하는 산업에서 발생하게 해주는 것, 즉 고용을 가장 많이 창출해 줄 산업에 이익이 가장 잘 나게 해주면, 이 시대 인류 보편적 과제인 고용의 문제를 해결 할 수 있다고 보는 것이다. 즉 고용이라는 지고의 목표를 위하여서는 정부의 간섭주의도 수용하고, 시장의 자발적 조정 능력도 이용하자는 것이다. 이념의 탈을 벗어버리고, 실용주의적 실천력과 행동으로 인간이 먹고사는 문제를 해결하는데 무슨 철학과 체면이 필요하겠는가.

예를 들어 의료 산업을 보자. 언론 보도에 의하면, 우리나라 성형외과 의사 3명이 3년 사이에 550억 원 이상의 매출을 올려 탈세를 하다가 적발되었단다. 국회에서 의료 산업 영리화를 아무리 반대해도 의료 산업이 잉여 창출 산업인 것은 분명하다. 이 산업에서 더 많은 이익이 발생되게 한다면 어떨까. 더 나아가 여러 분야의 의료 산업에서 더 많은 이익이 나게 하면 어떨까. 국내에선 더 많은 병원이 설립되고, 개원하여 더 많은 환자를 치료하고, 더 많은 노동을 고용할 것이다. 우리나라 환자가 외국에 가서 치료를 받으면 수입 효과가 나서 국내의 의료 산업의 고용은 그만큼 줄어들지만, 국내에서 치료를 하고 외국인까지 와서 치료를 받으면 우리 고용은 늘어나고 우리의 의료 수출이 늘어나는 것이다. 의사 협회도 반대할 이유가 없는 것이, 의료 산업에서 이익이 많이 나면 병원도 더 들어서고, 외국의 병원들도 국내에 병원을 개설하여 우리 의사들의 고용 기회도 더 늘어날 것이다. 외국계 병원이 100% 외국 의사를 쓸 수는 없다. 그건 너무 비용이 크게 든다. 우리나라 자동차 산업이 이익을 잘 낸다고, 외국 자동차 회사가 국내에 공장을 짓지는 않는다. 우리나라 임금이 너무 비싸기 때문이다. 그러나 의료 산업에서는 우리나라 의사의 급료는 미국보다 크게 낮고 기술은 세계적이다. 왜 새 병원을 지으려 오지 않겠는가.

필자가 챔피언 또는 글래디에이터로 표현한 대기업들은 그 나름대로 역할이 있고, 국제 경쟁의 특성상 신규 고용에서는 맥을 못 춘다. 그렇다고 다른 분야에서도 손을 놓고 있을 수 없다. 이념의 눈깍지를 떼어내고 찾아보면 우리 주변에 이익 창출과 추가 고용의 가능성은 허다하다.

제8장

우리가 추구하는 국가

8.1 자유민주주의와 시장 경쟁의 본원적 상충

[참으로 다행스런 공산주의의 실패]

지금까지 우리는 우리를 분노케 하는 가장 핵심적 원인을 고용 기회의 부족에서 찾았다. 인간을 인간답게 살 수 있게 하고, 더 나아가 풍요로운 내일에 대한 희망과 자아 실현의 가능성을 보장해 주는 것이 고용이다. 고용에도 질적 차이가 많지만 여기서는 통계적, 전체적 고용 기회의 관리를 공학적 입장에서 생각하고 있다. 그러나 우리의 이러한 고민의 결과는 참담하기만 하다. 잉여는 포악한 인간을 만들어 전쟁의 굴레에서 벗어나지 못하게 했고, 인간은 일하지 않아도 되는 자유를 버리고 이제는 실업자가 되지 않을 자유를 위해 고민하고 있다. 고도성장의 원인이었던 경제의 세계화 추세는 이제 고용 없는 성장의 주범이 되었고, 우리의 미래형 산업이라 여겨지던 금융업은 탐욕과 부정의 표본이 되어 인류를 반복적 불황으로 몰아 넣어 미래 고용의 보장자로서 완전히 실격이다. 지금 우리가 가진 성장의 동력은 재벌이라 일컫는 우리나라의 대기업들인데, 이들도 글로벌 경제의 일부분으로 지속적 고용 성장의 도구로서는 부족함이 너무 많아 불평과 원성의 대상으로 전락하고 있다.

이제 우리는 사회를 통째로 리엔지니어링 하지 않고도 우리에게 주어진 기회를 합리적으로 유연성 있게 활용하여, 우리나라를 세계적으로 고용 걱정이 가장 작은 나라를 만들어야 한다. 그러려면 우리 사회의 기본틀에 대한 우리의 선택을 한번 점검해야 하고, 그 다음에 재벌 자본이건, 민족자본이건, 외국 자본이건 가리지 말고 다 동원하여 고용 천국을 만들어 보아야 한다. 이로써 필자의 메시지는 대강 전달하였다고 본다. 그러나 이러한 고용 천국은 비교역재 부문에 투자를 많이 한다고 자동적으로 달성되는 것은 아니다.

우리 안에 정권을 탈취하기 위해서라면 무엇이라도 하겠다는 집단이 헌법에 보장된 언론의 자유, 사상의 자유 등 자유민주주의 체제 유지의 기본 개념들을 악용하여 나라의 안보를 위협하고, 공동체 구성원 간의 악질적 분란을 조장하며, 이를 직업으로 삼는 사람들이 자라나는 세대에게 극도로 이기주의적이고, 자기중심적이며, 이념적으로 왜곡되고 편향된 국가 인식을 집요하게 심어 주면, 고용이 아무리 늘어나도 이 나라는 위대한 국가로 성장할 수 없다.

우리는 공산주의 체제가 인간의 나태함과, 탐욕적 본능 때문에 스스로 붕괴한 역사를 보면서 자본주의라고 부르는 시장 경쟁 체제와 자유민주주의의 우월성을 확인했다고 믿고 자랑스러워 한다. 뿐만 아니라 이 승리가 얼마나 다행스러운 것인지 모른다. 만일 공산주의가 그 이론대로 더 효율적이고 더 발전적이고 더 높은 경제성장을 성취해서 자유민주주의와 시장 경쟁 시스템을 붕괴시켰다 상상해 보면 정말 아찔해진다. 언론과 거주지 선택의 자유를 포함한 대부분의 자유를 빼앗기고 정부가 정한 규격 상품만 똑같은 가격으로 지정한 장소에서 컴퓨터 처리로 배급 받듯이 사서 집에 돌아와, 정부가 정한 오늘의 메뉴 몇 가지 중 한 가지를 골라 요리하고 식사한 후, 정부가 지정한 몇 가지 TV 프로그램을 뒤적이다가 잠이 들고 아침이면 또 가장 효율적인 정부 지정 교통수단으로 출근해 똑같은 나날을 반복했을 것이다. 끔찍한 일이다. 공산주의가 실패한 것이 얼마나 다행인지 모른다.

[민주주의와 시장 제도의 선택]

그런데 의문이 하나 있다. 공산주의나 사유재산 폐지 제도는 자체 모순으로 붕괴했다고 하나 그러면 첫째, 시장 경쟁 제도는 더 좋은, 또는 우리가 바라는 제도인가 하는 의문이 든다. 둘째, 민주주의는 다른 정치제도보다 더 좋거나 우리에게 딱 맞는 제도인가를 의심해 본적이 없다. 왜 그런가. 초등학교적부터 그렇게 배워서 그렇다. 필자의 소견으로는 시장 경쟁 제도는 인류가 원시시대 이후 자연스럽게 공동체 생활을 해 온 기본적 경제생활 양식이기 때문에 이 제도를 지키는 노력은 불필요하고, 다만 이 제도가 많은 문제를 내포하고 있어서 이를 시정, 보완하는 데 인간은 꽤나 많은 노력을 들였다고 본다. 즉 시장 경쟁 제도가 딱히 더 좋아서라기보다, 그냥 우리가 자연스럽게 살아가는 방법이니까 최소한의 보완만 하고 그냥 두는 것이 사회적 비용을 최소화할 것이라는 믿음으로 필자는 사유재산주의적 시장주의자가 되었다.

　민주주의 제도도 마찬가지로 이 제도가 국민이 생긴 그대로 다른 억제와 규제를 정부로부터 받지 않고, 주변 사람에게 피해를 주지 않는 한 최대한의 자유를 보장한다는 이유로 필자도 이 제도를 사랑한다. 즉 프롤레타리아 독재와 군주 독재 제도의 위협에서 우리는 성공적으로 탈출하고 자유민주주의에 정착한 것이다. 내가 가장 나 같기를 보장해주는 정치 시스템이 그리 흔하겠는가. 아리스토텔레스, 칸트, 라울즈 같은 분들은 그 따위 주관적, 감성적 선택 기준으로 국가 사회제도를 선택하는 것은 말도 안 되고, 더 절대적이고, 더 포괄적인 기준으로 선택하라고 질책하시겠지만, 2,000년 동안 무엇이 옳은지, 그른지 구분도 못하게 사람들을 혼란에 빠지게 해놓은 분들의 비판보다 내가 좋아서 선택하는 것이면 될 것 같다. 독자들도 대부분 그렇게 생각하리라 믿는다. 요즘 유행을 타는 마이클 샌들 같은 친구는 "아하, 그러니까 너는 여러 사람이 공통으로 좋아하거나 옳다고 믿는 것을 정의나 옳음의 기준으로 삼는 공리주의자 또는 공동체 주의자로구나?"라고 꼬리표를 달려고 할 것이다. 자유민주주의를 사랑하고, 경쟁적 시장 경제를 통하여 더 많은 사람이 번영을 추구하는 것이 가장 성공 가능성이 높다고 보는 내 생각을 내 편견이라고 하면서 내게 꼬리표를 몇 개 달아줘도 상관없다. 하늘 아래 모든 새 아이디어라는 것이 옛날 어떤 현자의 아이디어를 손질한 것에 지나지 않는다고 주장해도 상관없다. 나는 그래도 이 두 가지를 선택했고, 우리 대부분이 같은 선택을 자랑스럽게 생각한다. 이 선택이 아이디어가 아니고 우리의 생활이고, 현실이기 때문에 우리는 당당하다. 어쩔래?

[자유민주주의와 시장 경쟁 제도의 궁합]

이렇게 두 가지 질문과 해답을 해도 아직 중요한 의문 한 가지가 남는다. 이 귀한 자유민주주의와 시장경쟁제도는 서로 궁합이 잘 안 맞는다. 둘 다 공산주의 체제의 적이니, 적의 적이 나의 친구인 것처럼 같이 한 패가 된 것이지, 그 이상의 본질적 상호보완성이나 일관성이 있어서 같이 다니는지 누구도 설명해 준 적이 없다. 가끔 자유시장주의와 자유민주주의는 서로 가장 상호보완적 제도라고 주장하는 사람은 보았으나 왜 그런지를 설명해 주는 이는 보지 못했다. 경제와 경영만 평생 해 온 필자이니 못 들을 것이 당연하지만 필자가 요구하는 설명을 못 듣고, 또 듣고 싶어 하는 사람이 한 둘이 아닐 것이다. 그 답을 시원히 해 준 사람이 있다.

"시장경제는 사유재산제도와 기업가적 능력과 자세, 그리고 이노베이션을 필요로 한다. 그리고 이 세 가지는 사상의 자유, 언론의 자유, 및 행동의 자유 없이는 번성할 수가 없다. 민주주의는 사람들이 어디에 살지, 무엇을 사고 팔지, 어떻게 일할지, 어떻게 저축하고 부를 축적할지를 선택할 수 있다는 것을 의미한다. 그러나 이 모든 선택권들은 산업의 공동 소유제도와는 맞지 않는다. 요컨대 시장경제와 민주주의는 서로 깊이 얽혀 있는 것 같고 이 둘은 사유재산이라는 기본 개념에

묶여 있는 것 같다." 자크 아탈리, '서구 문명의 붕괴—시장과 민주주의의 한계'
포린 어페어즈, 1997.

"The market economy needs private property, entrepreneurship, and
innovation, which cannot flourish without freedom of thought, speech and
movement. Democracy means that people can choose where to live, what to
buy and sell, and how to work, save and accumulate wealth, none of which is
compatible with the collective ownership of industry. In sum the market economy
and democracy appear to be deeply intertwined with each other and the two are
both tied to the fundamental concept of private property." By Jacques Attali 'The
Crash of Western Civilization-Limits of the Market and Democracy' Foreign Affairs;
1997, pp.54~64.

위의 자크 아탈리의 글에서 길게 인용한 문장 중 핵심은 "민주주
의는 국민의 거주지 선택, 사고 파는 선택, 일하는 방법의 선택, 저
축하고 재산을 축적하는 선택을 의미하는데 이 중 어느 것도 산업
의 집단적 소유제도와는 서로 맞지가 않는다(모순된다?)."라는 부
분이다. 우선 민주주의를 너무 좁게 정의한 것은 오류라기보다 민
주주의의 한 특징을 설명했다고 양해하여 주고, 또 산업의 집단적
소유를 국가적 소유라고 읽어주자. 그래도, 위에 열거한 모든 경제
활동이 사유재산제도 없이는 불가능하다는 주장은 잘못된 주장이
고 어디까지나 개인의 주장일 뿐이다. 저축과 투자를 포함한 모든
경제활동이 정부소유기업, 재벌소유기업, 개인소유기업 등 모든 형
태의 기업에서도 그 기업의 주식거래가 시장에서 이루어질 수만 있

다면 아무 어려움 없이 자유롭게 거래가 일어난다. 사회주의, 군주주의하에서나, 국토를 정부나 국가의 소유로 보는 제도하에서도, 토지의 개인적 사용권의 거래는 수백 년 동안 이어져 왔고 경제는 크게 발달한 경우가 허다하다. 관이 소유한 기업의 주식도 특별히 개발한 시장에서 거래를 허용하기만 하면 얼마든지 대량 거래가 가능하다. 이것은 상식이다.

그러나 필자가 보기에 아탈리의 최대의 오류는 자유민주주의와 시장 경쟁 제도가 서로 떼려야 떼어 낼 수 없는 관계라기보다, 서로 근본적으로 상충하는 개념적 특성을 내포하고 있다는 사실을 간과한 것이다. 자세히 보면 민주주의가 주장하는 자유는 만인 공유의 보편적 자유, 즉 평등의 개념이 전제가 되어 있다. 시민 누구 누구는 다른 시민 누구 누구에게 예속되지 아니하고 다 같이 자유로우며 누가, 누구 위에 올라서지 못하고 계급이 없는 평등사회가 바로 자유민주주의 이상이다. 그 정신은 선거인 모두에게 동일한 선거권을 주는 선거제도에 잘 나타난다. 그런데 자유시장 경쟁제도하에서는 그 핵심개념이 경쟁이다. 우리 자유세계의 경제가 공산권 경제를 압도할 수 있었던 이유가 바로 이 경쟁 촉진 때문이다. 그러나 경쟁에는 승자와 패자가 있고, 승자는 그 승리의 원인인 개인적 능력, 노력, 창의력, 그리고 경험과 한 번의 승리의 결과 발생한 자기와 자기 조직의 향상된 능력과 금융 신용력 때문에 계속해서 다음에 오는 경쟁에도 승리할 확률이 높다. 장기적으로 경쟁체제하에서는 승자와 패자가 갈리고, 승자는 습관적으로 반복 승리하고, 패자는 숙명적으로 반복 실패한다.

이것은 평등이 아니다. 민주주의가 바라는 이상을 시장 경쟁제도는 가져다 줄 수 없다. 이 둘은 상호 배반적이고 충돌한다. 가장 비간섭적인 자유로운 사회는 불가피하게 불평등한 사회로 변할 수밖에 없다. 이 비극적 모순은 우리 인간이 그렇게 생겨 먹었기 때문이다. 누굴 탓할 수도 없다. 아버지가 부자여서 자식이 편하게 잘 사는 것, 머리가 좋아서 좋은 교육 받고 좋은 친구들과 어울려 더 출세하는 것을 어찌 탓하겠는가. 한 명의 승자 뒤엔 9명의 패자가 있다. 만일 5명의 승자와 5명의 패자가 있다면 그것은 아직 경쟁이 덜 되었다는 뜻이다. 그냥 내버려두면 9명의 패자가 나올 때까지 게임과 경쟁은 계속된다. 월드컵 축구나 올림픽게임이 그렇다. 그래서 경제에 관한 한 정부가 독점을 막고 몇 명의 승자(과점상태)가 남을 때까지 경쟁시킨다.

문제는 패자들이 민주주의체제하에서는 다수의 투표권을 가지기 때문에 민주주의적 시장 경제체제에서는 경제적 승자와, 정치적 승자가 서로 다르게 되고, 상호 견제하고 동시에 협조하게 된다. 이것이 바로 우리가 요즘 쓰는 말로, 연고주의적 정치, 유전무죄, 정치적 인기영합주의의 산실이다. 9명의 패자가 1명의 승자와 협조하고 공존하기를 원하면 그 나라에서는 패자도 살고 승자도 산다. 그러나, 이에 실패하면 1명의 재산도, 9명의 생존도, 나라의 평화도 다 사라진다.

민주주의는 하위 60~80%가 전체를 주관하는 제도다. 자유시장 경제 제도는 상위 1%가 하위 99%를 지배하거나 그들의 운명을 주관하는 제도다. 둘이 충돌하는 것은 당연하다.

그러나 이러한 충돌 가능성을 못 본 칼 막스의 엉뚱한 집단주의적 망상 때문에 전 세계 이상주의자의 눈을 가리고, 인내는 버리고 당장 행동으로 보여 주겠다는 선동으로 약 한 세기 반을 우리가 허송한 것이다. 막스가 틀렸다는 것 설명하느라 진짜 문제를 보지 못했을 뿐이다. 즉 역사가 끝난 것이 아니라 이념으로 인한 방황이 끝나고 이제 겨우 우리가 지켜나가야 할 보물 같은 이 두 제도의 상호 모순성을 보게 되었고, 더 건설적이고 문제 해결에 도움이 되는 관념적 고통을 스스로 체험하게 되었다. 시장경제의 경쟁 논리와 민주주의 제도의 평등 논리가 서로 상충하면서도 조화 할 수 있었던 것은 지금까지 대부분의 시장경제적 민주주의 국가들이 이 본원적 상충과 모순성을 잘 관리해 왔기 때문이다. 세 명의 대통령 후보들이 경제 민주화와 재벌 해체를 소리 높여 외치는 것은 바로 이 평등과 경쟁의 본원적 충돌을 관리하기를 포기하고 평등 쪽으로 몰아가겠다는 포퓰리즘의 극치다. 이게 우리 정치인들의 수준이다. 지금처럼 고칠 것을 못 고치고, 시간을 낭비하고 있는 21세기 글로벌 경제가 날로 강화되어 가는 국가주의 추세 가운데, 이 두 제도의 본원적 충돌은 이미 전 세계적으로 폭넓은 분노를 폭발시키고 있다. 고속 변화를 추구하는 세력과 안정적 변화를 추구하는 세력 간의 마찰은 21세기를 통째로 마비시킬 수 있다. 우리는 무엇보다 자유와 경쟁의 성숙한 선택을 통하여, 누구보다 시장을 가장 잘 이용하는 자유주의 국가를 만들고 싶다.

8.2 자유와 평화의 역 상관관계

[감옥 속의 평화와 정글 속의 자유]

이 세상에서 가장 평화로운 곳은 어딘지 아는가. 그곳은 바로 감옥 속이다. 이 말은 1987년 88올림픽 대회를 앞두고 세종문화회관 회의실에서 열린 제1회 서울 평화포럼이라는 국제회의장에 함석헌 선생님, 우리나라 최초 여성변호사인 이태영 변호사, 김성진 전 공보부 장관과 외국에서 초청된 기라성 같은 지식인들이 보는 앞에서, 나이 어린 필자가(그 당시는 40대 초반의 아직은 젊은 반항기가 조금 살아 남아 있을 때였음) 약간의 빈정거림이 낀 어투로 내뱉어 좌중을 긴장시킨 말이다. 모든 원로들이 평화의 중요성만 강조하고 평화를 달성하고 지키는 어려움에 관해 한마디도 하지 않는 것을 보다 못 참고 젊은 객기로 한마디한 것이다.

평화는 거저 오는 것이 아니다. 평화는 그 유지를 위해 필요한 희생을 할 각오가 되어 있는 사람들과 국가들만이 누릴 수 있는 특권이다. 물론 자유도 마찬가지로 많은 희생을 요구하는 특권이다. 이 자유와 평화라는 두 특권을 가진 나라와 개인들은 그 바탕 위에 자기 자신과 국민들의 풍요로운 삶을 달성하기 위해 노력하고 발전하는 것이 상식이다. 그런데 이 평화와 자유라는 두 가지 보물도 상호 배타적인 특징을 가지고 있다.

자유와 독립을 위해 36년이라는 결코 짧지 않은 세월을 일본 제국주의와 피 흘리며 투쟁하였고, 그것도 모자라 6 · 25 전쟁 후 또 다른 전쟁을 방지하고 평화를 유지하기 위하여 반세기 이상을 휴전상태하에 살며 긴장을 풀지 못하는 우리 국민은 이 두 가지의 고귀한 자유와 평화라는 가치를 반드시 달성해야 하는 것으로만 알았지 그들이 서로 배타적 성격이 있는 줄은 미처 생각지 못했다. 이 두 가지 목표를 달성하면 되었지 그 다음에 이 두 가지 가치를 계속 유지하기 위하여 어떤 어려움을 각오해야 하는 지는 미처 생각하지 못하였다.

감옥 속의 평화는 전쟁의 위험이 없으므로 평화로서는 100점 만점에 100점이지만 자유는 0점에 불과하다. 반대로 원시 자연 생태계 정글의 법칙이 지배하는 약육강식의 상태에서는 평화는 0점이지만 자유는 멀리 도망 갈 자유가 보장되어 있으므로 이것도 100점이다.

〈그림 5〉에서처럼 점 (가)와 점 (나)는 극단적인 상황으로, 위에 말한 감옥 속의 평화거나 원시림 속의 정글 법칙하의 폭력 사회이

다. 대부분의 인간 사회는 일반적으로는 (다1), (다2), (다3) 같은 위
치에 처해 있을 것이다.

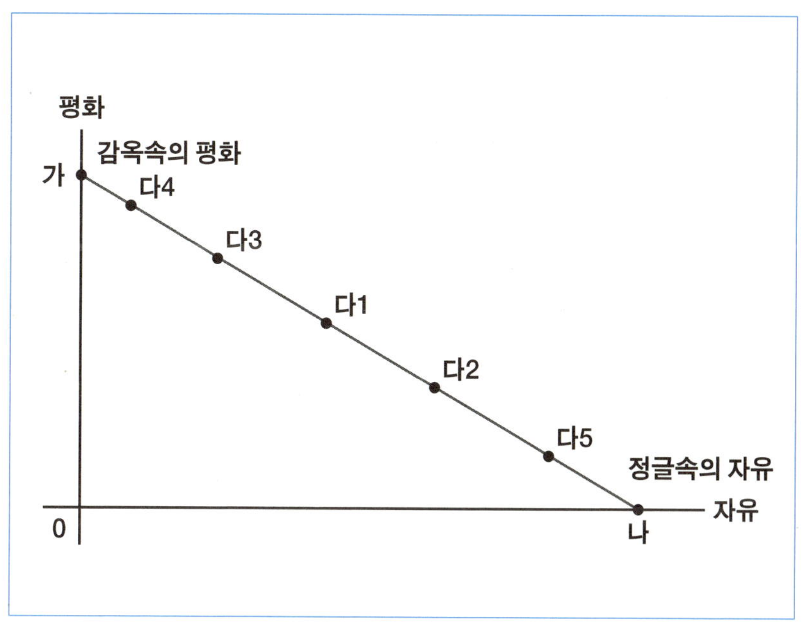

〈그림 5〉 자유와 평화의 역 상관관계

점 (다4)는 감옥살이 하던 죄수가 가출옥을 한 상태 정도로서 제
한된 자유는 허용되지만 경찰이 항상 감시하고 있으므로 본인이 조
폭들과 전쟁을 시작하지 않는 한 전쟁의 위험도 없다. 사회적 소외
감으로 좌절하거나 자살은 할 수 있어도 가진 것이 없어서 누가 자
기 소유물을 탈취하겠다고 투쟁을 하려는 자도 별로 없을 것이다.
사회집단 전체로 보면 억압과 통제에서 풀려나 이제 막 약간의 자

유를 누리기 시작한 때와 같다. 국민의 정치적 자유와 언론의 자유는 아직 현저히 향상된 바 없지만 그래도 자유가 증가했다는 인식을 심어 주기 위해 야간 통행금지 제도를 철폐하고 프로야구와 프로축구의 리그제를 도입하여 마키아벨리가 천거한 '서커스'를 국민에게 제공한 1980년 군부의 술책도 점 (다4)에 잘 맞는 상태다. 등소평의 중국은 (다4)에서 (다3)으로 중국을 부분적으로 해방시키는 역할을 했다고 볼 수 있다.

점 (다5)는 인류가 정글에서 탈출하여 소집단을 형성하며 궁극적으로는 부락을 만들어 정착하는 과정에 있는 인류의 문명 초기시대와 같다. 인간은 혼자서는 맹수들과 일대일로 겨루어 생존이 불가능하니까 사자 떼가 하듯이 일종의 협력체, 떼거리, 또는 공동체를 이루어 생존하게 되었다. 그래서 인간이 사회적 동물이 된 것이다. 여기는 공동체의 질서라는 것이 파생되거나 진화되어 나오고, 그 가운데 여럿이 다 같이 협력하고, 사냥하고, 같이 방어하고 생존하는 데 필요한 기본 법칙이 무언중에 배태된다. 그 집단의 리더에게 인간은 힘센 동물에게 복속하는 약한 동물들과 똑같이 약간의 자유와 권리를 상향 위임하거나 박탈당한다. 그 대가로 공동체는 식량의 고갈을 포함한 각종 위험으로부터 탈출하는 데 성공한다.

[평화를 위한 자유의 포기와 그 반대 경우]

역사적으로 왕권제도나 민주제도나 고대나, 근대, 현대의 각종 국가 제도가 모두 이 인간 공동체라는 필수 불가결의 집단 생활체제를 운영하는 데 필요한 시스템, 나아가 시스템 운영 방법에 불과하다. 즉 전쟁과 멸망이라는 위험으로부터의 탈출은 더 많은 공동체 구성원의 개인적 자유와 자율적 의사 결정권의 포기를 요구하는 것이고, 이렇게 평화의 더 큰 보장은 더 큰 자유의 포기와 속박을 요구하는 것이다. 따라서 평화와 자유의 역 상관관계는 이렇게 인간 존재의 본질적 특성으로 자리 매김을 한 것이다.

일제가 대한제국을 무너뜨리고 우리 국토를 점령한 것은 한반도를 점 (다1)에서 점 (다4)로 강제 이동시킨 것이고 연합군이 한반도를 일본의 지배에서 해방시킨 것은 다시 점 (다1)로 환원시킨 것이다. 한반도가 열강의 전쟁터가 되어, 이 땅에서 수많은 우리 국민과 외국 군대가 목숨을 잃던 상황에서 전쟁을 종식하고 일본 군이 점령했으니 전쟁으로부터는 탈출하였으나, 자유는 그 반대로 감옥과 별다름이 없는 상황으로 악화되었던 것이다. 반대로 루이 16세 프랑스 왕과, 마리 앙뜨와네트를 처형하고 바스티유 감옥을 파괴하고 프랑스 혁명을 성공시킨 쟈코뱅당은 프랑스를 점 (다4)나, 점 (다3)의 중간 지대에서 점 (다5)나 그 부근으로 밀어 내려 버린 것이다. 러시아의 챠르 니콜라이와 그의 가족을 몰살하고 러시아를 접수해 공산주의 정부를 수립하고 신경제정책(New Economic Policy)이라는 이름으로 시장을 폐쇄하고 통화 사용을 금지한 블브라디미르 레닌과 볼세비키들은 러시아를 점 (다3)에서 점 (다4)나 그 위로 밀어 버린 것이다.

[자유-평화 교환선의 국가별 특성]

그런데 수백 년의 시간이 흐르고 각 국가가 독자적으로 평화, 자유, 번영을 추구하다 보니 각 국가의 성격과 특징이 생겨났다. 그 성격과 특징의 범위는 한없이 많은 차원에서 발생하고 있지만 〈그림 6〉의 평화와 자유의 역 상관관계 측면에서 검토하면 재미있는 변화의 특징이 나타난다. 즉 미국 같은 나라는 높은 평화(낮은 위험)와 높은 국민의 자유를 누리고 있다. 테러의 위험은 유럽이나 미국이 모두 겪고 있지만 세계 어느 누구도 미국을 상대로 전쟁을 일으킬 국가는 적어도 앞으로 20년간은 없을 것이다. 동시에 미국은 건국 초기부터 지금까지 국민의 자유를 지키는 일을 무엇보다 중요한 국가적 가치로 삼고 있으며 그것이 바로 미국을 오늘의 강대국을 만든 힘이다.

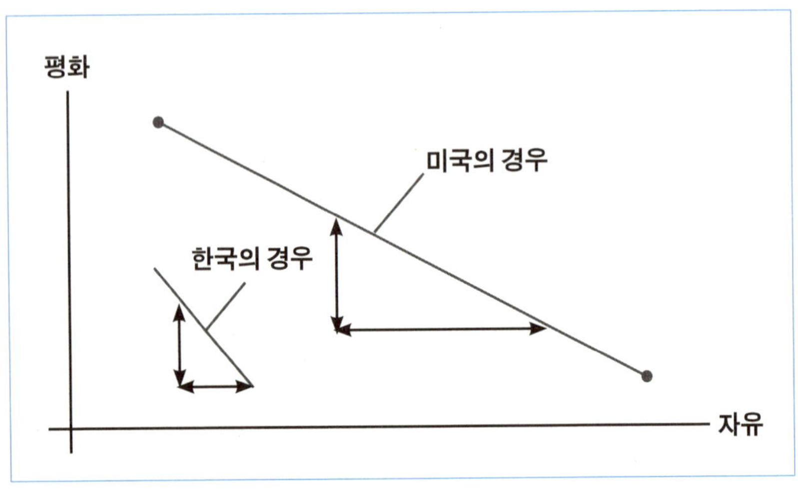

〈그림 6〉 자유·평화 역상관선의 국가적 차이

반면 한국의 경우는 서울을 불바다로 만들겠다는 집단이 실제로 우리 서해 도서를 포격하는 상황에 있으므로 전쟁의 위험이 극히 높다. 동시에 우리 국민이 누리는 자유는 미 국민이 누리는 자유에 비하여 실제로는 별 차이가 없으나 많은 국민이 우리가 누리는 자유의 정도가 낮다고 생각한다. 그래서 위의 짧은 선과 같은 자유와 평화의 역 상관관계가 나온다.

문제는 미국은 전쟁 위험이 별로 없어서 어느 정도의 국민의 자유가 커진다고 해서 미국 본토를 위협하는 전쟁을 초래하는 가능성은 극히 낮다. 예로서 미국은 국민 개병주의를 철폐하고 병역의 무제도를 없앴다. 그래도 미국의 방위력이나 전쟁 억제력이 현저히 하락했다고 보는 전문가는 한 사람도 없다. 즉 미국의 경우 평화와 자유의 역 상관관계 선은 아주 완만하여 추가의 자유가 평화를 위협하는 정도가 아주 미미하다. 반면에, 한국의 경우는, 예를 들어 국민 개병주의와 일반적 병역의무를 철폐하는 추가의 자유, 즉 군대 안가는 자유를 주면 우리 국가를 심각한 침략의 위험에 노출시킬 것이다.

우리는 미국에 비해 태생적으로 개인보다 공동체나 국가의 공통 이익을 수호하는 일을 상대적으로 더 중요하게 생각한다. 미국 같으면 국가가 위험에 처할 수 있다고 모든 개인에게 희생을 요구할 수 없다. 국민 개병제가 철폐된 것도 이런 이유 때문이고, 미국 독립 전쟁 때부터 국가는 개인의 안위와 자유 수호를 위하여 만들어진 하나의 도구일 뿐이지, 국가의 미래 국력을 키우기 위하여 개인이 희생하여야 한다는 생각은 처음부터 존재하지 않았다. 반면에, 우리는 침략의 위험과 전쟁의 위험에 항상 노출된 상태에서 살아왔기 때문에, 개인의 자유와 평화를 보장하는 역할을 위하여 국가가 요구하면 우리는 언제나 이에 순응해야 한다고 알며 살아왔다. 그래서 우리를 공동체 국가, 또는 유교 질서에 근거한 사회, 또는 강력한 정부를 원하는 국민 등으로 표현하고 있다. 미국과 같은 수준의 자유를 누리기에 우리는 너무 전쟁 위험에 가까이 노출되어 있고, 국민이 누리는 추가의 자유는 쉽게 우리를 위험에 노출시킬 수 있다. 즉 한국의 평화와 자유의 역 상관관계 선은 미국에 비하여 대단히 가파를 것이다.

[개인 자유의 한계]

이러한 배경에서 우리나라의 헌법 19조에 보장되어 있는 양심의 자유를 보자. 이 조항에서 우리는 각종 파생적 자유를 유추하여 표현의 자유, 언론의 자유, 사상의 자유를 보장 받았다고 가정하며 살고 있다. 크게 틀리지 않는 해석이다. 그러나 헌법에 명시하지 않은 자유까지 해석을 하려면 개인 자유의 행사가 다른 개인 자유의 행사와 어떤 관계를 가지는지도 같이 해석을 해야지, 마치 헌법에 명시하거나 포함된 것으로 유추되는 모든 자유는 개인에게 무한대의 자유를 보장한다고 해석하면 이것은 유치하기 그지없는 해석이다. 나에게 주어진 자유의 한계는 나의 자유의 행사가 다른 공동체 구성원의 자유와 충돌하는 선까지만 보장되는 것이다. 나의 자유의 행사가 다른 이의 자유권의 행사를 삭감시킬 권리까지 주는 것은 아니다. 그 개인의 자유의 한계를 지키지 못하는 사회는 원시 정글 사회로 변하고 약육강식의 무질서로 변하고 만다.

예를 들어 북한체제나 김정일 일가를 찬양하는 행위는 개인이 사상으로서의 자유는 보장 받을 수 있다. 그러나 그 사상의 공개적 발언이 어린 학생들의 국가 의식을 왜곡하고, 북한 군부가 연평도를 포격하는데 어린 아이들에게 한반도에 전쟁의 위험이 전혀 없다고 인식시키거나, 자기 국가에 대한 집요한 공격과 부정을 고취한다면 이는 공동체 구성원들의 안위를 위협하고 미래 구성원들을 지나치게 위험에 노출시킬 수 있으므로 당연히 견제되고 방지되어야 한다. 이런 행위와 언동을 할 자유는 보장될 수 없다. 그것이 바로 공동체 구성원 간의 자유 행사권의 한계이고 국가는 이 한계가 질서 정연하게 지켜지는 것을 보장할 의무를 가진다. 이 의무를 소홀히 하는 정부는 기본적 책임 회피를 하는 것이다. 적어도 미국이 이렇게 하니까, 또는 할리우드 영화가 이렇게 하니까, 우리도 그렇게 해도 괜찮다는 생각은 대단히 무지한 행동일 뿐 아니라 아주 위험한 생각으로, 우리 국가 공동체를 서서히 와해시키는 결과를 초래하고 안보의 심각한 훼손을 가져올 수 있다.

미국은 역사적으로 개체가 자발적으로 전체를 만든 상향식 국가이므로 개인의 자유의 증대가 개체 간의 응집력을 훼손할 이유가 없다. 그러나 우리는 일제가 점령하기 전에도 그 후에도 국가라는 공동체를 압제의 도구로 여기던 국민이 스스로 건설한 국가가 아니다. 민주주의적 체제의 도입이라는 공동의 목표를 몇 명의 지도자들이 헌법에 반영하여 이를 기안하고, 선거를 통하여 정부를 구성하여, 위에서부터 건설한 국가이다. 이를 이유로 우리 국가 건설의 비합리성 운운하며 전체를 흔들면 개체는 좁쌀처럼 흐트러져 공동체의 형체가 사라질 수 있는 위험한 국가다. 건국의 정당성 자체를 부정하는 지식인이 그리도 많은 것이 바로 우리 공동체의 응집력 부족과 존폐의 위험을 잘 증명해 주고 있다. 우리의 건국과정이 정당성이 부족하다고 해서 한 정당과 한 가족이 대대손손 지배하는 국가가 더 정당해 지는 것은 더더구나 아니다. 우리 국가의 설립과정을 문제삼아 또는 어떤 문제라고 꼬투리를 잡아 국가자체의 존립을 위협하는 행동을 하면 이는 명백히 반란죄, 또는 반란 방조죄에 해당한다.

우리가 선진국이 되든, 고용 선진국이 되든, 더 늦기 전에 현재의 이 멍청스러운 '민주주의 발명' 좀 그만하고, 남들이 다 몇백 년 겪어 본 경험과 지혜를 열린 마음으로 받아들여 민주주의 2단계 즉 자유와 평화가 가장 잘 조합된 질서 있는 공존의 사회를 만들고 싶다.

8.3 보수주의와 진보의 참 가치

변화의 속도와 이념
보수의 참 가치
극좌, 극우, 강좌, 강우

[변화의 속도와 이념]

하늘 아래 모든 것은 변한다. 사람도 제도도 변한다. 보수와 진보의 차이는 원하는 변화의 속도가 다른 것뿐이다. 진보는 서둘러 변화를 가져오려 하고 보수는 좀 천천히 변화시키려 한다. 보수는 변화의 역작용과 시스템의 붕괴를 염려하여 대책을 세우며 변화시키려 하고, 진보는 그렇게 하면 변화가 좌절되니까 시스템이 어느 정도 해체되고 파괴되더라도 이를 감수하고 변화의 속도를 높이려고 한다.

전자가 진정한 보수라면, 후자는 건전한 진보다. 선진국 대부분에서 조심스럽고 지혜로운 보수와 건전하고 이타적인 진보가 정치·경제 상황의 변화에 따라 정권을 주거니 받거니 하며 국가 전체의 변화 속도를 조절하고 있다. 테러리스트에게 더 강력한 응징을 하고, 기업 활동을 더 자유롭게 하여 경제성장을 촉진하자는 것이 보수면, 경쟁에 탈락한 약자들에게 더 배려와 힘을 실어 주어 사회를 분열과 투쟁에서 안정과 공존의 방향으로 가자는 것이 진보다.

그런데 변화 속도에 관한 이 방법론적 차이는 서로 정권 탈취를 위한 강력한 대립으로 변하고, 이념적 편가르기로 변하고, 정치적 대립 관계로 발전한다. 자기 주장이 가장 적절하다는 주장을 하다 보면 자연스럽게 극단적 논리로 치닫고, 상대를 몰락시키는 투쟁으로 변한다. 빠르고 급격한 변화를 국민에게 설득하려면 현재 상황의 부조리와 불합리를 과장하게 되고, 결국 현 시스템을 근본적으로 처부숴야 한다고 주장하게 된다. 경우에 따라서는 체제의 붕괴가 가장 도덕적이라는 환상을 가지게 되고 이에 따라 과격한 행동을 하게 된다. 이때부터 극단적 진보주의자들은 자기 인생을 걸고 체제 붕괴에 몰두하게 되고, 이를 위해 악마와도 결탁하며, 이것이 종북정신의 발원이 된다.

반면에 변화의 속도가 너무 빠르다고 생각하는 사람들은 변화를 거부하는 것이 아니라 지혜롭게 질서 있는 변화를 준비한다고 생각한다. 그러나 이들 가운데는 정신적 균형감을 가진 온건 보수를 이용하여 체제 변화 자체를 막는 도구로 이용하려는 사람들이 있다. 소위 기득권자들이다. 기득권자들은 자본력과 권력을 가졌고 과거 경제 성장이라는 변화의 최대 수혜자들이며, 불확실한 미래의 어떤 변화라도 거부감을 가진다. 이들은 극단적 진보가 체제 붕괴를 도

모하는 것을 보고 이를 논리적으로 막지 못하는, 힘없지만 절제된 변화를 추구하는 지성적 보수론자를 경멸하고, 힘으로 극단적 진보를 제압하려 한다. 여기서 극단적 진보와 극단적 보수의 대결과 투쟁이 가시화되고, 점점 극열해진다.

[보수의 참 가치]

2012년 봄, 한나라당 비상대책위원회가 당의 강령에서 보수라는 어휘를 삭제하겠다고 하여 다양한 반응을 초래했다. 보수라는 어휘는 이제 한국에서는 불만에 가득찬 20~40세대에게 극히 부정적 이미지를 주었고, 다음 총선에서 당이 살아나려고 한나라당도 진보라 하면 믿지 않을 테니까, '우리는 적어도 보수는 아니다'라고 주장하고 싶단다. 참으로 얄팍하다. 이 졸렬한 생각의 뒤에 보수를 부정하는 인식이 강하게 자리잡고 있다. 즉 보수는 무가치하고 버려야 할 시대착오적 사상(꼴통)이라고 보는 모양이다. 전 세계 대부분의 선진국에서 보수적 사상과 정책을 추구하는 정당이 유권자 중 최소 반 또는 그 이상의 지지를 받고 있다. 과연 이 선진국의 보수 지향적 시민들은 모두 바보들인가. 신세대 청년층에게 인기가 없는 한국의 보수는 더 늦기 전에 보수라는 딱지를 떼내야 하겠단다. 조상이 인기가 없어서 김 씨 성을 떼고 이 씨 성을 달겠단다. 그래도 그 정당의 자산과 조직은 상속받겠단다.

이런 행위는 보수의 뜻을 모르는 사람들이기에 나오는 행태다. 자기 선거구가 보수적이어서 보수 딱지를 단 것이고, 실제 보수의 참 가치가 무언지 모르는 사람의 행위다. 보수의 참 가치는 과속을 원치 않는 안정적 변화, 국가의 기본 틀을 붕괴하지 않는 조심스러운 변화, 각종 시행착오의 경험에서 나오는 지혜로운 변화, 오랜 수련과 연구에서 나오는 지적 균형감, 축적된 경력과 지식에서 나오는 만인이 인정하는 지도력, 부모와 어른을 섬기고, 자손을 사랑으로 이끌며, 자기 능력껏 벌어 불쌍한 이들을 돌보는 도덕적 자신감과 권위, 사회 불만 세력들과 북쪽에서 수시로 몰아치는 각종 바람몰이와 광풍하에서 흔들리지 않고, 격분과 눈물을 참고, 과잉 반응하지 않으며, 이 사회를 든든한 자신감과 애국심으로 보호하는 자세, 이것이 보수적 가치다.

그러나 보수를 부끄럽게 생각하는 사람은 보수주의자를 재벌의 앞잡이, 기득권을 무조건 옹호하는 변화의 방해자, 즉 반동분자, 권력을 거머쥐면 즉시 부패하여 축재에 이용하고, 사람들에게 고통을 주며, 개인의 영달만 추구하는 추잡한 이기주의자, 종교를 출세와 축재의 도구로 삼는 철면피들, 시대가 바뀌는데 공부는 하지도 않고 옛날 자기 경험만 옳다고 우기는 꼴통들쯤으로 생각한다. 태어날 때부터 자기 주변의 보수주의자들이 모두 위의 부끄러운 보수주의자 뿐이었다면, 참 보수주의가 무엇인지 어찌 알겠는가. 그런 보수주의자는 스스로 부끄러운 보수임이 틀림없다. 우리 속담에 뭐 눈에는 뭐만 보인다고 했다.

극좌, 극우, 강좌, 강우

어느 사회나 극좌와 극우가 있고, 온건 보수와 온건 진보가 있다. 필자는 어느 보고서에서 이념적 성향의 구분을 극좌에서 시작하여,

그 오른쪽에 강좌가 있고, 그 오른쪽에 온건 진보가 있고, 그 오른쪽에 온건 보수, 그 오른쪽에 강우, 그 오른쪽에 극우가 있다고 주장한바 있다. 극좌와 극우의 특징은 자파의 권력 확보를 위하여 사람을 죽일 준비가 되어 있는 자들이라고 정의하였고, 대부분의 극좌와 극우는 사람을 대량으로 살상한 역사가 있다. 히틀러, 무솔리니의 극우와, 모택동, 김일성 등의 극좌가 있다. 이들은 자유를 향한 인류의 1만 년에 걸친 대장정을 뒤로 돌리려 했다.

강좌와 강우의 특징은 정권의 확보를 위하여 수단과 방법을 가리지 않는 습성을 가지고 있는 점이다. 물론 인명 피해는 원치 않으나, 어쩌다 살상도 발생하지만 주로 자학적 방법을 쓴다. 감옥에 들락날락하는 것은 이 무리들의 전형적 수법이다. 이들은 자기 무리의 목적 달성이 모든 가치를 초월한다고 생각하여, 보편적으로 모든 사회가 요구하는 기본 질서, 교양, 양심적 행동, 타인에 대한 배려를 중산층을 길들이기 위해 만들어 낸 허구라고 생각하며 민주주의적 선거에서 자기 자신을 위한 부정 투표를 당연하다고 생각한다. 55년 전의 자유당이나, 현재의 통진당 구 당권파나 똑같은 행태를 보여 준다. 이들은 자신의 자유권 행사가 타인의 자유를 침범하는 것을 당연하다고 생각하는 엘리트적 배타주의 사상을 가지고 있다. 50년 전의 자유당은 자신의 부정을 잘못이라고 알고 있었으나, 지금의 강좌들은 자기 목적을 달성하는 데에 있어서 정의와 도덕은 걸림돌 정도로 생각하고 있다.

우리는 절제되고 분별력있는, 그리고 초등학교 학생들도 부끄러워서 못할 일을 당의 이익이라는 이름으로 함부로 저지르는 정치인

들이, 집권에 실패할 때는 건전한 야당이 될 준비가 되어 있는 자세
로 나라를 끌고 가는 정치를 보고 싶다.

8.4 재벌 문제와 경제 민주주의

[경제 민주주의]

　요즘 우리 정치인들은 경제의 민주화라는 개념을 이 시대의 핵심 과제라고 여야를 불문하고 주장한다. 그 내용을 보면 우리나라의 재벌기업과 재벌 개인을 어떻게 처리·정리해야 하는지에 관한 이야기가 대부분이다. 아리스토텔레스는 민주주의의 양대 핵심은 자유와 평등에 있다고 본다. 오랜 투쟁 끝에 독재를 이겨내고 국민이 주권자가 되는 민주주의 정치 제도를 수립한 인류의 정치사를 보면, 국민의 의사, 관념, 언어, 통신, 언론, 표현의 자유 및 일상생활에서의 선택의 자유는 민주주의의 본질에 해당하는 개념이다. 그런데 평등의 개념을 보면 사태는 크게 달라진다. 민주주의는 과연 얼만큼 평등을 보장해 주는가. 루드비히 폰 미제스(Ludwig von Mises)

에 의하면 민주주의 체제하에서 정치적 평등은 그 나라 관리와 정치가가 국민에게 허용하는 만큼 평등하고, 경제적 평등은 그보다 더 평등할 수가 없다고 하였다. 우리나라 정치인들은 현재 정치적 민주주의를 성공적으로 달성하였으니 이제는 경제적 민주주의를 달성해야겠다고 하는데, 과연 이들은 무엇을 달성하겠다는 것인지 궁금하다.

경제적 민주주의는 민주주의 초기부터 민주주의 주창자들의 관심거리였다. 미국 초기 민주주의에 대해 누구보다 높은 평가를 주던 알렉시스 드 토크빌(Alexis de Tocqueville)은 국민들의 경제 수준이 비슷한 나라에서 독재가 더 성공하기 쉽다고 했다. 그 역은 국민들의 차이가 많은 나라에서는 독재가 힘들다는 이야기다. 다시 말해서 빈부의 격차가 클수록 민주주의를 지키기가 더 쉬워진다는 것이다. 즉 사유재산제도하에서 경쟁을 통하여 성공한 부자들이 많을수록 독재자의 출현이 더 어렵다는 것이다. 토마스 제퍼슨(Thomas Jefferson), 제임스 매디슨(James Madison), 존 아담스(John Adams) 모두 평등과 정치적 자유는 서로 충돌하는 개념이라고 240년 전에 주장했다.

여야를 불문하고 경제적 민주화 즉 경제적 평등화를 이루겠다고, 예산도 없이 복지정책을 먼저 저질러 버리고, 전국의 군수와 대도시 구청장, 및 소도시 시장들에게 예산은 알아서 조달하라는 국회 내의 경제 평등주의자들은 경제민주화라는 이름으로 어떤 이야기들이 오가고 있는지 한번 들어보라. 유명한 흑인 목사 마틴 루터 킹은 "공산주의는 인간 생활을 망각하고, 자본주의는 인간 생활이 사회적이라는 점을 잊어버렸다.”고 하며, 자기는 공산주의와 자본주의를 변증법적으로 넘어서 새로운 테제를 만든다고 했다. 그것이 인간애에 근거한 원시 공산주의적 경제 민주화다. 인간애에 대한 신뢰를 바탕으로 시작한 공산주의는 인간들의 인간에 대한 배신으로 실패한 것을 그는 잊어버린 것이다. 노동 운동가인 알란 앵글러(Allan Angler)는 ‘경제 민주화는 자본주의에 대한 근로대중의 대안이라고 했다. 경제민주주의의 목표는 경제의 민주화와 개혁을 통하여 국민의 생활 조건을 향상하고, 부자들의 권리(Wealth holder's Entitlement)를 인간들의 권리(Human Entitlement)로 대체하고, 자본가의 소유를 사회의 소유로 바꾸고, 주인－머슴의 관계를 직장 민주주의로 바꾸는 것이다’라고 했다. 정직하기는 킹 목사보다 이쪽이 한 수 위다. 데이비드 슈워카트(David Schweickart)는 그의 책 『After Capitalism』에서 경제 민주주의를 기업 경영의 근로자 자율경영, 투자의 국가 관리, 그리고 원료와 제품 및 설비의 자유시장 거래 이 세 가지 특징을 가진 제도로 정의한다. 그의 궁극적 목표는 임금노동제를 모두 철폐하고, 모든 근로자를 경영 참여적이고, 배당을 소득으로 받는 근로자로 바꾸는 것이다.

우리나라 국회에서는 박재완 기회재정부 장관이 경제 민주주의를 끝까지 추구하면, 그 마지막 단계는 공산주의라고 했다고 그를 윽박질러 사과를 받아 내었다. 16세기 로마 교황청이 여의도로 이사 왔다. 갈릴레이 갈릴레오가 따로 없다. 무식한 자들 앞에서 진실은 항상 약자의 얼굴을 하고 있지만, 그렇다고 진실이 어디로 가는 것도 아니다.

[세계적으로 독특한 우리 재벌의 실태]

재벌의 후손이 권력을 쥐고, 때로는 제1세대 재벌 자신이 정치를 하고, 자신과 가족의 경제적 이득을 도모하다가 법에 걸리기도 하지만, 대부분 무사히 빠져 나가기도 하는 국가들이 있다. 중남미 국가 대부분에서 이런 현상이 만연했다가 요즘은 조금씩 달라진단다. 필리핀에서는 아직도 재벌끼리 정권을 주거니 받거니 하며 자기 나라를 동남아시아 국가 중 가장 후진적인 나라로 만들고 있다. 태국에서는 재벌이 국가 최고 권력자가 되어 수상실을 자기 사업장으로 쓰다가 군벌들에게 쫓겨난 일도 있다. 돈이 많이 있으면 민주주의 제도하에서 권력을 잡기란 아주 쉬워지는 것이다.

반면에 돈이 없어도 권력을 쥐면 돈을 엄청 벌어 재벌이 되고, 그 재산과 권력을 유지·강화하기 위하여 국가 핵심 권력을 몇 개 파벌이 나누어, 서로 견제하고 권력을 공유하는 나라도 있다. 중국이 바로 그렇다. 중국 공산당 중앙 상임위원회 위원치고, 주요 성시의 당 서기치고, 자신과 자기 자식이나 사위 같은 근친이 거대한 기업체 몇 개씩 안 가진 사람이 없다. 여기도 재벌은 권력이요 권력은 재벌의 재산을 쉽게 증식시켜 준다. 중앙 아시아 몇 개의 구소련 연방 국가에서는 이제 권력이 재벌로 정착을 끝내고, 대대손손 권력과 재산을 상속하게 되었다. 그렇게 보면 평양 권력의 중심인 김 씨 일가는 욕심도 없다. 전설 속의 베짱이처럼 권력만 즐기다가 이제 자손들에게 물려줄 재산은 국제 수준으로 볼 때 빈약하기 그지없다. 거의 거지 수준이다. 지금이라도 중국의 권력자들처럼 실용주의를 표방하여, 국민이 부자가 되는 것을 공산주의자들처럼 죄악시하지 말아야 한다. 마음대로 돈을 벌게 하되 누군가는 그 돈 버는 법을 모범으로 보여 주어야 하니까, 우선 내 자식들부터 돈 버는 연습을 시키자고 주장하며 경제를 개방하면, 경제만 성장하는 것이 아니라, 자손들도 대대로 고마워할 것이다.

그것 뿐인가. 일본을 보라. 제2차 대전 준비와 그 과정에서 엄청난 돈을 벌었던 일본의 구 재벌 그룹을 맥아더 사령부가 모두 해체하고, 재벌 가족의 자산은 연이은 증자 과정을 통하여 완전 무력화 시켰다. 그렇다고 재력과 권력의 밀착이 없어진 것은 아니다. 재벌가의 개인들이 무력해지니까, 겁 많은 전문 경영인들이 실권을 쥐게 되고, 그 무주 동산을 정치 권력이 그냥 둘 리가 없다. 점령군 정부가 철수하고, 주권이 일본으로 귀환되자마자, 자유 민주 연립 정당의 정치인들과 2차 대전 전범자의 후예인 죠슈파(도꾸 야마 구미) 중심의 조폭들은 힘을 합하여 일본의 대기업들을 자신들의 사유재산인양 조정하고, 키우고, 이용하여 일본의 대기업들을 세계적 기업으로 키울 뿐 아니라, 자신들의 40여 년 장기 집권의 발판으로 삼았다. 그 결과 일본의 기업은 세계 유수의 기업으로 성장하였으나, 일본 국민의 생활은 선진국에 비하여 비참하리 만치 뒤떨어졌다. 여기에서도 권력과 경제력은 불가분의 관계라는 것을 보여 준다.

선진국들은 어떤가. 모든 민주주의적 시장 경제국가는 예외 없이 정치세력이 좌와 우로 갈라서 있다. 좌익형 정치인의 뒤에는 노동세력이 버티고 있어서, 자금력이나, 근육질적 힘을 보태준다. 우익형 정치인들의 뒤에는 기업체나 거대 재벌들이 있어서 자금력과 정보력으로 밀어준다. 그래서 정치적 좌파와 우파는 대충 균형을 이루어 국가 정책의 극단적 편이 현상을 사전에 예방해 준다. 여기서는 극단주의적 행태나, 사회 불안을 초래하는 행태는 나오기 힘들다. 이것을 정치적 안정성이라 부른다. 따라서 수많은 노동자의 때 묻은 돈으로 정치를 하든, 또는 몇 명 재벌의 비밀스런 목돈으로 정치를 하던, 권력이 재력으로부터 격리되거나 탈출하는 현상은 없다. 더 나아가 때로는 재벌의 돈이 좌익형 정치인을 지원할 수도 있고, 진보적 단체나 학자들이 우파형 정치인을 지원할 수도 있다. 그래서 민주주의가 재미있는 것이다. 그러나 민주주의건 독재주의건 권력과 재력은 공생한다.

그런데 우리나라 재벌은 어떤가. 중남미나 중앙아시아처럼 재벌과 정권의 동일화는 상상도 할 수 없다. 우리의 권력 구조가 중국과는 너무 판이하니, 재벌끼리 권력 탈취를 위해 투쟁하는 위험도 없다. 그렇다고 선진국처럼 마음 놓고 자기가 지지하는 정치인을 지원할 수도 없다. 노동자 단체는 공개적으로 자기 편 정치인을 지원도 하고, 직접 정치에 참여도 하는데 우리 기업주들은 어림도 없다. 이건 대단한 불균형이다. 왜 이리 되었을까. 우리나라 대기업들이 너무 인기가 없어서일까. 우리 국민의 평등주의 사상이 너무 강해서 일까. 30~40대의 특수 연령대(필자는 이들을 정당성 없는 전두환 씨의 정권이 키워 놓은 반체제 원리주의자 집단이라 부른다.)를 제외하고는 우리 국민은 특별히 진보주의적 성향이 강한 것도 아니고, 중국이나, 중앙아시아, 중남미같이 재벌들이 권력을 추구하는 것도 아닌데 왜 재벌은 항상 문제로 부각되고 처리되어야 할 대상으로 받아지는 것일까. 재벌은 왜 그리 겁이 많은가. 자신의 긍정적 기능을 왜 강력하게 주장하지 못하고, 그러한 기능을 눈에 보이게 강화하지 못할까? 스스로 진 죄가 너무 많아서인가. 우리나라에 진 죄가 없는 사람도 있는가.

우리나라의 재벌 지배구조를 세계적으로 독특하다고 한다. 사실 더 독특한 것은 정치적 민주주의를 달성했다는 나라에서 재벌이 보수주의 성향의 정치인을 공개적으로 지원하지 못하고, 참정권은 거의 박탈당한 거나 다름없는 현실이 아닐까. 그런데도 청와대는 진보 계열 정치인보다 보수 계열 정치인이 더 오래 차지한 것도 한국적 특성 아닐까? 국가 분단을 못 막은 약소국의 원죄가 여기에서도 나타난다. 이 원죄 때문에 우리는 안보의 보수적 접근을 위하여 사회의 진보적 편향성을 참아야 하는가 보다.

[재벌 대책]

재벌에 대하여 왜 대책이 필요한가. 무엇인가 잘못되었으니 대책이 필요한 것이고, 우리 국민들에게 잘못된 것을 나열하라면 그 리스트가 끝이 없을 것이다. 그 리스트는 크게 두 가지로 나누어지는데 하나는 재벌의 행태적 범죄에서 나오고, 또 하나는 소유구조적 특성에서 나온다. 전자는 소위 재벌 대책에 속하지 않는다. 대한민국 국민은 재벌이건 가난뱅이이건 모름지기 법을 지켜야 한다. 법을 어겼으면 벌을 받는 것이 당연하다. 납품업자에게 적기에 대금 지급을 어겨 영세업자가 도산했다면, 가해자는 법이 정한 한도 내에서 처벌하면 된다. 재벌이 범죄적 방법으로 탈세하고 불법 상속을 하였다면, 이는 기존의 실정법으로도 충분히 벌을 줄 수 있고, 주어야 한다. 이따위 문제는 이 책의 관심사가 아니다. 현행법으로 다 처벌할 수 있는 것을 안하고, 무슨 대통령 선거용 정책인양 떠드는 것은 국가 정책의 우선순위도 모르는 삼류 정치행위이고, 국민의 대재벌 혐오감을 정치적으로 이용하겠다는 술수일 뿐이다. 어느 판사가 어느 검사와 친하고, 어느 검사가 어느 변호사와 가깝고, 어느 변호사가 돈에 얼마나 약하고, 어느 국세청장이 부패한지는 대선 후보의 정책 고려 대상이 아니라 사법 개혁의 대상이다. 썩은 사법 부는 그냥 두고, 재벌을 개혁한들 무슨 의미가 있겠는가.

이제 소유 구조의 특성으로 가보자. 모든 기업의 소유 지분은 투자자가 투자한 금액만큼만 인정된다. 우리나라 기업주들은 돈을 쌓아 놓고 사업을 시작한 것이 아니다. 자기 자본이 영세하여 정부가 보증해 준 힘으로 은행 빚을 국내외에서 얻어 내어 창업하고, 이어서 고도성장 정책의 힘을 받아 더 빌려 더 투자하는 행위를 반세기 동안 반복한 결과 현재에 이른 것이다. 정상적으로 단순히 계산하면 기업의 매출액과 자산이 100배로 늘어났으면, 창업주의 지분 비율은 100분의 1로 줄어들어야 한다. 그 이유는 기업이 이익을 내어 그 돈을 배당받아 재투자에 참여해야 하는데, 그보다 훨씬 전에 기업의 증설 투자와 신규사업 진출 투자는 이미 물리적으로 이루어지고 있었기 때문에 자기 지분을 지키기 위한 배당 자금의 확보와 투자는 꿈도 못 꾸어 보고 그냥 성장해 온 것이다. 그렇다고 자기 돈은 무일푼으로 신규사업 진출이 가능했던 것도 아니다. 외자(외국 은행에서 빌린 자금) 35%, 내자(국내 은행에서 빌린 자금) 35%, 그리고, 자체 자금 30%라고 쓴 사업 계획서를 국내외 은행에 제출하여야 하기 때문이다. 그래서 나온 편법이 창업자가 5% 정도 지분으로 지배하는 회사 3~4개에 자체 자금 부분의 동원 책임을 맡긴 것이다. 이것이 바로 순환 출자의 시작이다. 고도 성장기의 불가피하고 유일한 사업확장 방법이었다.

물론 나는 이제 모직 산업 하나로 만족하니까 전자 산업 진출은 다른 사람에게 맡기라고 정부에게 호소하며, 순환 출자를 피할 수도 있었다. 그러면 자연히 다른 기업가가 대신 똑같은 방법으로 관계사 자금으로 수직 출자도 하고, 순환 출자도 하여 정부 정책에 맞추어 성장했을 것이다. 국민은 그렇게 고도성장한 회사들은 미워하지만, 그렇다고 성장을 피하고 순환출자를 하지 않은 기업을 사랑하지도 않는다. 오히려 병신이라고 힐난만 할 것이다. 고도성장은 자기 개인 자금의 레버리지를 극도로 증대하여, 지배권을 심각하게 희석시켜, 총시장가치 대비 0.1%도 안 되는 지분으로 세계적 기업을 호령하는 상태를 만들었다. 이런 상태는 기업을 M&A 대상으로 가장 적당한 먹잇감이 되도록 만들어 주었고, 기업주는 부득이 M&A 방어의 수단으로 관계사끼리 순환출자구조를 만들어 우리 재벌 기업들을 한국인의 기업으로 남아 있도록 방어한 것이다.

외국인이 한국 재벌 기업을 소유하는 것이 무엇이 나쁘냐고? 외국 투자가가 출자한 합작회사를 경영한 필자의 경험으로는 외국인 주인들은 한국 경제 성장에 기술지원 빼놓고는 도움이 안된다. 그들은 한국 자회사가 미국, 일본, 영국 독일 등의 모회사와 수출 시장에서 경쟁하는 것은 절대 금지시키고, 한국 국내 시장의 점유율 상승만 요구한다. 그리고 모든 이익은 철저히 배당 받아 간다. 이는 기업 성장의 끝을 의미하고, 우리 재벌 기업들이 일찍이 외국인에게 M&A 당했더라면 지금의 우리 경제는 없었을 것이다. 한국 경영인이나 한국 경제학자 가운데 누구보다 국제화, 세계화를 추구하는 필자가 이런 소리를 하는 것을 친구들이 들으면, 아주 놀라워할 것이지만 사실은 이것이 진실이다. 우리나라 외자 차관이 외국인의 국내 제조업 직접투자의 10배, 20배 되는 것은 바로 이런 이유 때문이고, 사업 이익의 재투자 비율도, 한국계 기업이 외국계에 비해 비교가 안될 정도로 높다.

그렇다고 재벌을 예뻐해 주자는 것도 아니다. 다만 심하게 희석된 1% 이하의 지분과 순환출자의 형식으로 재벌이 대기업군을 지배하는 것이 불순한 목적으로 그리된 것은 아니고, 우리를 오늘의 산업 대국으로 만든 기업 성장의 배경에 이런 피치 못할, 불가피한 이유가 있었던 것은 사실이니까 그걸 알고나 미워하라는 것이다.

[재벌 구조조정의 기회]

재벌의 소유 구조 변화를 통한 재벌 산하 기업의 국제 경쟁력 강화는 사실 시간이 좀 늦었다. 1997년 우리 경제는 외환위기를 맞아 IMF 구제 자금 600억 달러를(그리스에 들어간 돈과 앞으로 들어가는 돈의 약 10분의 1) 빌려 쓰는 조건으로 IMF가 우리 경제의 구조 조정권을 임시 박탈해 갔었다. 그때 국내 수많은 재벌 산하 기업들이 도산하고, 정리되고, 매각되는 상황이 벌어졌다. 이로 인해 상당수 은행이 도산 인수되고 그중 일부 은행은 정부가 재정 자금 투입으로 지배 주식을 인수하는 일이 벌어 졌었다. 만일 이때 부실 기업

정리가 끝난 뒤 제2단계로 기타 재벌 산하 기업의 긍정적 의미의 소유 구조 조정을 강행했으면, 아마 지금보다 비용도 덜 들고, 국제 경쟁력도 크게 상승했을 수 있다. 물론 이것은 어디까지나 추측이지만, 그 뒤에 재벌 산하 기업들의 기적적 성장을 보면 그때에 조정하기가 좀 더 쉬웠을 것은 짐작이 간다.

위기 이후, 막대한 기업 채무라는(때로는 자기 자본 대비 600% 까지, 보통 300%) 무거운 짐을 덜어 버린 대표적 대기업들은 무서운 속도로 성장하여 초대형화하였으며, 일부는 세계적 대기업으로 발전하였다. 반면에 중규모 기업에서는 성공하는 기업과 실패하는 기업 간의 차이가 커지고, 다수의 중소기업이 퇴출하여 중산층의 기반이 무너지기 시작하였다. 이는 필연코, 사회 양극화 현상과 불만 세력의 폭증을 가져와 진보 정권을 2번이나 연거푸 청와대에 보냈다. 이 진보 정권들의 삐뚤어진 안보 정책 때문에 국민들이 불안해져서 다시 야권으로 쫓겨났지만, 진보 정당이 대북 정책에서 국민의 상식과 기대를 받아들이기 시작하면 우리나라 정치는 급속히 좌편향할 것이고, 이때가 재벌에게는 심각한 위기가 될 것을 쉽게 상상할 수 있다. 어쩌면 한국 정당의 여야가 정도의 차이만 두고 각종 재벌 대책을 내어놓는 것을 보면 이미 그 재벌그룹의 위기가 시작되었는지도 모른다.

[지배권 박탈]

어떤 이들은 재벌 기업이 미운 것이 아니고 빈약한 지배권으로 거대한 기업을 통치하는 것이 미우니, 지배 구조는 그냥 두고 재벌 개인만 쏙 빼어버리면 될 것 아니냐고 한다. 재벌이 보유한 주식의 가치가 별로 크지 않으니 국민 연금이나, 금융계에 컨소시엄을 결성해 인수하면 될 것 아니냐고 한다. 그 결과는 어떤 것일까. 외국계 자본을 배제하고, 인수 자금 동원 가능한 자는 다른 재벌 뿐이니 그것은 답이 아니고, 정부가 나서서 국민 연금이나 금융 컨소시엄을 만들자고 한다. 그러면 이 대기업군의 지배자는 누가 뽑는가. 우리은행이나 POSCO처럼 형식적 이사회가 그 지배자를 뽑으면 결국 대선에 승리한 정권의 사유물처럼 될 것이고, 우리나라의 대표적 성공 기업들은 서서히 공산권의 국영 기업이나, 현재 중국의 태자당이나, 그 인척들이 지배하는 기업들처럼 될 것이다. 수출의 90% 이상을 재벌기업들이 수행하고 있는데, 낙하산 타고 온 지배자가 재벌 그룹을 지배하면, 한국 경제는 공산권 경제를 따라가는 꼴이 된다. 순환출자 구조를 그냥 두고 재벌 개인만 쏙 빼어내면 그 결과는 우리 대업의 국제 경쟁력 상승이 아니라, 국내 정치의 전리품으로 전락할 것이다.

그러면 반대로 개인 재벌은 그냥 두고, 순환출자 구조를 깨면 어떨까. 우선 그룹을 주력 사업군과 비주력 사업군으로 나누어, 전자는 현재의 지배자가 그대로 지배하게 하고, 후자는 계열 분리해 버리는 것이다. 현대 그룹에서는 제2세대 인수인계 때 대체로 이 분리 작업을 완료하여 조선—중공업 그룹과 그 관련 사업, 및 자동차—철강 그룹과 그 관련 사업, 그리고 지금은 비주력 사업군으로 전락했지만, 건설—무역과 관련 또는 무관련 사업군으로 나뉘어 있다. LG 그룹도 이미 5개 그룹으로 계열 분리를 완료하였다. 삼성도 이제 제3세대 인수인계와 관련하여 계열 분리를 해야할 때다. 현재의 지배자가 주력 사업군, 예를 들면 전자 산업과 관련 사업들, 또는 금융 산업과 관련 사업군 등을 지배하고 나머지는 계열 분리를 하되, 3세대의 인수 자금은 주력 산업군이나, 현재의 지배자가 장기 융자도 해 줄 수 있다.

3세대 인수자가 사업에 성공하여, 배당금으로 채무변제할 수 있으면 그걸로 끝이고, 그냥 상속 받으려면 상속세를 내면 그만이고, 사업에 실패하여 도산해 버리면 채권자인 주력산업에서는 미수 채권으로 손비로 처리해 버리면 된다. 그리고 대부분 잡다한 사업들은 모두 공개하여 매각 처리하거나, 단순 매각 처리 하는것이 중요하다. 이러한 방법으로 우리나라 대기업의 짐들을 다 덜어 버리면 각자 핵심산업 경쟁력 향상에 매진할 수 있다. 또한 지배권자는 매각 처리 자금의 일부로 지분의 강화를 도모할 수 있고, 국민에게는 작은 지분으로 방대한 조직을 지배한다는 불평이 없어질 것이며, 제3세대가 경영 능력이 있다 없다는 논쟁 자체가 무의미해진다.

양극화와 국민 분열의 원인은 가능한 한 줄이고, 정치는 강우, 강좌라는 양극을 버리고, 국민 대다수가 원하는 안정되고 균형된 정치로, 경제는 지속적으로 글로벌화하되 고용은 인위적이라 할 만큼 확대하여 미래 한국의 새 주인들에게 넘겨주고 싶지 않은가.

[대통령 후보들의 재벌 대책]

재벌 대책이란 무엇인가. 재벌이 무엇을 잘못했으니 고쳐야 한다는 뜻이다. 그런데 어떻게, 어느 방향으로 고치자는 것인지 그 방

향이 없다. 한결같이 한국경제에 주는 영향 같은 것은 관심이 없고
손 좀 보아주겠다는 것 같다. 우리나라 재벌 기업의 존재 형태가 주
는 영향에 관한 평가가 없으니, 즉 무엇을 잘하고 무엇을 잘 못하니
이렇게 고치자라고 해야 하는데, 무조건 고치자고 한다.

　제일 먼저 눈에 띄는 것이 가공적 의결권을 방지하기 위하여 순
환 출자를 금지 하자는 것이다. 즉 자기 자금이 없어서 그랬건, 있
어도 싫어서 그랬건 관계사 자금으로 투자하여 간접적으로 지배하
는 모든 지배권은 가공적 지배권이므로 당장 폐기하자는 것이다.
왜 그것이 나쁜 것인지 누구도 설명을 안 해 준다. 경영학적으로 보
면, 작은 자금으로 큰 지배권을 행사할 수 있는 장치이니까 자본의
효율을 극대화하였다고 볼 수 있다. 그러나 정치인들에게(상당수
언론인도 포함)는 국민이 싫다니까 나쁜 것이지 무슨 말이 필요하
냐는 자세다. 즉 배가 아프면 그것만으로 제거해야 할 충분한 이유
가 된다는 것이다. 이것을 가슴으로 하는 정책이라 한다. 머리는 잠
시 숨겨 두고, 국민의 질투심에 호소하여 대선에서 표나 더 얻겠다
는 꼼수다.

　둘째, 평가 기준으로 재벌 기업의 존재 형태가 자원 배분상에 어
떤 문제를 가져왔나. 재벌 기업들이 귀한 자본을 살려서는 안될 가
발이나 자전거 산업에 투자하여 자원의 낭비를 초래하였나. 현실은
그 반대다. 우리나라 대기업들이 자원배분의 왜곡이나, 효율 상실
을 초래했다는 증거는 어디에도 없다. 대기업들은 국제적, 기술적
장벽이 너무 높아 진입하기가 힘든 산업을 골라 투자하여 우리나라
산업 구조를 세계적으로 강력한 구조로 바꾸는 일에 항상 앞서 가

고 있고, 그 결과 컴퓨터도 제대로 못 만드는 나라에서 메모리 반도체 세계 일등 회사를 만들었고, 선박 건조 도크가 무언지 아는 사람이 100명도 안 되는 나라에서 세계 제일의 조선 강국을 만들었다. 자원 배분의 효율을 시장과 경제학자들의 통상적 기대를 훨씬 뛰어넘는 수준까지 올려 놓았다.

셋째 기준으로, 경제 성장에 대한 기여를 보면, 재벌 기업들이 존재하므로, 우리나라 경제 성장에 악영향을 미쳤다는 증거도 하나도 없다. 오히려 고도성장을 기대할 수 있는 미래형 산업에 집중적으로 선행 투자를 하여, 이미 정체기에 들어선 기존 산업들이 가져오는 성장 정체의 중력을 타개하고, 평균 성장률을 위로 밀어 올리는 데 누구도 할 수 없는 역할을 하였다.

넷째 기준으로, 경제 안정을 해친 역할을 하였나 보자. 이 점에서는 재벌들은 오금이 좀 저린다. 1997년 대조정 이전 까지는 무조건 은행 자금을 빌려다 외형 경쟁을 한 과거가 있기 때문이다. 다행히 이제는 부채/자본 비율이 세계적 우량 기업과 견주어 손색이 없도록 거품을 다 걷어 내고, 국내 경제의 공급과잉의 주범으로 하락할 위험은 없어 졌다. 오히려, 수요 측면, 즉 중국의 수입 감소나 미국과 EU경제 침체 등 불황이 오면, 많은 중소형 기업들이 즉시 도산하고, 실업이 급증할 때, 우리 경제를 방어해 줄 수 있는 곳이 바로 대기업들이다. 도산의 가능성도 작고, 해고의 가능성도 그만큼 적다.

마지막으로 소득과 자산의 분배의 공평성 기준으로 보면 재벌 기업들이 주범 중의 하나다. 그렇다고, 분배의 공평성을 달성키 위하여 우리나라 대기업들이 사업에 실패하라고 할 수도 없고, 사업에 성공하면, 공평성은 그만큼 저해된다. 이것이 시장 경제와 민주주의가 기대하는 공평성의 불일치 아닌가.

정치인들은 재벌의 문제를 보는데 경제적 기여의 긍정성과 비긍정성만 보아서는 안되고, 사회적 정치적 양분화의 원인 제공자로서의 역할도 보자고 한다. 그러나 그건 정치가와 정책자들의 책임이지, 어찌 우리 재벌에게 해답을 요구하겠는가. 재벌이 사업에 실패하지 않는 한 재벌은 분배의 양극화를 해결할 능력이 없다.

대통령 후보들의 제안은 위의 경제적 기능을 완전히 무시할 뿐 아니라, 과잉 중복적 그리고 징벌적 요인들로 가득하다. 재벌을 가공적 지배권을 제거하기 위하여, 일단 해체 시키거나 몇 개로 계열화 시키면, 그 기업들도 보통 우리 기업이다. 그들에게 출자 총액 제한을 요구하거나 지주회사 설립을 금지하는 것은 헌법 위반 소지가 있다. 특히 금융과 산업의 분리를 목적으로 금융회사 간접 지배의 비율을 퍼센트 단위로 조정하자는 것은 정치인들이 공무원들에게 농간 당한 것이나 다름 없다. 한쪽에서는 저축은행의 새 주인을 찾아 주겠다고 각종 소유 촉진 제도를 만들고, 또 한편에서는 사모 펀드로 사면 안되고, 그렇다면 그럼 돈 있는 재벌 개인만이 사야겠네. 아니면 외국 사모 펀드들이 오기를 기다리자는 것인가. 코미디들 좀 그만하고, 문제의 본질과 존재의 목적을 보려고 하여라.

나머지 제안들은 몽땅 앞에 말한 대로 대통령의 공약사항이 아니고 사법 개혁 사항들이다. 내가 대통령이 되면, 법을 안 지키는 자는 엄벌하겠다고 약속하면 끝나는 것들이다. 벌 주어야 할 것도 제대로 벌을 못 주면서 웬 말들이 그리 많으냐.

결어

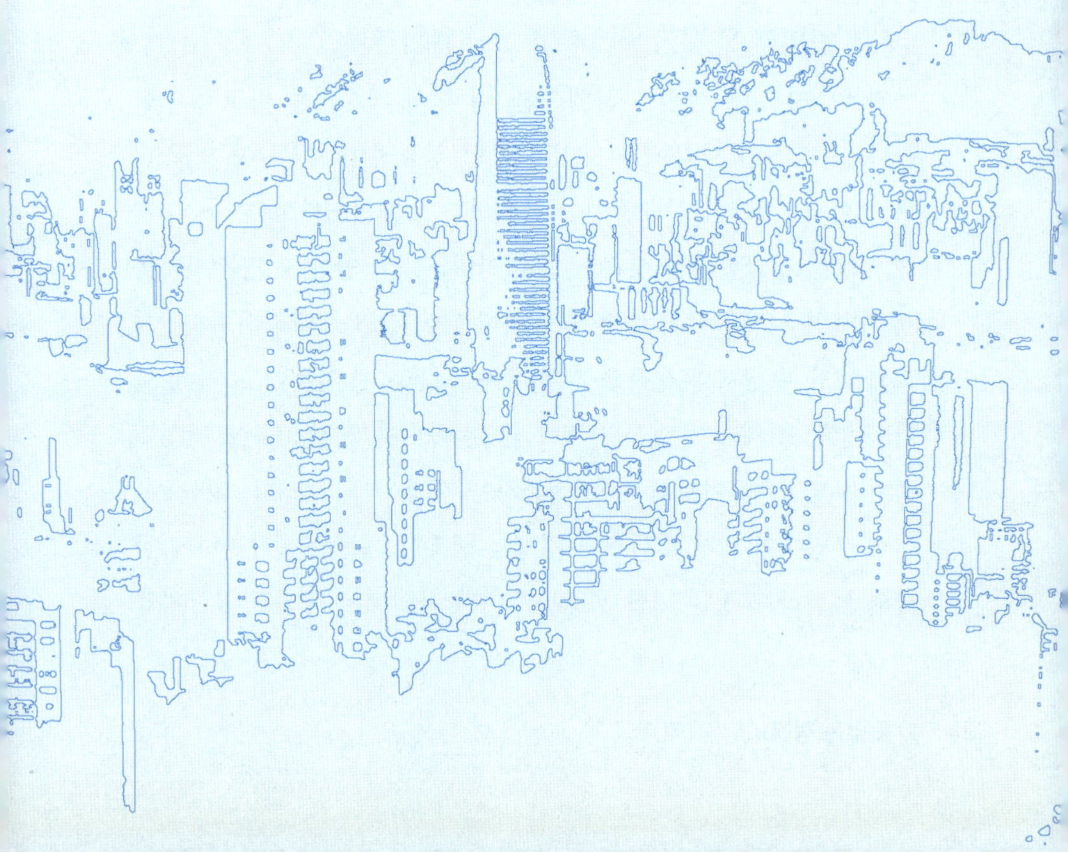

[시장 방임주의, 시장 간섭주의, 시장 관리주의]

지금까지 길게 설명을 하였지만, 이 책의 메시지는 비교적 간단하다. 일반적인 시각에 의하면 시장이 성공하면 자본주의가 승리한 것이고, 시장이 실패하면 자본주의가 실패하였다고 본다. 그러면 시장이 성공한다는 것은 무엇을 의미하는 것일까. 시장주의자들에 의하면 시장은 스스로 조정 능력이 있어서 그냥 내버려 두면, 최고의 효율과 경제의 성장을 가져다 주고, 동시에 인플레도, 장기 불황도 없는 경제의 안정을 가져다 줄 뿐 아니라 완전 고용도 달성될 것이라 믿는다. 이것이 바로 성공하는 시장이다. 그러나 자유로운 시장은 잉여의 태생적 특징과 경쟁의 냉혹함 때문에 불가피하게 공급의 독점화 과정을 피할 수 없고, 여러 산업에서 독점적 공급자들은 자신들의 과욕과 판단력 부족으로 과잉 투자를 피할 수 없었다. 이는 버블의 붕괴와 장단기적 불황을 초래하여 대량의 실업을 가져온다. 즉 자유롭게 방임된 시장은 한 번도 성공한 적이 없고 반복된 불황과 누적된 실업은 칼 막스로 하여금 자본주의 시장경제의 필연적 실패와 대량 실업으로 인한 국가 붕괴를 예언하게 만들었다.

그러나 시장의 실패가 시장 자체의 부정이 되어서는 안 된다고 믿으며, 시장 구원의 사명감으로 무장한 케인즈 학파는 시장 수정주의와 시장 간섭주의로 1930년 이후 자유시장 경제의 틀을 보호하는 데 성공하였다. 즉 각국의 정부가 재정 적자를 운영하여 부족한 시장수요를 보완하고 증대하는 방법으로 불황이 올 때마다 경제를 살려 내었다. 그러나 그 처방을 너무 오래, 너무 많이, 너무 크게 적용하다 보니, 결과적으로 시장 보완정책이 체질화되어 그 약효가 소진되어 버리고 이제는 이 책에서 주장하는 재정 적자의 함정 속으로 시장 경제들을 빠지게 만들었다. 그 대표적 예가 지금 유럽과 세계의 경제를 위기로 끌고 가고 있는 그리스, 스페인, 포르투갈, 이탈리아 등 방만한 재정운영을 한 나라들이다.

그러면 시장 방임주의도 실패하고, 케인즈적 수정주의도 실패하고 난 뒤에 시장경제는 이제 어디로 가야 하나. 물론 공정한 거래 환경 조성을 목표로 하는 시장 간섭주의는 그 효과가 아직 살아 있고, 앞으로도 유용하게 쓸 수 있다. 그러나 이 간섭은 시장 경쟁을 공정하게 하여 시장의 효율을 증대시키는 데는 필요하나, 반복적 불황을 막아 시장경제를 구원해 내는 데에는 별 도움이 안 된다.

실제로 시장경제의 최대의 약점은 시장이 완전 고용은커녕 실업의 방지 자체에 무기력하다는 데 있다. 실업은 어떻게 발생하나 생각해 보자. 노동의 공급이 노동의 수요보다 많으면 실업이 발생한다. 노동의 수요는 투자에서 발생한다. 그것도 당해 년도의 설비 보완 투자를 넘어선 추가 설비투자에 의하여 발생한다. 설비 보완 투자는 현재의 고용을 유하는데 필요한 투자이어서 신규 고용을 창출하지 못할 뿐 아니라, 오히려 설비 보완 시 자동화 수준을 한 단계씩 올려 현재의 고용을 유지하는 것도 쉽지 않게 만든다. 신규 노동 수요에 없어서는 안될, 새 설비투자는 기업의 미래 경기 예측에 의존하고, 특정 산업에서 이익이 더 날 것이라 예측될 때 신규 설비투자에 금융자원이 투입된다. 근래에는 신기술과 제품의 도입으로 경쟁 상대를 제압할 수 있다고 판단될 때 설비보완 투자 재원과 신설비 투자 재원을 합하여 신설비 투자를 하기도 하지만, 이때도 숙련도가 높은 기존의 인력을 주로 활용하고 신규 고용은 예년의 수준을 넘지 아니한다. 어떻게 고용을 하든 노동력의 수요는 경제 내적인 이유로 결정되는 내재적 변수(Endogenous Variable)이다.

반면에 노동의 공급은 정반대로 인구의 증가라는 경제외적 요인에 의하여 결정되는 외재적 변수(Exogenous Variable)이다. 지금부터 19~23년 전에 출생한 아기들의 수를 보면 금년 중 노동시장에 진출할 신규 노동력의 공급을 알 수 있다. 노동 경제 전문가들은 주 1시간 이상 일을 한 사람을 고용된 사람으로 보거나, 적극적으로 고용을 추구하는 사람들만을 노동력 공급에 포함하는 등, 상당히 세련된(?) 통계 조작이나 영어식으로 말하면 통계 마사지를 하지만, 그해에 노동시장에 나오는 모든 인력과 그 동안 일을 찾으려 애썼지만 아직 직장을 구하지 못한 사람들 전부가 다 현재의 노동력의 공급임에 틀림이 없다. 어떤 일류 대학을 나온 젊은이가 저임 노동이 싫어서 고용 사무소가 알선한 취업을 거부했다면, 그것을 이유로 노동 공급에서 탈락 시킬 수는 없다. 그 젊은이가 미운 것은 노동부 직원의 감정이지 노동 공급이 그로 인해 달라지는 것은 아니다. 따라서 젊은 부부들이 다른 인간적 변수는 다 무시하고 순순히 경기 변동에 따라 아기를 낳기를 결정하는 나라가 있다면 모르되, 인구 증가와 노동력의 공급은 경제외적 변수다. 경기가 좋을 때만 아기를 가지는 것은 아니다.

따라서 노동의 공급과 수요가 일치한다는 것은 하나의 기적일 뿐, 일반적으로는 서로 다른 것이 상식이다. 인구 증가가 멈추어 노동 공급이 떨어지면 해외에서 외국인 근로자를 데려 올 수 있지만, 노동 수요가 공급에 비해 모자라면, 실업의 발생은 자연스런 결과이고, 불황이 반복될수록 누적 실업은 증가하게 마련이다. 즉 시장은 완전 고용은커녕 누적되는 실업자의 불만과 사회적 문제를 해결할 능력이 크게 모자란다. 문제는 여기서 끝나는 것이 아니다. 우리는 21세기에 인류 역사상 처음으로 세계적 시장경제의 통합 추세 속에 살고 있다. 전세계 시장이 통합되고, 표준화 되고, 모든 시장 참여자들이 최강자의 최소 공급가격에 맞추지 못하면 즉시 탈락하는 무한경쟁 시대가 되어, 참여자들 중 약자들의 대거 이탈로 세계 시장은 과점화되고 있다.

이 무자비한 글로벌 시장의 승자들은 웬만한 국가보다 강하고, 더 커서, 이런 챔피언들을 많이 보유한 미국, 영국, 일본, 독일은 덜 불안해 하지만, 다른 유럽과 전 세계 중급 규모의 국가들이 많이 불안해지고 있다. 이는 유럽 지식인들 사이에 새로운 국가주의 현상, 즉 쇄국주의는 아니지만 거대 다국적 기업에 의한 자국 주권 침해 가능성에 대한 신경질적 반응을 낳고 있고, 우리나라에서는 같은 현상이 반재벌 성향으로 나타나고 있다. 국민들의 일반적 의식이 아직 덜 개방적이어서, 다른 나라의 다국적 기업들은 별로 겁을 안 내면서, 국내의 재벌들에 대해서는 상당한 거부감을 보인다. 그러나 유럽의 지식인이나, 우리나라 지식이나 국민들이 글로벌리즘의 고용 없는 성장이라는 불가피한 새로운 현상에는 아직 겁이 덜 나는 모양이다.

이 고용 없는 성장이 실제로 앞으로 자유 시장경제의 최대의 약점으로 부상할 터인데 이 문제를 하나의 독립된 현상쯤으로 보고 있다. 신자유주의도, 정부의 과잉 재정적자와 시장 수요 보완주의도, 칼 막스도 해결 못한 경제외적 과제인 고용의 문제를 21세기 글로벌리즘은 급속도로 악화시키고 있는 데도 말이다. 우리의 해법은 잉여의 위치를 고용극대화의 목적에 적합한 산업으로 정하고, 이 산업이 가장 많은 투자와 고용을 창출할 때까지 자원 배분의 우선권을 주는 일종의 '시장관리주의'이다. 적어도 고용을 가장 중요한 과제로 생각하고, 시장경제의 틀을 파괴하지 않으려면 이 방법이 가장 효과적이고 가능한 정책이다.

태평양시대의 주역

끝으로 우리가 원하는 나라는 전쟁 없는 평화로운 국가이지만,

이 평화를 지키기위해 우리가 얻은 고귀한 자유의 일부를 희생해야
한다. 우리가 원하는 나라는 민주주의를 통하여 개인의 자유가 최
대한 보장되는 나라이지만, 이 자유가 지속되고 내부적 갈등을 막
으려면 우리는 자진해서 내 자유의 행사를 자제하여야 한다. 우리
스스로 자진해서 나의 자유권 행사를 자제하지 못하면 우리는 불가
피하게 남의 손에 의하여 강제로 내 자유의 일부가 강탈된다. 우리
가 원하는 나라는 복지보다 대부분의 사람들이 직업을 가지고 자랑
스럽게 자기 역량껏 번영을 추구하는 나라이다.

그러나 우리가 선택한 자유 민주주의와 자유 시장 경쟁 제도가
세계적 시장 통합과 경쟁의 격화로 인하여 우리 국민 개개인의 직
업과 번영 추구의 기회를 보장하지 못하면, 우리는 정부를 바꾸어
서라도 세계화 시대에 걸맞는 지혜와 대책을 가진 사람들에게 정권
을 맡겨, 최대 다수의 최대 번영을 같이 달성해야 한다. 또한 한국
경제라는 아슬아슬한 생태계의 구성원들은 이 생태계가 건강하고
계속 존재하지 않으면 그 안의 모든 구성원이 크거나 작거나, 강하
거나 약하거나 상관없이 모두 도태되고 만다는 간단한 진리를 몸에
익혀 상호 공생의 지혜를 최대한 발동해야 한다. 사실 그래도 모자
란다. 강한 구성원일수록 더 강해지고, 약한 구성원일수록 더 약해
질 수밖에 없는 이 글로벌화라는 인류 역사 초유의 현상은 한편으
로 각 대기업의 자체 경쟁력 뿐아니라, 자기가 속한 내국 경제의 힘
있는 인프라적 역할을 요구하고 있다. 이 둘 중 하나라도 밀리면 그
챔피언 기업은 도태되고 우리 경제와 국력도 서서히 시들고 만다.

요 몇 마디를 상식으로 받아 달라고 이리도 긴 글을 써야 했던 것

이 참으로 부끄럽다. 그러나 우리에게는 남들이 가지지 못한 특별한 기회의 창이 열려 있고, 그 창은 오래 안 가서 닫힐 것이다. 재빨리 움직여야 한다. 우리에게 열린 기회는 실질적 기회다. 후기 산업사회에 들어온 우리나라에는 현존하는 적령기의 근로자로는 모자랄 정도의 고용 기회를 만들수 있는 비교역재 응원석 경제가 있다. 안될 거라는 회의를 누르고, 되게 만들어 보겠다는 의욕을 가지면, 충분히 가능하다.

2006년이 도쿄대학교 창립 150주년이란다. 그래서 기념 행사의 일부로『위대한 국가들의 흥망사(Rise and Falls of Great Powers)』라는 책으로 유명해진 예일대학교 역사학교수 폴 케네디(Paul Kennedy)를 초청해서 기념 강연을 들었단다. 일본 지식인, 정치인, 언론인, 과학자 등등 기라성 같은 청중에다 한국과 중국에서 특별히 초청한 몇 분 등 1,000여 명이 모였는데, 그 자리에 초청된 한국인 가운데 박정희 대통령이 독일에서 외자 유치할 때 통역을 했던 백영훈 박사가 있었다. 그의 전달에 의하면, 케네디 교수는 앞으로 21세기는 아시아가 주도하는 시대인데 아시아에 세계를 주도할 만한 국가는 일본, 중국, 한국 그리고 인도 정도라고 했다. 그중에서도 인도는 아직 좀 더 근대화와 산업화가 필요하고 결국 한·중·일 3개국에서 리더가 나와야 한다. 그중에 누가 세계의 리더가 되겠느냐라는 질문을 던졌는데, 놀랍게도 케네디는 그것이 일본이나 중국이 아니라 한국이라고 했단다. 일본인 청중들에게는 가히 충격이었을 것이다. 그 이유로 케네디는 세 가지를 꼽았는데, 이를 필자가 살을 좀 붙여서 설명한다.

첫째, 한국에는 종교가 있다. 종교란 본래 옳고 그름 즉 마이클 샌들이 그리도 배배 꼬고 싶은 정의(Justice)가 그 근본이다. 정의로움의 절대적 가치를 설명하는 배타적 독점적 신앙이 없으면, 그것은 "나에게 복을 더 주세요"에서 시작하고 그걸로 끝내는 기복(祈福) 종교에 불과하여, 그 사회의 위대한 자발적 질서와 협조와 헌신을 만들어가는 힘이 될 수가 없다. 중국에는 온통 기복 종교뿐이요, 일본에는 자기 정진을 위한 극히 개인주의적 자기관리 철학뿐이다. 위대한 국가와 문화는 위대하고 정의로운 종교의 힘이 필요하다. 이 말은 필자의 말이 아니다. 아놀드 토인비의 말이다.

둘째, 한국에는 자유가 있다. 중국에 자유가 크게 모자라는 것은 설명할 필요가 없겠으나, 일본인들의 자유는 주어진 공동체의 기존 질서와 이해관계에서 단 한 발짝도 못 벗어나는 극히 제한된 의미의 자유다. 즉 일본인은 시스템을 바꾸는 소시얼 리엔지니어링(사회 공학)을 죄악시한다. 그러니까 이 나라에서는 민주주의를 반세기 이상 해도 밤낮 같은 자리에 머물러 있고, 아무리 국가의 에너지가 다 소진해도 근본으로부터 문제를 풀고자하는 힘이 안 나온다. 반면에 한국에서는 필자가 빈정거리는 투로 말하는 '민주주의 발명'에 여념이 없다. 영국에서는 마그나 카르타 이후 무너지는 사회 질서와 극단적 이기주의와 기회주의가 창궐하고, 토마스 홉스는 이를 만인의 만인에 대한 적대 사회라는 말로 요약였다. 미국에서는 뉴욕시의 아일랜드 이민 중심의 깡패 집단과 경찰 조직이 힘을 합해 만든 태마니 홀(Tammany Hall) 무리들이 미국의 민주당 정치의 발원이었다. 성숙되지 못한 초기 민주주의는 원래 그런거다. 한국도 지금 민주주의를 한답시고 남들이 다 지나간 길을 허덕허덕 쫓아가고 있다. 너무나 고통스러운 실험으로 우리는 넘어지고 또 넘어지고 있다. 옛날 같으면 주먹으로 간단히 해결할 것을 참고 참으며 소화하려 한다. 그러나 이러한 역사적 실험은 우리의 자생적 민주주의의 체력을 강화하여 언젠가는 정말 보기 싫고, 밟아 버리고 싶은 것들도 다 수용할 힘이 있는 강인한 민주주의를 이땅에 세워 후발국들의 정치사회적 모범이 될 것이다. 이러한 실험은 별의별 이단자를 수용할 수 있는 우리의 폭넓은 자유의 힘 때문이다. 일본에는 이것이 없다.

셋째로, 한국에는 혼이 있다. 우리는 그놈의 '한' 때문에, 그 자리에서 못 대들고, 뒤에서 복수를 꿈꾸는, 내가 못하면 자손들이라도 갚아 주어야 할 '한' 때문에, 이 비겁하고 질긴 한 때문에 대대손손 가슴아파하는 국민이다. 그러나 그놈의 한 때문에 우리 근로자들은 뜨거운 아라비아의 사막에서 밤에 잠이 안오면 공사장에 나가 일을 더해서 목표 기간보다 건설 작업을 일찍 끝내곤 했다. 이 '한' 때문에 우리가 이길 때, 또는 우리가 이길 수 있다고 믿을때 우리는 정신 못차리고 열광한다. 2002 월드컵 응원이 그렇다. 다시 말해서 우리의 영혼은 참으로 자유스럽다. 펄펄 살아 있다. 가누기 힘들 정도로 활동적이다. 우리는 열광하기 시작하면 초인간적인 힘을 발휘할 수 있는 잠재력을 가지고 있다. 일본에는 그런 혼이 없다. 너무 합리적이고 너무 남을 배려한다. 우리는 남을 잊는 것은 말할 것도 없고, 자기도 잊는다. 문제도 많지만 뒤에 숨은 힘도 크다.

폴 케네디 교수는 한국이 아직 외국자본이 직접투자를 기피하는 반쯤 폐쇄적인 경제와 문화를 가지고 있다는 점을 잘 모르는 것 같다. 한국 국민이 성숙한 공존의 문화를 좀 더 몸에 익히고, 외국자본이 대량으로 들어와 경제성장을 우리와 같이 밀어줄 때 한국 경제가 보여줄 힘을 잘 모르는 것 같다. 유우익 장관의 보고로는 우리나라 지식인과 고소득층의 70%가 통일의 필요성에 대한 회의감을 가지고 있단다. 우리나라 지식인과 고소득층은 이제 경제 성장 자체의 필요성에 대한 회의도 높다. 그런 회의감 속에서도 우리는 통일과 성장을 목마르게 기다리는 못난 보통 사람들에게 더 많은 일자리와 번영의 기회를 만들어 주고, 외국인 투자와 경제의 남북 소통이라는 두 개의 새로운 성장 엔진을 가동하여 우리가 가진 잠재력을 최대한 실현시켜 보자.

앞으로 우리가 앞서 가기 시작할 때에 부딪칠 과제들은 그까짓 비교역재 부문에서 이익 창출 기회를 증대시켜 수백만의 새 일자리를 만들어 내는 정도와는 비교가 안될 정도로 어려운 과제들일 것이다. 그러나 올 것은 어차피 온다. 그때 우리는 준비된 국민으로서의 역량을 보여 주자.

저자 소개 ·

박 웅 서(朴熊緒)

*학 력

1972	Pittsburgh대학교 경제학 박사
1966	Hawaii대학교 경제학 석사 (EWC 국무성 장학금)
1961	서울대학교 상과대학 졸업(경제학 학사)
1957	서울고등학교 졸업

*경 력

2010	(주) 현대 피앤씨 명예 회장
2009~2010	(주) 유아이 에너지 명예 회장
2008~2010	(주) 현대 피앤씨 감사
2008~2009	(주) 유아이에너지 감사
2007~2008	고양문화재단 대표이사
2002~2006	한호재단 이사장
2001~2003	세종대학교 경영대학원 교수
1999~2003	포항종합제철 사외이사
1999~2000	주식회사 고합 대표이사 회장
1998~1999	삼성그룹 상담역
1997~1997	삼성경제연구소 사장
1996~1997	대통령자문 교육개혁위원회 위원
1995~1997	대통령자문 정책기획위원회 위원
1994~1996	국무총리자문 국제화추진위원회 위원
1990~1996	삼성석유화학 주식회사 사장
1986~1989	무역구조 민간위원회 부위원장
1985~1989	삼성물산 주식회사 부사장
1984~1985	삼성전자 주식회사 부사장

1983~1984	매일경제신문사 상임 논설위원 겸임
1983~1984	삼성그룹 회장고문
1982~1983	한국산업경제기술연구원(현 산업연구원) 선임연구위원, 연구실장
1978~1981	국제경제연구원 선임연구위원 및 연구실장
1974~1974	Pittsburgh 대학교 초청 교수
1973~1973	한국과학기술연구소 초청 연구원
1970~1978	호주 Melbourne 대학교 조교수
1960~1969	한국은행 Economist

*상 벌

1996.6	국민훈장 모란장: 세계환경의 날
1995.3	대통령상: 산업평화의 탑 수상
1993.2	노동부장관상: 무재해 동탑 수상
1992.11	대통령상: 제18회 전국 품질관리 대회에서 TPM 최우수상 수상
1992.6	국민포장: 한국사회발전의 공로(환경의 날)
1990.11	대통령 표창: 에너지절약 촉진대회
1983.5	대통령포상 수상 : 경제안정화 활성을 위한 공직자경제교육 공로
1973, 1975	외무부장관상 2차례 수상: 호주 멜본대학교 재직중교포 지원

*활동 공로

— 이사 및 위원직

| 2004~2002 | OECD 경제자문기구(BIAC) 부회장 |
| 2000.5~ | 한국·인도 경제협력위원회 위원장 |

1988.5~	서울시정개혁위원회 위원
1988.5~	서울시 산업진흥대책위원회 위원장
1998.5~	서울시 외국인 투자유치 분과 위원회 위원장
1998.5~	교육부 사교육비 대책위원회 위원
1998.4~	통일부 통일정책 평가 위원
1998~	Harvard 대학교 Asia Center, Asia Vision 21 위원
1997.12~	교육부 교육과정평가원 초대 이사
1997.12~	호주 Griffith 대학교 한국연구소 고문
1997.5~	연세대학교 국제학대학원 특임초빙 교수
1997.3~	21세기 Vision Korea 운영위원장
1996~2002	OECD 경제산업자문위원회(BIAC) 한국위원장
1996~2001	한·미동남부 경제협력위원회 한국측 위원장
1996~2000	미국 Pittsburgh 대학교 국제문제연구소 고문
1996~	ASEM(Asia Europe) Business Forum 한국측 대표
1996~	한미우호협회 부회장
1996~	한국 환경경제학회 부회장
1996~	산업자원부 기업활동 규제심의 위원회 위원
1996~	환경마크협회 이사
1995~1997	울산대학교 객원 교수
1995~	세계경제협의회(WEF-Davos) 회원
1995~	조선일보사, 일본 마이니찌신문 공동주최 아시아 환경공로상 심사 위원
1995~	Euro-Asia Center, INSEAD, Fontainbleau 이사
1994~	Japan Economic Foundation(JEF) 태평양 협력위원회 위원
1994~	한미 21세기 위원회 위원
1993~1997	전국경제인연합회 환경특별위원장
1992~1996	한국 Responsible Care 추진위원장
1992~	한국환경보존협회 이사
1992~1994	Pittsburgh 대학교 한국동창회장
1991~1996	한국 석유화학공업 협회 부회장겸 환경위원장
1991~1993	US-ASIA 환경협력위원회(US-AEP) 위원 (미국 정부 위촉)

1989~	태평양 경제협력위원회(PECC) 한국 위원
1989~	한미협회 이사
1989~	한호재단 이사
1989~1991	East West Center (Hawaii 동서교류센터) 총장 선출위원회 위원
1988~	전국경제인연합회 부설 한국경제연구원 이사
1987~1990	UNICEF 한국위원회 위원
1986~1989	한국 말레이지아 경제협력위원회 한국측 위원장
1986~	태평양 경제인협회(PBEC) 한국 위원
1985~1990	Euro-Asia Center, INSEAD 설립이사
1985~1990	Hawaii EWC(East West Center) 국제동창회 부회장 한국 회장
1985~1989	동북아 안보위원회(CSIS of Georgetown Univ.) 감사
1985~1988	Hawaii 대학교 태평양 발전연구소(PAMI) 이사
1985~	대한상공회의소 부설 한국경제연구센터 연구 위원
1985~	서울 국제 Forum 회원
1985~	한국 Economist Club 회원
1980~1985	한국 공산권연구협의회 상임이사
1978~	한국경제학회 회원
1961~	한국국제경제학회 회원

— 연구위원 및 편집위원

· 연구위원

1987~1988	서강대학교 동아연구소 외부 연구 위원
1985~1987	연세대학교 동서문제연구소 외부 연구 위원
1978~1983	경남대학교 극동문제연구소 외부 연구 위원

· 편집위원(영문학술 및 일반지)

| 1984~ | Korea and World Affairs |
| 1978~1983 | Korea Business World |

*저 서

2001	Essays in Honour of Mark Perlman, - Editing Economics, Published by Rutledge, Geoffrey Harcout 와 공동으로 편집, - 미국 모교 은사의 은퇴 기념 논문집
1999	Balancing between Panic and Mania; The East Asian Economic Crisis and Challenges for the International Financing, 영문저서, 삼성경제 연구소 발행
1998	The East Asian Management and Cases of Samsung Group(삼성경제연구소 출판)
1998	동아시아의 변영과 위기, 예견된 IMF 사태, 삼성경제연구소
1998	Development and Crisis 영문 저서 삼성견제연구소 발행
1988	Korea and Her Neighboring Economies(서울대학교 출판) 영문저서
1982	중기계공업의 문제점과 정책방향(산업연구원출판)
1981	호주의 에너지자원 개발과 우리의 참여방안(국제경제연구원 출판)
1981	전환기의 중공경제(국제경제연구원 출판)
1981	한일 산업구조의 연관분석과 대일무역 역조(국제경제연구원 출판)
1981	중국경제의 개방 추이와 우리의 대응에 관한 연구(1982년 경제 과학 심의회 보고)
1980	중공의 현대화 정책과 우리의 대응(국제경제연구원 출판)
1979	대만의 안정적 경제성장(국제경제연구원 출판)
1978	한국경제의 개발전략(국제경제연구원 출판)

기타 수백 편의 논문, 연설문, 토론문, 신문 논설 출판